基于教育转型发展视阈下高校商务英语教学的创新研究

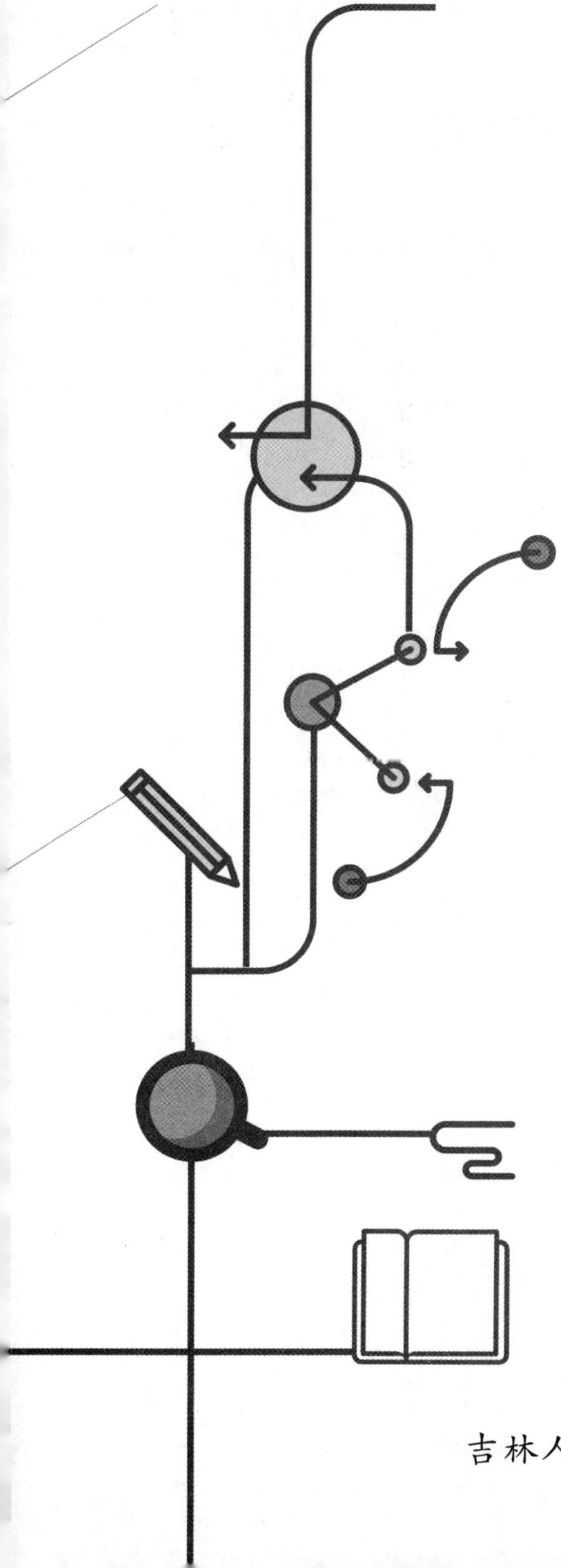

杨鹏 骆铮 著

吉林人民出版社

图书在版编目 (CIP) 数据

基于教育转型发展视阈下高校商务英语教学的创新研究 / 杨鹏，骆铮著．— 长春：吉林人民出版社，2019.12
ISBN 978-7-206-16670-9

Ⅰ．①基… Ⅱ．①杨… ②骆… Ⅲ．①商务－英语－教学研究－高等学校 Ⅳ．① F7

中国版本图书馆 CIP 数据核字 (2019) 第 289074 号

基于教育转型发展视阈下高校商务英语教学的创新研究

JIYU JIAOYU ZHUANXING FAZHAN SHIYU XIA GAOXIAO SHANGWU YINGYU JIAOXUE DE CHUANGXIN YANJIU

著　　者：杨　鹏　骆　铮

责任编辑：王　丹　　　封面设计：优盛文化

吉林人民出版社出版 发行（长春市人民大街 7548 号） 邮政编码：130022

印　　刷：定州启航印刷有限公司

开　　本：710mm × 1000mm　　　1/16

印　　张：16　　　字　　数：320 千字

标准书号：ISBN 978-7-206-16670-9

版　　次：2020 年 1 月第 1 版　　　印　　次：2020 年 1 月第 1 次印刷

定　　价：76.00 元

前言
PREFACE

中国教育科学研究院研究报告显示，随着经济的转型升级，我国高层次技术技能型人才的数量和结构远不能满足市场需求，“高级技工荒”问题凸显。近年来，世界经济进一步融合，各国经济往来更加频繁密切，我国拥有进出口经营权的企业越来越多。随着经济全球化的不断推进、社会发展，对具备熟练商务技能的双语人才的需求存在着巨大缺口。此外，“互联网 +”各种零售业及外贸、跨境电商形成了完美结合，跨境电商的进出口额逐年增长，跨境电商平台对商务英语应用型人才的需求也在不断增加。“教育转型”在当下是一个广受人们关注的话题。当今，有不少人主张教育要和社会的经济生活相融合，肯定教育的经济生活化。由此，大学教育产业化、市场化的转向已经是一个事实，教育的转型发展也对我国的商务英语教学提出了新的要求。

本书研究了基于我国教育转型发展视阈下的商务英语的创新理念。第一章、第二章交代了时代要求及教育转型的内涵和价值；第三、四、五章阐述了高校商务英语的学科建设、教学概述、教学特点和方法；第六、七章通过分析高校商务英语教学中存在的问题，提出了商务英语的创新教学思考；第八章着重分析了教育转型发展背景下高校商务英语教学中的创新教学设计模式；第九章研究了 SIOP 模式下高校商务英语的创新教学；第十章结合新时代背景下的“互联网 +”“校企合作”“一带一路”这些词汇，与时俱进地分析了高校商务英语的人才培养路径。对这些问题的探讨有助于商务英语教学的进一步完善，也有助于读者对基于教育转型发展视阈下高校商务英语的创新教学有更全面的了解和更深刻的认识。

此外，本书在撰写过程得到了国内外许多专家、学者的支持和帮助，才使得本书能够及时与读者见面。本书在撰写过程中还参考了部分资料，由于出版时间紧促，未能及时与相关作者取得联系，在此致以谢意。

目录 CONTENTS

第一章　绪　论

第一节　中国教育转型的时代要求

20世纪已经过去，伴着人们前行的是灿烂辉煌的21世纪。在过去的20世纪中，教育为人们留下了什么？在21世纪，中国教育又要朝着什么方向发展？

中国教育现在面临的艰巨任务，就是要改革、要发展，努力实现转型，进行战略性准备。

在世纪之交，人们考虑着当代教育的未来发展，惊讶地发现，对当代中国的教育产生了影响的是科学技术。

面对人类第一次科技革命给资本主义社会的生产力发展带来的巨大推动，马克思曾指出：资本主义在不到100年的时间内所创造的生产力，比人类历史上所创造的生产力的总和还要多。也正是基于科技革命对社会生产力发展所产生的巨大作用的科学认识，马克思提出了“科学技术是生产力”的科学论断。面对第二次科技革命特别是第三次科技革命对当今世界经济社会发展产生的更加巨大的影响，邓小平发展了马克思思想，提出了“科学技术是第一生产力”的光辉思想。对于当代人类社会来说，科学技术产生了巨大影响。现代科学技术的迅速发展对人类的经济技术和社会政治制度的转型与社会政治经济制度的变革起了巨大的推动作用，并且所有的发展都对人们的教育提出了更为严峻的考验。

一、中国教育的方式转型为科学技术的生产力提供保障

人们经常以为，传统的教育有三个基本特点，即19世纪赫尔巴特为代表的传统教育理念：“教师中心”“学科中心”“课堂中心”。现代教育科技的快速发展从根本上将传统教育的基础进行了颠覆。首先，传统教育的“教师中心”观念被当代教育范畴的信息技术所覆盖。传统的教育方式因当代信息技术的广泛应用而受到深刻影响。在当代网络技术的普遍应用下，受教育者可以利用电子产品或网络

接受教育，受教育者的受教育方式与接收教育信息的源头越来越多样化，对于以前主要依附于课本和教师为主的教育活动并不过分依赖。其次，当代科学技术与教育的发展及结合趋势使传统教育的“学科中心”观动摇。当代科学技术呈现出越来越明显的发展趋势就是综合化，如科学技术发展的范围综合、各个学科教学方式的综合、各个学科的各个研究领域专家的合作。现代教育科学技术的迅猛发展是大势所趋，正是这种发展突出了具有综合素质人才的重要性，进一步动摇了学科中心的传统教育理念。再次，传统教育的“课堂中心”教学理念被当代的科学教育技术的发展周期所覆盖，科学技术的发展日益加快。在人们对全球自然社会认知的基础上，教育内容的更新步伐越来越快，教育内容的老化周期也相对越来越短。在 18 世纪，也就是在第一次科学技术革命时期，教育内容的老化周期在 80 到 90 年之间；在第二次科学技术革命的时候，教育内容的老化周期在 15 到 20 年之间；到了第三次技术革命的时候，也就是在 20 世纪 70 年代，教育内容的老化周期不到 10 年；在当代，教育内容的老化周期只有 5 年，甚至是 3 年。根据调查显示，当代工程设计师的教育内容半衰期是 5 年，在 5 年之内工程设计师的知识量中已有一半已经过期。在 10 年之内，设计工程师的知识储备中的 90% 都来自网络计算机。在当代教育科学技术的更新速度日益加快的时期，人们必须重新考虑对于知识的掌握在狭义的学校教育中的影响和意义。从某些方面来说，教育的最根本目的再也不是通过学校教育、一次性教育为教育者的终身发展打下基础。现在，知识的掌握已经转变为加速受教育者学习与发展的重要方法。

很明显，现代科学教育技术步伐的加速为中国教育改革指明了正确的方向，一定要以最快的速度改变传统教育思想仍然支配我国基础教育的局面。

二、经济发展与社会制度为中国教育的改革提供基础

现代科学技术是人类经济社会发展的第一生产力，对人类社会经济变革起到了巨大的推动作用。联合国教科文组织的专家指出，在西方的很多发达地区将会在 21 世纪 30 年代作为引导者进入知识的经济时期。所以，人类的政治经济社会制度正在根据农业经济状况与工业的经济发展情况向知识的经济制度大幅度迈进。这为教育变革和未来的发展指出了明确的方向。

我国幅员辽阔，东西之间、城乡之间经济社会发展水平差异极大。从经济社会发展的阶段来看，既有以农业经济为主的地区，也有已经完成城市化、工业化的地区，还有信息化水平颇高、知识经济发展较快的发达地区。显然，信息化水平比较高、知识经济发展快的地区将率先带动中国教育的转型。我国发达地区曙光初露的知识经济正在为新型教育的诞生提供经济社会基础。所以，必须依据这些地区的经济社会发展特点对教育转型提出的新要求，来推动我国基础教育的改

革和发展。那么，将来的经济社会制度对于知识储备与知识质量及对于我国的教育转型又提出了哪些要求呢？

中国现代经济是以知识的产生、知识的分配及知识的利用为基础的经济。狭义的学校教育的人才培养规模和速度正是在新型经济制度的要求下提出的。首先，创新素质会形成21世纪公民具有的根本素质。创新的本质就是知识经济，知识经济与工业经济对很多方面都有着不同的要求，其中最显著的是对创新的要求。知识经济时代提出创新更具有连续性而不是一次性，更具有系列性而不是单个性，更加突出集体的创新而不是由个别专家进行的创新。创新意识与创新精神应该被各行各业的人员所具备，创新已经是21世纪最重要的要素。其次，以科学技术的不断创新为支撑的知识经济，将使人们职业变动的周期不断缩短，职业再生能力将成为人们必须具备的生存能力。据专家预测，21世纪职业的变化将是20世纪的好几倍。人力资源专家认为，一个人在有效工作期，职业变化会有5～8次，每次都是一次提升。由此，每个人都应该具备一种可以适应职业本身多样化的能力，为职业本身的各类变化可能会形成的再就业做好充分的准备，从而以变应变，谋求发展。最后，处于21世纪的知识经济中，不论是生活方式还是工作性质都一定会发生很大变化，当代将会以网络信息为基础形成人们赖以生存的环境。知识经济时代正在向人们走来，人们已经进入网络化时代。关于网络化城市就是通过远程通信来对人们的工作、生活、交通等各个方面进行安排的城市。电信和信息网络将决定一个城市的建筑、规模和特色。在网络化城市里，人们居家上班两相宜。例如，惠普公司有4万名员工在家或者在遥远的工作地点上班；日本电气公司正在继续扩展远程办公网络，把员工联结在一起。这些现象统统表明，生活在21世纪的当代人不论是在生活方面还是在工作及学习方面都发生着巨大的变化，且生活的各方面都可以依靠网络来进行，更加具有创新与个性的发展。创新能力与创新精神在人类的生活过程中起着巨大的作用，将成为决定人们生活水平的最根本因素。

综上所述，将来的学校教育将为知识经济社会的最新目标培养人才，根据全新的人才教育规格促进中国狭义的学校教育的变革和转型。

三、中国教育的转型是响应中华民族伟大复兴的呼唤

中国在悠久的历史上曾留下过深刻的足迹，如在15世纪之前，中华民族的生产力与科学成就一直处于领先地位。一直到明代，全球的发明创造与科技成就最少有300个，这中间源于中华民族的就有170个。其中，很多项发明连续不断地被欧洲国家引入，为文艺复兴奠定坚实的地基。到了当代，一些欧洲国家对于中华民族早年传入的文化仍然给予高度评价，欧洲许多著名专家和学者在他们的著作中都对此有所提及。数据显示，公元6世纪至11世纪期间，全球主要的科技发

展与创造成果一共有231项，中华民族的发明总数占全球发明总数的58.4%左右，即中国的发明创造就有135项。但是，在公元11世纪与16世纪期间，中国成就占全球发明总数的百分比下降了4.4%。从这些数据中可以看出，中国复兴的伟业，一定是以科技教育为基础的。教育的目的就是培养人才，而人才的培养规格和速度必须依靠科技的发展。中国的发展必须依靠教育对人才的培养，目前教育的制高点必然是培养受教育者的创新精神和实践能力，并且源源不断地为中国乃至世界输送优质的人才。当今，全球各国的竞争归根结底是综合国力的竞争，是创新能力的竞争，一个国家只有具有了强大的创新能力，才会拥有强大的国力。

中国教育者必须接受挑战，适应世界未来的趋势，高举创新教育旗帜，培养具有创新能力的人才，为中国的未来发展而努力奋斗。

第二节　从“接受教育”到“创新教育”的范式转型

1962年，美国科学哲学家托马斯·库恩在《科学革命的结构》一书中首次提出“范式”一词。从库恩对该词的使用来看，“范式”系指某一科学家集团在某一专业或学科领域中具有的共同信念。这一共同信念规定了他们共同的基本理论、观念和方法，为他们提供了共同的解决问题的框架。它规定着某项研究的发展方向与途径，并决定了共同体成员的形而上学信念和价值标准。在库恩看来，“科学革命”的实质就是“范式转换”，是少部分人在广泛接受的科学范式里发现现有理论解决不了的“例外”，尝试用竞争性的理论取而代之，进而排挤掉“不可通约”的原有范式。当然，一个新范式的确立并不是一蹴而就的，需要赢得大部分科学家的“选票”。按照库恩对“范式”的内涵和“科学革命”的理解，笔者认为，我国正在引发一场由创新教育推动的教育范式的深刻转型。创新教育不仅是教育方法的改革或教育内容的增减，也是教育功能上的重新定位，是带有全面性、结构性的教育革新和教育发展的价值追求。如果我国教育长期以来坚持和追求的是一种面向过去的、以知识传授为中心的教育范式，那么，创新教育就是一种面向未来的，以促进学生发展、培养创新人才为根本价值追求的新的教育范式。无疑，从“接受教育”走向“创新教育”，是我国教育范式的转型，是对传统教育与现代教育的超越。

一、教育价值观的转型

人类教育有两种基本功能：继承性功能与发展性功能。继承人类优秀的文化遗产，把人类的知识和经验传授给下一代，是教育的基础性功能。没有教育的这一功能，人类就不能实现自身的再生产。长期以来，我们始终把教育看作是“教书育人”的事业，把教学看作是“特殊的认识过程”。“教书”和“认识”都是建立在教育的继承性功能上的。可以说，“接受教育”是一种以知识的接受和继承为主的教育。但是，教育的功能除了继承外，还有发展、创新。斯宾塞曾指出，教育是为未来生活做准备的。要准备未来的生活，适应社会的发展，就需要在原有经验的基础上有所创新、有所发展。杜威也曾指出：“教育就是经验的改造。”这里的“经验”并不能简单地认为是主观唯心主义的先验的东西，而是人类历代知识的结晶。人类就是通过对原有经验的改造而不断地实现创新和发展的。杨振宁也认为：“念书不应是学习的目的，而应是创出新知识新体系的一种手段。”因此，创新教育认为，继承是学生发展的基础，通过继承促进学生的发展才是教育的根本目的。从这一意义上讲，创新教育是以培养创新性人才为基本价值取向的教育。在这里，创新教育的教育价值观正从以“接受继承”为主转向以“发展创新”为主。

二、教育观念的转型

“教师中心”“学科中心”“课堂中心”是传统的“接受教育”赖以存在和发展的基础，要推动由“接受教育”向“创新教育”的转型，建立创新人才大量涌现的一流教育模式，就必须挣脱传统的“三中心”教育思想的羁绊，彻底向传统的“三中心”教育思想告别，以实现教育思想的重建。为此，创新教育正在从以下三个层面推动教育思想的转型。其一，在教育主体观上，从“教师中心”走向“学生为本”。教师和学生都是教育的主体，但教师主体是为学生主体服务的，正确处理教师与学生的关系，必须确立以学生为本的教育主体观。其二，在教育质量观上，从“知识中心”走向“能力为本”。我国正在从“知识社会”进入“能力社会”，在中小学教育培养目标上，必须正确处理知识与能力的关系，确立以能力为本的教育质量观。其三，在学生发展观上，从“课堂中心”（实质是教师“讲授中心”）走向“活动建构”。要想真正确立学生在教育教学中的主体地位，就必须正确处理教师的课堂讲授与学生活动建构的关系，确立以活动建构为本的学生发展观。

三、培养目标的转型

创新教育是未来教育，我们应该深入理解创新教育的内涵，掌握实现创新教育的具体措施，加强创新人才的培养；创新教育是全人教育，要培养知识与能力、科学与人文、道德与智慧相统一的个性和谐发展的人；创新教育是综合教育，必须从整体上把握和认识创新素质；创新教育是生命教育，必须从关注认知到关注情感，从关注知识到关注生命。基于对创新教育培养目标的上述认识，可以简单地从以下方面进行阐述。其一，立足于当代科学技术的革命，提出了新“基础观”。当前，“人生有涯”与“学也无涯”的矛盾日益尖锐，任何人都不可能掌握人类社会的所有知识。在这种情况下，知识不是学得越多越好，“经典”应该成为“双基”教学的核心内容；知识掌握不能阻碍学生其他方面的正常发展，不能因为过分重视“双基”——基础知识、基本技能而削弱对学生创新精神和实践能力的培养；要把培养学生的学科兴趣、学习方法、学习习惯作为新基础观的重要内容，要培养学生可持续学习与发展的兴趣和能力；掌握知识不是教育的最高目的，教育的最高目的是通过知识教育来培养学生的能力、健全学生的人格。其二，立足于可持续发展，提出了新“文明人观”。要正确处理人与自然的关系，树立人与自然和谐相处的观念；正确处理人与人的关系，树立人与人“和为贵”的观念；正确处理人与自我的关系，树立节制自我欲望的消费观。其三，立足于建立诚信社会，提出了新“德育观”。主张回到基础，重建中小学的基础性道德教育目标，把人类的基础性道德品质的养成（如诚实、爱心、良心、自信、责任、习惯等）作为道德教育的核心内容。其四，立足于能力社会的即将到来，提出了新“能力观”。我们主张从“认知的能力观”转向“实践的能力观”。未来社会，人们的生存与发展必须具备三种基本能力：学习能力、情感能力、创新能力。这是创新教育所要重点培养的学生必须具备的“三种基本能力”。其五，立足于国际化社会的到来，提出了新“素质观”。创新教育必须高度重视学生将来参与国际竞争所必须具备的基本素养，即多元文化价值观、全球思维、信息素养、人文素养。

四、课程结构的转型

教师与学生进行教育教学活动中，教育者对受教育者施加教育影响的中介因素是课程。调查显示，课程管理制度与教育的质量有着极大的关联。教育制度直接影响着教育质量。创新教育课程建设的根本任务是为学生创新素质的健康发展搭建教育平台。基于上述认识，创新教育课程相对于接受教育而言正在实现以下五个转型。其一，从国家课程到学校课程。从课程的来源方面看，过去开设什么课程都是由国家规定和提供的，可以理解为受教育者学习到的课程是受政治条件制约的；而今创新教育强调学校在国家规定的课程的合理范围内，要注意树立学校课程意识。一方面，学校要加强对国家课程资源的开发；另一方面，应尽量开发和提供更多课程，即学校课程。这是从国家的一体化课程向国家与学校课程相互糅合的变革。其二，从必修课程到选修课程。从课程的设置方式看，过去开设的都是清一色的国家必修课程，现在创新教育则提倡给学生开设更多的选修课程，倡导教师人人都能开发选修课程，实现了从单一的必修课程到必修课与选修课之间的相互结合。其三，理论知识的掌握与理论知识的实际运用。从课程呈现的知识形态看，过去开设的课程都是以教材为载体、以学科知识为表现形式的知识性课程，与学生的日常生活差距较大，不利于学生劳动技能的掌握及创新与实践能力的发展。创新教育既强调为了实现学科知识向实践能力的转化，要为学生开设学科实践活动课程，又强调办好综合实践活动课程，实现了知识课程与实践课程的统一。这就要求教师要树立学科性知识与实践性知识相统一的课程整合观，树立学科课程与学科活动课程一体化的开放的大学科课程观。其四，从教师课程到学生课程。从校本课程的开发主体看，过去开设的校本课程，一般都是由教师根据自己的知识背景和学术兴趣开发的。创新教育一直强调学生也是校本课程的开发者，学生可以根据自己的兴趣和个性特长，开发自主发展所需要的课程。在这里，一方面学校要给予学生自主选择和自主开发课程的权利，另一方面教师仍负有重要的指导责任。其五，从预设课程到生成课程。从课程功能的呈现形式看，过去开设的课程都是预先规定好了的，教师和学生没有“越雷池一步”的权利。创新教育则主张课程功能的实现需要师生的共同开发。此时的课程资源就实现了静与动的相互转变，为实现从预设课程变为实际的生成课程打下了坚实的基础。

五、课堂教学的转型

课堂教学历来被认为是学校教育教学活动的主渠道。但是，如何认识“课堂教学”的性质和功能，“接受教育”和“创新教育”有着质的不同。第一，课堂教学空间从封闭走向开放。在教学的目标方向上说，必须注重基础知识与基本能力的培养，从而超越知识本身，引发学生深入思考，培养拥有个性特点的能力发挥。学校要善于运用多种教学资源，进行教学资源的整合，树立教学资源的综合发展观念。对于学科的认识，要以学科的掌握为根本，吃透课本，发挥创造思维，对课本上的内容加以思考，从而实现超越课本的能力。在教学的时间与空间上，要以课堂教学为根本，努力超越课程本身带来的知识与方法，树立既要在课堂上有所学，又要在课下有所学的观念。第二，课堂上的教学方式也有所转变。例如，从以教师为中心的“满堂灌”的权威性教学转变为以学生为主体的民主型教学模式。创新精神具有科学性，同时具有民主性。因此，培养学生的创新精神和实践能力刻不容缓，一定要挣脱传统旧“三中心”的牢笼，以中华民族的文化积淀为基础进行创新，营造一种鼓励学生进行批判性、创造性思维的“课堂文化”，培养学生善于向权威挑战的精神和民主意识。为此，创新教育提出了“三个挑战”与“四个开放”。“三个挑战”为课堂教育教学过程中鼓励学生向教师挑战、鼓励学生向课本挑战、鼓励学生向权威挑战，“四个开放”是学生心理的开放、教学内容的开放、思维空间的开放、教学结果的开放。第三，课堂教学的本质是从传授知识走向“智慧复演”。我们把提升学生智慧水平看作课堂教学的根本任务，为了改革传统教育知识授受的教学过程，提出了“智慧复演”观点，认为将人类社会的智慧传递给受教育者的整个过程，就是智慧复演。第四，课堂教育教学形式从“满堂灌接受”走向“活动建构”。创新教育以人文主义与建构主义的教育教学观点为基础，提出了新的教学观念，即活动建构教学论。活动建构教学观念主要是指因材施教、知识建构、多维参与、活动合作、知识生成五个方面。第五，课堂教学策略从统一化走向个性化。要培养创新人才必须打破过去课堂教学“齐步走”“一刀切”的教学方法，严格遵循学生的身心发展规律，为学生提供良好的生活与学习环境。所以，创新教育强调“个性化教学策略”的有效开展，为受教育者制定个性化课程、个性化教学与个性化作业。

六、教育转型之评价与管理

“接受教育”评价管理是为学生更多更好地掌握知识和提高升学率服务的，而“创新教育”评价管理则是为培养创新人才服务的。评价管理价值观的转变，带来了评价管理理论与实践的转型。

“创新教育”评价管理的理论基础是，人的发展就其智慧类型而言，是各具特色、丰富多彩的，教育者没有权力去干预学生智慧和才能发展的方向。“创新教育”评价管理相对于“接受教育”正在发生一系列深刻的变动。第一，当代评价管理理论已经与传统理论大相径庭，传统理论已经跟不上时代的步伐，必须运用现代观念来适应社会发展。一是我国各地中小学校大多没有认识到服务的重要性，盲目地认为只要一味地注重管理就可以了。因此，当代中国教育必须重视服务，只有这样，中华民族才能得以长足发展。二是控制学生与解放发展之间的转变。如今的学校教育中，如何为学生的发展提供一个自由的教育环境呢？我们认为，最根本的就是要学会解放发展。不仅要解放学校，还要解放教师，更要解放学生，让学校、教师和学生都可以得到更加自由的发展空间。三是学校工作对于教师的培养。学校教育是各级各类教师自由发展与发挥的平台，更是可以学到更多知识的平台。这就要求学校领导者及各级各类教师要有深刻的觉悟。四是勤奋与效率之间的转变。对于勤奋者给予表扬，而对于具有较高效率的人不闻不问，甚至对于教学数量的称赞而忽视了收益的多少，是我国传统教育教学过程评价中的巨大漏洞。创新教育强调一定要完成勤奋优先与效率为上的完美转换。第二，评价管理的教育理念是一种创新理念——远远不同于以往的单一评价模式，多元化的评价模式已经深入人心。接受教育评价和管理的弊端集中表现在用“一把尺子”来评价管理所有学生，而素质教育是促进学生个性发展的教育，在创新教育的过程中要注意学生个性与发展潜能之间的差异，不能用同一把尺子进行统一化的测量，如利用学业成绩的好坏去评判受教育者能力的高低。如果要实现创新教育为中国乃至世界培养大量的创新型人才，就要对当前统一化的教学模式进行转变，建立多元化的评价与管理模式，为受教育者提供民主和谐、向上友善、发展个性的学习环境。创新教育强调学校要树立“品牌意识”，重视文化传统和学校精神建设，加强人力资源开发，特别是队伍建设，提升学校的知识化、信息化水平，建立开放、公平、公正的促进师生自主发展与管理的有效机制，建立由专家参与的“教学—科研共同体”，积极推进教育教学制度创新。第三，从方式看，评价管理正从传统走向现代。加入世贸组织后，我国政府对经济、社会发展的管理正从计划经济模式下的管理转向市场经济条件下的管理，从传统的行政管理走向现代法制管理，从具体的微观管理走向宏观管理。与此相适应，学校评价管理方式也正从科学管理走向人本化管理，从人治管理走向法治化管理，从计划管理走向市场化管理，从行政管理走向社会化管理等。

七、教育转型之关于教师职业方面

琼·托马斯（Jean Thomas）曾经指出：“革新的成败最终取决于全体教师的态度。”从古至今，中华民族始终将教师职业的根本视为教书育人，认为教师工作与生活的全部就是不断地教书。古老的教师职业观认为，教师是知识的传承和选择者，并不认为教师是知识的创新者，并且认为教师职业只是一门职业技术，并不认为这是一种艺术。古老的教师职业观严重地影响了中国教师的职业素养，中国大部分教师的创新精神因此而磨灭。

生存在当代社会生活中，现代人民教师所具备的职业特性之一就是要具有创新精神和实践能力，这种特性与受教育者有着极大的关系。学生的特点和未来学校所培养的人才必须具有创新素质。如果教育者没有创新精神与创新意识，那么，对于受教育者而言又何谈创新呢？如果教育者具备了创新能力，并且有意识地教授给学生，那么，受教育者就会善于发现生活中的创新性行为，突破传统教育的枷锁，在原有的知识基础上建立创新与实践能力。正是基于上述认识，在接受教育与创新教育的转型期间，可以从三点来具体说明教师的职业定位。首先，教师要做中华传统文化的传承者，同时要做基于传统文化进行创新的引导者。因此，教师的职业特点具有复杂性，其中最重要的就是教师职业的传承性与创新性要求教师多角色的完美转换，传承中华民族的传统文化，培育具有创新精神的人才。其次，消费与构建的转换。教育者在教育教学活动中必须注入的元素即研究，教育者不仅要熟练地掌握教学的方式方法，还要对学生的身心发展特点与教育教学规律等做深入研究。最后，是奉献与发展的转换。教育者在中国传统观念中被比作春蚕与蜡烛，一提到教师，人们联想到的道德关键词就是奉献。但是，在当今社会，教师与学生之间是一种相互合作与构建的关系。教育者与受教育者相互合作，缺一不可。所以，教师职业必须从传统的只是奉献的束缚中走出来，应该与学生共同发展。

综上所述，教师职业正在从传统的一成不变向多样化转变，正在进行着巨大的变革。传统的教育注重教育对于人类历史与文化知识的继承，而现代教育更注重的是在原有基础上的发展与创新；传统的教育认为一套教育理论可以应万变，而当今的中国教育则要求教师的发展创造；传统教育观注重奉献，如今注重师生共同发展。在经历了历史的变革和一系列的变化后，教师职业已经在不知不觉中发生了质的变化，教师从原有的传递者变为创造者。

王国维曾摘取晏殊、柳永、辛弃疾三位大词人的“昨夜西风凋碧树，独上高楼，望尽天涯路”“衣带渐宽终不悔，为伊消得人憔悴”“众里寻他千百度，蓦然回首，那人却在灯火阑珊处”三句话来比喻古今成就大事业、大学问的三种境界。在历史长河中，有很多专家鞠躬尽瘁、死而后已，但是直到今天为止，人们只可能逼近这一崇高境界，而永远不可能穷尽这一探索进程。实现我国教育的根本转型是一项艰巨的历史任务，并不是一朝一夕能完成的。我国创新教育工作者要为推动这一进程助力。

第二章　教育转型发展的内涵与价值

第一节　教育转型的内涵

一、教育转型的意义

“教育转型”一词，目前还未被广泛认识。还有一个概念，是从生物学中得来的，叫作社会转型。所谓成型，就是生物学中指出的，物体有很多种构成要素，这些要素不仅自身起着作用，还连同其他要素共同起作用，从而形成一个完美而有效的组合体，形成较稳定的存在。型就是指某个物体形成所需要的稳定结构与特定的存在方式。因此，转型就是指物体间结构的变化，通俗地说，就是指生物的各物种之间的变异。从这些概念中衍生出来的不只是生物界专家的思考，更引发了社会学家的思考。一些专家认为，社会虽然在一直发展着，不断发生着变化，但是社会也有许多共同要素，也会形成某个稳定的结构，在一定时期，社会也会发生结构的变化，就可以称为社会转型。根据调研，了解到最早的社会转型一词出现在现代化与发展社会学一书中，作者是西方伟大的社会学者哈利生。

在哈利生提出“社会转型”这个概念以后，20 世纪末期这一词汇进入了我国，成为我国专家研究的一个领域，并且从生物学发展到了社会学，更延伸到历史学、哲学、地理学等其他领域，当然在各个领域“社会转型”一词就有不同的意义。

“社会转型是指中国社会从传统社会向现代社会、从农业社会向工业社会、从封闭性社会向开放性社会的社会变迁和发展”。[1]孙立平、王汉生等人指出，在改革开放之前的中国，从整体上来说是非常落后的，但是，改革开放以后，社会发展速度较快，几乎各个方面都发生了巨大的变化，并且社会各要素的分化程度都很高，社会结构的变迁促使中国社会在整体型与分化型方面发生转变。专家认为，当今社会是一个

[1] 项光勤，郑杭生等．当代中国社会结构与社会关系研究 [J]. 学海，1997(3): 194-195.

正在转型的社会，社会中各要素之间是变动的，以利于今后社会的全面发展。

还有其他专家认为，社会转型不仅是结构的转型，还是体制的转型。具体表现为，在中国改革开放以后，中国经济上由计划经济走向市场经济，最根本的就是社会体制的改变。

不管当今社会是社会结构的转变还是社会体制的转变，都是专家针对基础提出的更深入的思考与研究，是创新型的思维。从一般的社会意义来说，可以认为社会结构的转变，是社会体制的转变，也可能是社会体制的转轨。不论是哪种转变，都是对社会实质性的认识。社会的转型是社会全面性的转型，是主要构成要素之间的转型。

很多专家指出，社会的转变是一种突发性的转变，不论是在时间上还是在空间上，是社会结构与社会形态向另一种新的形态与结构的转变，是在历史长河中质的飞跃。转型是一种社会进化，但并非所有的社会进化都是转型。“转”是由社会结构的变化而导致社会存在形态的变化，强调的是转变的方向性和整体性。所以，如果只是社会发生了某个单向的变化，并没有全部发生变化，那么，这种变化就不可以说是社会的转型。

但是，社会整体的性质变化，又依靠着社会某些单方面的量变，是由量变才引发了质变，从而实现了社会转型。所以，社会的转型并不是一蹴而就的，是经历了一个漫长的过程，经历了无数次的失败，才形成的社会变革。众所周知，社会与教育虽然有联系，但完全是两个不同的概念，所以教育转型与社会转型也就成为两个概念。

这就引出了教育转型的概念。教育转型是两种形态之间的转变，这种转变和社会转型一样，是全面的、全体型的转变。从教育与社会的关系来看，教育的转型既可以发生在形态相同的社会形态下，又可以存在于不同的历史形态之下。例如，中国的教育经历了从原始社会的“三无”教育，到中国古代的封建教育，再到现当代的素质教育的转变。同样，教育也可以发生在相同的社会形态之下。例如，教育本身的性质的转变，即教育的质的规定。这种情况一般就会发生在社会的突发变化与政权的突变情况下。对于教育的转型来说，是处在同一个社会形态中的，也就是说，在社会本质属性不变的情况下，教育的各个组成部分（如教育环境、教育媒介、教育内容等）一直在发生着从量变到质变的转变。

教育的转型是一种全面且整体的变化，其决定性因素是教育的目的。不管是教育目的还是其他的教育内容，教育工作都是以教育目的为依据来进行的，所以教育目的是教育的灵魂。

教育的转型包括很多方面，如最大的教育系统方面的转型，狭义的学校教育的转型及教育教学活动的转型。通常，人们会依据不同的层次，找出来不同的着力点。教育的质的规定是决定教育系统转变的重要因素，学校的形态与运行机制等多种因素影响着学校教育的转变。综上所述，不管是哪方面对于教育的影响，归根结底都是教育目的起到了决定性的作用。

通过对多种因素的分析可以看出，教育内部因素与教育外部因素共同影响着教育，为教育的转型提供了有利的条件。

二、对教育转型的概念辨析

教育无论怎样变化，都是在发展的过程中发挥了量变与质变的作用，因此，教育的变化也包括教育的转型。划清这两者之间的界限，可以方便人们的理解。

教育的转型属于一种变迁，但这种变迁是有风险的，是历经风雨的冲刷形成的变迁。当然，这两者之间也有着区别。“转型”一词，在前面我们也提到过，是量变引起质变，只是更加注重质变；而变迁则是指时间和空间的变化：空间变迁指局部的或整体的变化，更注重整体的变化；时间的变迁指的是经历了历史的变迁，自然而然地形成的一种教育形态。

不管是教育的改革还是教育的变迁，其最终目的就是教育的转型。教育的转型，不仅受外界因素的影响，还受到内部因素的影响，由双方共同来推动，是教育系统内发的转变。有些国家在早期就生成了教育的转型，是借助国家内部的力量来推动的，而对于很多后期的国家来说，更多的则是复制成功的因素，再结合本国国情进行推动转型的。

教育革新与革命，都是以改为基础的，但是改的同时强调要生成新的东西。教育的转型有很多因素，其中教育的革新、革命是重要的推动因素，但是这种推动不一定会造成教育成功的转型。

关于教育的转型与发展的关系，可能是正向的，也可能是负向的。教育的发展可能是局部进行的一小部分的发展，也可能是全部意义上的发展。教育转型与发展，相互依存，相互促进。综上所述，教育转型和其他的教育形式不同，教育转型进行的是根本的、本质上的转变。

三、教育转型的特征

第一，教育转型不是一蹴而就的，而是两种类型之间的转换，不仅是单纯的转换，还是一种过程。如果认为转型是动词，那么，教育转型就是一种过程，而当人们认为是名词的时候，它指的是转型的结果。因此，专家一直在研究两种教育形态转化的过程及转化过程的多种方法，且认为教育转型成功的标志就是一种新教育形式的形成。

第二，教育转型不是某一部分的变化，是一种面向整体的改变，是全部的变化，且不仅是一种形态变为另一种形态，还是一种性质变为另一种性质。

第三，教育目的贯穿于整个教育活动，教育的变革势必关乎教育目的的变革。教育有其内部的组成因素，也有外部的组成因素，内部的每个要素互相结合且外部的每个要素也进行相互结合，最终达成一个稳定的整体，这样，教育的结构才具有完整性。也就是说，教育由内部与外部两方面因素构成，且这些因素以教育目的为根本宗旨，其转变要以教育目的为中心。

第四，教育转型的过程是艰辛的，而艰辛中又有着异质与冲突的特点。教育的转型是一个过程，有过程就会有前期的困难、中期的矛盾与后期的豁然开朗。在转型的前期，旧的教育形态还没有完全废除，新的教育形态还没有建立，是最困难的一个时期，此时有着异质性的特点。在转型的中期，就会出现新矛盾与旧矛盾的并存，造成冲突。转型的后期，旧的制度被推翻，产生了新的制度。

第五，教育转型的另外一个特点就是不确定性。教育转型是依据建构主义的观念进行的转型，具有动态性，在不同的社会背景下会呈现不同的特点，但不能确定地说，教育是有一定的定义或者永恒的概念。因此，教育转型是一直发展着的，但是不论怎样发展，都是基于一定的环境而生的。

四、教育转型具有多种类型

从教育转型考察的角度和范围来看，可以进行以下分类。

首先，教育有很多种分类，其中一种可以按照层次进行分类，分为宏观、中观、微观。宏观的教育是基于整体进行考虑，主要看是否有利于社会的教育；中观的教育是教育的第二个层次，是关于学校的培养目标与学校本身的教育，也是学校的整体变革；微观的教育是着眼于教育教学活动的本身进行的教育改革，不属于整体的变化，而是非整体的局部变化。这三种教育相互依存又相互制约，宏观教育指明了方向，中观教育与微观教育按照教育方向进一步实现了目标转型。

其次，教育转型还可以根据类型来进行分类，就像广义的教育一样，分为学校教育、家庭教育、社会教育。学校教育又包括很多种教育，包括学前教育、基础教育、大学教育、终身教育等众多种类教育的转型，我国的教育之所以需要转型，是发展新型的适应社会潮流的教育的必然要求。

最后，教育有内部与外部的教育要素。根据这些还可以将教育转型分为：教育思想的转型、教育制度的转型与具体教育实践内容的转型等，尤其要注意的是，教育的转型不是局部的转型，而是全方位的转型，要立足于整体来进行考察。

五、教育转型的核心

社会转型的重要因素之一就是人的转型，教育的本质是培养人的活动，因此，教育的转型就是人的转型，社会应促进人的发展。在社会发展过程中，人的发展也越来越全面。教育的本质是培养人，教育转型的本质也是人的转型，因此，不管教育发展到什么阶段，都应该以人为中心，促进人的发展，走人性化的道路。

然而，怎样促进人的转型呢?

首先，确立教育的人学立场，明确人的转向。教育是育人的活动，教育的立场必须以育人为基础。从本质上来看，教育虽然是人的培养，但是也受其他因素的影响（如社会生产力与生产关系、政治制度、文化、人口等），来源于社会并且服务于社会。人们必须根据社会的需要，培养服务于社会的人才。鉴于教育已经成为培养人的工具，当代教育必须重新定位教育的立场问题，以人为中心，坚持以教书育人为中心的立场，使教育沿着正确的方向发展。这一进程是无止境的，因为人没有终极的完善。教育对人的发展，无论促进多少、前行多远，其方向先要保证正确。

其次，明确教育指向什么样的人，育什么样的人，这是解决育人方向后，需要确立的另一个重要问题。从上述教育历史发展中人呈现的不同方式，可以得出结论，从欧洲中世纪的自由发展的人，到近代社会所需要的全面发展的人，再到现代社会需要的素质人，这些时代的受教育者都是根据不同的时代要求培养不同的人，是一种自我期待。我们不是希望在诸多教育人的形态之后再增添一种，而是要反思这种形态背后的合理性。每一个时代受教育者的培养要求既有合理之处又有不合理的地方，其中最不理性的地方就在于把人当作一种客观的存在，是具体的模式，并且脱离了现实社会的一种完美的人。这是一种“以物的方式”来认识人，违反了马克思主义客观存在的理念，所以我们见到的都是具有抽象意义的人，并没有主观性，不管是站在历史发展的进程上来观察，还是站在受教育者个体间的差异上来看，人不可能只有一种社会生活方式，不可能是一种模式化的人，而是随着社会的发展而发展的。每个个体的人更不同，“抽象的人”是对人的误读，是不存在的。

以人的方式来认识人，人是具有历史变化性的。不同的历史时期需要不同的人，要根据不同的时代需要培养不同的人，而每个人都是具体存在的人，应以教育为主要出发点来发展人才。《学会生存——教育世界的今天和明天》指出，“每一个学习者的确是一个非常具体的人。他有他自己的历史，这个历史是不能和其他任何别人的历史混淆的。他有他自己的个性，这种个性随着年龄的增长而越来越被一个由许多因素组成的复合体所决定，这个复合体……对于每一个人来说都是各不相同的。进入教育过程的个体是一个具有文化遗产的儿童，他具有特殊的心理特征，在他的内心有家庭环境的影响和四周经济状况的影响。”“无论是在它的机制方面，还是在它的精神方面，都不把个人看作具有特性的人。”“我们如果不改革教育管理，不改革教育程序并使教育活动个别化，我们就既无法履行，也不能取得具体人的职责。”[1]从“抽象人”到“具体人”之间自我期待的转型，教育的目的不再使人“成为一类人”。

最后，要说明的是，教育的转型推动了人的转型，促进了人的成长。人的发展并没有一定要发展成什么样的人的最终目标，但是却给了一个方向，我们沿着这个方向的指引，不停地发展全面的人、发展个性的人。所以，教育的转型就是要培养全面发展的人。

教育面向的是全体学生，并且要培养学生全面发展与个性发展。这些学生是有主观能动性的，是生存在社会中，生活在自然中的人类，拥有自然生命与社会生命。自然生命就是通常所说的物质的生命，是生理层次的生命，而社会生命就是人类在社会中的价值所体现出的生命价值。每个人都是自然生命与社会生命的统一体，每个人的生命及精神力量都是自然生命与社会生命的升华，是生命的永恒。人作为有意识的动物存在，表现为有着不同于动物的精神意义和价值信念。在当今社会中，自然生命与社会生命对于现代人来说是非常重要的，因为他们认为生命的基础一定是满足个人的生理需求，因此，自然生命更为重要，而想要在这个社会中生存下去，就要努力适应并遵循社会法则，在这里社会生命又非常重要。然而，又有几个人想升华自己的精神生命呢？在社会中“悠然自得、自得其乐”是很多人所追求的生活状态，但是生命是一个完整的有机体，不能依靠自然生命来虚度光阴，还有精神境界去追求。精神是人发展和进步的不懈动力。人之所以成为人，就在于人有着对自我、对现实的不满和超越。但是，我们在教育实践中并没有把人当作全面而完整的生命体，致使不能把人培养成为全面而完整的人。一再强调教育是培养学生全面发展的教育，所谓的全面发展就是指要教育人们发展自然生命的同时要增强社会生命，更加要追求精神生命。规劝人放弃自然生命而追求社会生命和精神生命的崇高。事实上，人类发展具有社会性与自然性，社会性属于最基本的要求，教育不仅要让受教育者会学习、会做事，更要培养他们追求精神的力量，追求生命的价值，不断超越自我，成为完整的人。

教育要帮助受教育者实现生命的价值，不论年龄多大，都应该具有终身教育的理念，不断地升华自我，努力通过后天的教育实现自我的人生价值。虽然古代哲学家提出过教育要遵循自然，但是这种遵循自然并不是无节制地服从于自然，而是在自然的生活条件下改造自然，进而实现自然与人的和谐发展。所以，人的生命应该是自由的有机体。马克思说：“人类的特性恰恰就是自由的、自觉的活动。”首先，我们应该了解自由与自觉。想要自由的前提条件是自觉，否则一切将

[1] 韦钰．学会生存：教育世界的今天和明天[M]．北京：教育科学出版社，2000：55-56.

乱为一团。其次，自由就是自觉的升华，这两者互相促进与依存，共同为生命的发展助力。正因为这样，我们才更加确定，生命的发展是具有主观能动性的，因此，现代教育一定要发展学生的主体意识，让学生自主学习，培养他们的独立人格，使他们享受到心灵与生命的自由。

教育还要促进受教育者的个性发展。我们所说的个性发展指的是，依据受教育者自身的特点进行的发展教育，是根据个体各项素质的优势，以本优势为中心，其他发展为辅的发展，并不是说全方面的均衡发展。所以，教育既要根据受教育者的身心发展规律进行因材施教，掌握教育内容的系统性，还要对受教育者进行长善救失的教育，即积极发展优势方面来弥补不足，促进其全面发展，使其成为具有独特个性的人。

总而言之，关于教育的转型问题，不仅是教育本身性质的转型，还是人的转型，是不断地促使受教育者走向个性发展与全面发展的转型。这是教育转型的终极价值和永恒追求，是教育之为教育的根本，也是教育转型的根本。

第二节　教育转型的价值

一、教育价值的存在论基础

价值论以存在论为根基，这决定了教育价值目标是一个由诸多概念相互包含的理论网络。这不是随意地把概念 a、b、c、d……与价值目标 A 结合在一起，a、b、c、d……在理论中的聚合，赋予 A 以丰富的意义，在于它们与 A 的本质联系。只有掌握了理论网络中的概念，才能更好地理解价值目标。具体而言，人的全面发展概念要有相关概念的解释，它要向人、全面、发展等概念过渡，而后者又需要向更为基础的概念过渡。这样，人的全面发展就形成了一个定义链（见图 2–1）。

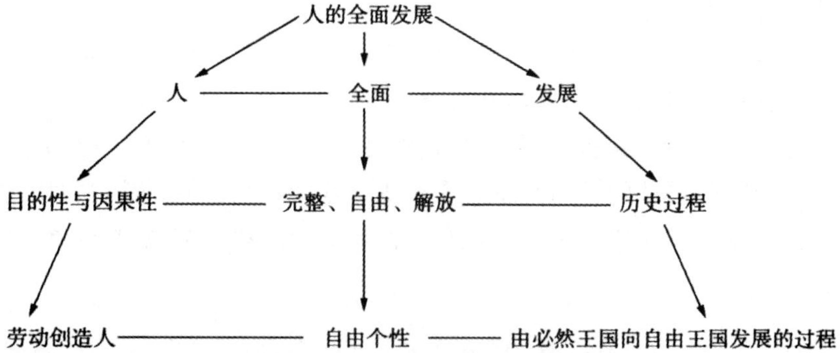

图 2–1　人的全面发展的理论网络

不管是历史上的哪一次转型，都不是对之前概念的推翻，而是对它的升华与深入研究，从而发展衍生出新的概念。这样，人的全面发展就形成了一个定义链。首先，人的发展离不开生产劳动，人类的一切社会生活方式都离不开生产劳动，因此是劳动创造了人类。这些内容在教育目的与教育价值的论述中也有提到。其次，全面的具体意义。人的全面发展是在自觉与自由的基础之上进行的发展，是形成一个完整的人的基础。这部分内容在马克思的“完整的人”——当代教育的价值追求中有阐述。最后，人类社会的发展历程。马克思的社会三大形态与卢卡奇的合类性发展及无机自然、有机自然、人类社会三大存在的发展过程展示了这一过程。这部分内容在“人是走向途中的存在”中进行了简略说明。

当然，任何一门学科都达不到这样一种清晰透彻的理论程度：所有概念都是清晰的，所有前提都得到了分析，所有基础都是没有疑虑的。但是，尽可能清晰明白又是这些学科所必须尽力争取的。对教育价值的有效研究受制于对全面发展的相关概念的清晰规定。

二、当代教育的价值追求——马克思的“完整的人”

在社会转型期教育价值观的变革中，应该把握马克思“完整的人”的具体内涵。今天，很少有人提出关于完整的人的观点，反而更多的观点指向的是全面发展。马克思曾经提出过完整的人的观点，但到今天为止都没有任何专家进行过相同理论高度的解释。

马克思指出过的完整的人是有理论基础的：“私有财产的扬弃，是人的一切感觉和特性的彻底解放；但这种扬弃之所以是这种解放，正是因为这些感觉和特性无论在主体上还是在客体上都变成人的。眼睛变成了人的眼睛。”[1]这里，完整的人必须扬弃异化，正确对待人与自然与社会的关系。可以发展个体全面性的人就是完整的，它以全面的方式“占有自己全面的本质”。马克思曾经将人的完整性提出过两次，但是整个思想却始终以完整的人为主线，如果人不能突破旧的牢笼，将永远不能成为完整的人。

那么，马克思的“完整的人”对今天教育的启示体现在哪些方面呢？

（一）合理解释全面与片面的概念

通俗地说，全面发展是个性发展单纯的量的叠加，只要有足够的量，那么，产生质的变化则是必然的，并且量越多越优。这里的量指的是某一方面发展的优势的大小。但是，马克思却不这么认为，在他看来，这样单纯的量的叠加是愚蠢

❶ 福永光司．老子[M]．陈冠学译．转引自陈彭应．老子今注今译．北京：商务印书馆，2003.

的行为与想法，如果只是一方面的叠加，只会让人单方面发展而不是真正意义上的全面的发展。如果现实生活中所谓的专家不再受功名利禄的诱惑，不再因为身在本职位而受到特有职位的限制，而是去承担应有的一切，这才能称得上是专家、学者，才是完整的、全面发展的人。马克思认为，完整的人不一定就是人们日常生活中所说的“圣人”，更多的是挣脱了现实的牢笼，去实现自身价值的人。

所谓片面发展的人，一定是被现实所迷惑的人，是生活在社会中只拥有社会生命的人，这类人认为自身的价值就在于拥有东西的物质数量的多少，并不认为个体本身精神方面的财富的重要性。在当代教育中，这种存在式的教育并不少见，这种人以拥有财富为荣，与社会生活是拥有与被拥有的关系，拥有了财富便是拥有了一切，拥有财富是其他的存在所不能替代的。教育现象中，这种现象是现实存在的。身为社会的一分子，我们要坚决杜绝这种现象侵蚀祖国美好的花朵。

弗洛姆有说过这样一句话：“谁一无所有，谁就一无所是。”在现代的教育教学中，我们都能体会到读书恨少的心情。学生从幼儿园开始，甚至从更早的时期开始就已经亲身经历了拥有量带来的压力或快感，以至于深深地扎根在人们心中。在众多的社会因素中，拥有量对于人们的社会地位十分重要。在教育教学中，教育者通过学习知识来交换获得相应的分数，分数到手后又可以换取学历，而学历又可以换取财富与社会地位。那些想获取最高学历的人，已经不再是拥有创造力的人，而是为了拥有社会地位而去拥有知识，这种拥有知识的方式是间接兴趣而非直接兴趣，这种人是没有价值感的人。虽然学习的知识量与学历的高度在不断增加，但个体本身的价值却在不断下降。

在社会经历了漫长的变化之后，教育虽然在一些方面进行了成功的改革，但是关于教育的量的方面一直都存在误区。因为有关马克思提出的人的整体性的概念至今没有人能给出深刻的研究结论。只有当人们的理解达到了质的方面，即拥有感已经被人们完全挣脱，对马克思思想的理解才具有完整性与深刻性。错误的理解会将人们推向一个极端，使人们只注重片面的、局部的发展，只在乎如何将量增加，而不是将个体的价值成分发挥，没有达到完整的人的要求。

（二）有利于消除消费主义价值观的不利方面的传播

在当今信息时代，信息的快速传播与方便性一直在不断地改善着人们赖以生存的社会，改善着人们的生活方式，为全世界的进出口与生活的改革给予了有力的基础。鲍德里亚说过：“富裕的人们不再像过去那样受到人的包围，而是受到物的包围。”在商场的置货架上非常多的东西总是给人一种取之不尽的感觉。广告是一种文化，是人们认识世界的一种媒介，创造广告文化的人具有一种创新精神，是超越了现实的因素，对产品的特点的创新应用与推广。凯尔纳这样说过：商品并非仅仅具有使用价值和交换价值的特点，还有符号价值，即风格、威信、豪华、权力等的表现和标识，这一符号价值成为商品和消费的一个日益重要的组成部分。当代人的本身的价值竟然更多地通过名牌效应来实现，这是物质化的社会风气形成的，而消费则以是否时尚、是否符合时代的潮流为主要依据。这种消费观在全球得以推广并形成了全球化的风气。在当今的社会大背景下，中国身为发展中国家，处于过渡时期，然而这种过渡正是生产型与消费型之间的改革。随着世界化的风气的渗透，中国的生产性社会中的产物与世界其他国家的船坞在不断流通，因此，各国之间在不断交流着，这种在各个国家各个民族之间的沟通，让人们消费观也在不停地改革与更新着，并且渗透于中国的社会中。在中华民族的现代化发展中，世界化的消费观被大部分人接纳，其中有很大一部分是一夜暴富的人群与青年人群。不知不觉中，西方发达国家的消费观念传入中国，并深深地影响了中国人。在当今的潮流社会中，非常流行的有人控制的广告模式，不仅发挥了人的创新精神，还在创新精神的基础之上发挥了个性功能。在现当代的社会大背景下，人们开始以穿名牌、戴名表为地位的象征，其价值观发生了不合理变化，不能正确地认识自己，而是通过消费水平来认识自己。除了自己对自己的认识不足之外，其他人对对方的认识也是扭曲的，看到别人喝名牌酒或名牌奶，甚至看到别人扔的垃圾是高档品的垃圾，就会敬而生畏。这时，人们看重的已经不再是衣服和事物在生理需求方面的作用，更看重的却是品牌，用牌子才会有面子。西方发达国家传入中国的消费观念，主要通过一些时尚杂志、走秀或者一些谈话节目来影响，而随着当代社会信息技术的迅猛发展，品牌效应已经成为人们心中的一种时尚。

现代不合理的消费观是不符合马克思思想的，其认为消费应该建立在人的根本上，并不是一种非常直接的消费。现代人将消费理解为占有，只要有钱就可以拥有一切，只要可以买得到就是自己的。这种思想是非常危险的。在这里，我们更应该强调马克思主义提倡的完整的人的观念，培养自然人、社会人更重要的是培养精神人，注重人的精神的培养，禁止一切追名逐利的扭曲的思想的侵蚀。

法国思想家德波（Dobord）曾说过：今天的异化不仅有从创造性的活动向拥有活动的坠落现象，而且有从拥有活动向显现活动的坠落现象（拥有物让位给了它的以符号形式出现的表征）。这种现象在各个领域都有所体现，如源头的消费领域、当代的教育领域，都有这种观念的介入。在教育领域中，专家一味地用自己的知识来增加研究的结果，从而使这种结果被广泛认知，进入一个特殊的等级系统，这个系统根据研究成果的量的多少将科学家定性为是哪个等级的专家，还有一些隐性的没有被计算的物质则毫无用处，而这些表现出来的物质则成为显现服务。现在，对专家的创造性成果的赏识，早就已经不是根据在这个专业中众多专家的肯定与对于实际操作及时间的作用来评定的，而只是单纯从成果的多少来进行等级的划分，是对一套原有的模式进行了套用而已。

现在很多学校一味地追求名师的荣誉、追求学校课程被评为某些等级的精品课或者拥有由某些享有荣誉称号的名师组成的某些获得荣誉的团队，从而增加学校的影响力。殊不知，学校教育的根本是培养人，若攀比现象严重，则会让学生失去原有的纯真与学习的欲望。

第三节　中国的教育转型

现代的中华民族在新型思想观念的引导下，坚持面向全体人，促进全面发展，深入贯彻党的方针，努力培养德智体美劳全面发展的社会主义事业的建设者和接班人。正如叶澜所说，“教育是直面人的生命、通过人的生命、为了人的生命质量的提高而进行的社会活动，是以人为本的社会中最体现生命关怀的一种事业。”现代中华民族的教育本质就是培养人，就是以人为核心的教育，也是教育进行转型的本质所在。

一、教育的本质要从社会到人

从中国发展的历程、中华民族社会发展的现实状况来看，中国的教育具有非常明显的工具性，主要体现在以下两个方面。一方面，社会看重的是教育的工具价值，被抬高的是教育的工具性作用，被看好的是教育对社会需要的满足。教育成了社会的“救火车”，哪里“失火”，哪里就有教育。教育陷入了严重的功利主义，淹没于社会之中，没有了自我，也丧失了尊严和价值。另一方面，社会把教育作为工具，必然意味着教育培养社会的工具人。教育根据社会要求塑造人，使人成为不同时期社会需要的工具，实现教育外在的价值。

中国的教育具有很大的工具作用，这使得中国教育的转型具有强大的外推性。教育转型通常被视为社会转型的一部分，作为其他领域社会改革的一部分，服务于社会政治、经济发展的要求。新中国成立之后，教育经历了漫长的转变，从教育为生产劳动服务改为为社会主义现代化服务，从将人作为工具到将人作为经济发展的资本。虽然教育一直被作为工具存在，但是在不断地发展与革新之中，服务社会的改革已经成为教育改革合法性的基础之一。很多专家都认为，教育要为当代的政治经济服务，要服务于社会的改革，教育的改革不是因为人要发展，而是因为社会要发展。教育改革表现出强烈的“国家主义价值诉求”和“功利主义价值诉求”。

现当代教育必须从之前的教育思想转为现代的思想。之前的教育一直是以社会为中心的教育，以服务于社会的人为培养目标，以致人们成了单纯地为了社会而存在的工具，而现代社会注重人的发展，一切都以人的发展为核心，着力培养全面发展的、具有自己个性的人。

虽然一直在强调以人为中心，但是要正确理解以人为中心的概念。这里的人不是抽象的人，或者人就是一切，而是指人是社会的根本，社会是人发展的外在条件。之前的教育单纯地认为认识只受到社会的限制，并没有看到人对社会的影响，所以传统的教育强调要使人适应并遵循社会所提出的要求，并没有考虑到应该从人的角度出发，让社会变得适应人的发展，为人的发展提供便利。当今的教育虽然培养出的人依然是为了社会而服务的，但是这种服务是双向的，是互相服务的。可以这么说，社会为人的发展提供了条件，而人的发展是社会价值的体现。

二、教育目的的转型：从社会工具人到社会主体人

人是社会的人，人的发展形态离不开社会提供的条件。中华上下几千年，之前的制度都是国家将人们所赖以生存的社会、经济、政治制度，甚至更细微的事情都进行了制约，身为社会中的人，必须按照社会的要求做事。“五四”新文化运动提倡的个人主体的启蒙，也很快由于政治意识和社会形势的变化而夭折。新中国成立后，在飞速发展的道路上经历了很多变革，从之前的计划经济转变为市场经济，从之前的农业大国向着未来的工业大国转变，传统社会已经不能适应当今时代的潮流的发展。所以，迫切需要解决的状态即人的发展状态，也从依赖于社会的人转向了拥有个体独立人格的人，未来社会中的人必然是拥有创新精神与实践能力，具有批判精神并且充分发挥个体主观能动性的人。

教育面对的人是发展中的人，但政治形态的教育、经济形态的教育以社会需要的满足为本，它们把人作为社会的工具来培养，不仅使人具有社会性，更重要的是以既定社会规范要求人、约束人，使人成为被动的服从者，成为社会的客体。教育轴心从社会到人的转换，意味着教育应当以人的发展为本，以人的发展引导社会的发展。所以，当代教育必须以人为中心，做以受教育者为中心的教育。

主体有不同的形态，有个人主体和社会主体。个人主体是社会主体的前提，个人没有主体性，只能为社会所湮没，不可能成为社会主体。所以，主体人先要成为个人主体，具有自己的思想，拥有个体自己的想法及做事的自主性，学会控制自己的情绪，积极主动地接受环境带来的心理差异，充分发挥个体的主观能动性。由于主体与客体都是相对而言的，所以主体把客体作为实现“我”之目的的手段，为“我”所占有和利用，具有为我性和占有性。主体的这种特性，容易使那些对于本身过于自信的人，只关注个体的发展的自私行为和自己本身的好处，导致在社会生活中各种个体之间的关系紧张。当代人类发展所面临的诸多问题，

包括人际关系冷漠、纷争、社会公德缺少、文明的冲突与战争、环境的污染与生态的危机、人与人贫富差距的加大等，都源于这种单子式的个人主体性。所以，当代社会批判个人的主体性，呼唤社会的主体性。

社会是人的载体，是人与人之间交往的产物。交往是社会存在的根本机制，也是人的根本生活方式。孤立的、单子式的个人主体只能导致社会中人与人之间的对立，致使我们的生活环境混乱。社会和个人不一样，人们所说的个体的概念指的是个体与主体相互作用时变现出来的，而社会的主体概念指的是各类主体之间的作用时变现出来的。个人的主体性一直强调个体的拥有性，拥有了财富就是拥有了一切；社会的主体作用强调社会各个主体之间的作用，使每个主体都相互平等的共同发展。所以，社会与个人的主体是两个不同的概念，而不是单子式的个人主体性。社会间存在着很多种要素，社会强调主体性，不单单是想表达要以社会为中心，强调社会是一个各种要素构成的整体，而是强调不仅社会具有主体性，个体也存在主体性，因为个体的主体是社会的一部分，社会的发展以人的发展为基础，人的发展又以社会的发展为方向的指引。在我们的生活中，一直在强调要培养为社会服务的主体，即培养每一位受教育者成为公民。这里的公民并不同于封建时期的臣子，之前的臣子唯命是从，而当今的公民是有独立的批判行为的人。在封建社会，一切事物都要为统治阶级服务，失去了自我，只有对统治者的责任、义务和服从。现在，公民是远远优于之前的臣民的，如公民是有自身权利的人，是具有自由权利的人，古代的臣民根本不敢有自身的想法，或违反统治者的行为，否则就会飞来横祸。另外，公民和私民也有区别。公民是为社会服务的，是有一定的底线与原则的，而私民是没有底线没有原则的；公民是可以为了社会生活中的其他民众而共同奋斗的，而私民只会为了个人的利益不择手段，甚至会伤害他人的利益和生命。社会的转型，其根本就是关于人的转型，人的转型具有两个非常重要的特点，即公共性与自由性。当前，我国正在经历着漫长的改变过程，既有社会的转变，也有社会中各个因素的转变。所以，公民一定就是中国人的转型所在。当代中国公民应该既有个人的主体性，成为个体的公民，又要超越个体，具有公共性，成为社区、社会、国家和世界共同体的公民。

三、教育内容的转型：从社会形态的教育走向生活形态的教育

在内容上，中国的教育形态还可以划分为社会形态的教育和生活形态的教育。社会形态教育是为了让人更好地为生活服务，而生活形态的教育是为了让人们也就是受教育者能够更好地发展。社会教育是为了社会中人的生存，生活教育是为了生活状态下的人的生存。社会形态与生活形态虽说是两种不同的概念，但是这两种形态进行了相互的融入与渗透，社会离不开生活，生活也离不开社会。社会

虽然是生活所必需的，但是社会却不是生活的决定状态，而生活虽然是人们生存的根本，但是同样离不开社会的指引。为了社会背叛生活或者为了生活而背叛社会都是不理智的行为。良好社会风气的形成是人们生活的必要条件，但是不是生活的最终目的，相反，好生活才是好社会的目的。生命的存在意义就是生活，生活是生命的良好表现形式。

我国从古至今的教育一直在强调掌握知识的重要性，认为只要掌握了知识就是一个完整的人，就是有涵养的高素质人才，但是只是单纯掌握知识而不去利用，又有什么用呢？中国的教育形态有社会形态与生活形态，从社会形态这方面来讲，知识的掌握是为了服务于社会。掌握知识是服务于社会的工具。所谓“知识就是力量”，是征服自然、改变世界的力量。只要掌握了学习内容，就掌握了全球变革的力量，就有了可以掌握全世界的本领，因此，才有可能掌握财富，会提高个人的生活地位，能够高质量地服务于社会。因而，知识就成了可以在社会环境中立足的机会，成了追求财富、提高个人身份与地位的手段。人们求知是为了生存，而不是人性的需要。

通过现代化的认知我们可以知道，不是所有的知识都是跟人的生存状态有关系的，“唯有实利的知识和技术”才有谋生的价值。因此，很多知识被人们认为是没有用的，所以有很大一部分知识是被我们所忽略的。社会生活形态的教育形式，完全是为了社会的发展，个人的发展被忽略甚至根本就不会顾及人自身的发展。这种类型的知识的掌握是不理智的，也是不符合当代社会发展的，已经失去了知识原有的价值与特点，在一定程度上束缚着人性的自由发展。

生活形态的教育不是回到生活与教育浑然一体的原始状态，它并没有认为知识的学习是不正确的，更多的是在说，学习知识到底是为了什么。现当代的知识并不仅仅是为了服务于社会，一切以社会的利益为中心，而是以社会与人共同的出发点为中心，是互利互赢的学习。学习知识可以让生命大放光彩，可以让个体的生活更加具有品质，因此，掌握知识不仅改变了个人的发展，还改变了一个群体的利益问题，更加可以改变整个社会的发展。掌握知识的最终目的就是为了生命可以更自由地绽放，生活可以更加美好，并且有一个美好的未来。教育在不同方面都发生着变化，只要社会指出什么样的要求，就必须要塑造什么样的人，如果生产力需要，那么，就要通过培养人去发展生产力；如果社会政治制度提出要求，那么，教育就要培养为社会服务的群体。如此类型的知识掌握，虽然是在表面上与社会有着千丝万缕的联系，但是剖析开来，是忽略人的发展的教育。所以，社会形态教育是在人的发展需要范畴之外的教育，并不是促进人的发展的过程。

生活是全面的，既有物质生活、社会生活，更有精神生活。因此，生活形态的教育内容应该是全面的，它超越科学与人文、感性与理性、技术与价值的对立，既要教人“何以为生”的本领，又要给人“为何人生”的人性思考。生活是立体的、有机的，所以生活形态的课程，在组织方式上要超越专门的知识，实现知识的综合与融通；超越书本与课堂，走向社会与生活。生活是人的存在方式，是人与世界的自觉沟通与交往，是“过”的动态过程。所以，关于生活形态课程方面，学习是源于生活的，同时是运用于生活的实践的。

四、教育过程的转型：从被动接受走向主体自觉

社会形态的教育目的和教育教学的活动方法决定了教育是一个方面的单纯供给。根据目标来看，社会形势方面的教育是为了培养服务于社会的人，是工具，也可以说是社会的非主体，依据社会的内容，让人变成社会的工具人。社会化的过程是一个被动接受的过程。在内容上，社会方面的教育（如掌握知识的教育）并没有将人看作是学习与受教育的主体，甚至还秉持着“社会为中心”的观念，并且单纯地认为只要是实验证明的，有事实依据的知识就是正确的、科学的，并不认为一些隐含的知识内容也是很重要的。本来知识是为了增长人的素质，现在的知识竟然成了人要为社会服务的方式与手段，是没有以人为中心的强盗行为。人非生而知之者，因此，人的使命就是要学习更多的知识来拓宽视野，为了个体，也是为了社会。所以，在传统主义的专家看来，知识的教育是灌输式的，是受教育者的被动接受，更谈不上什么知识的创造性了。

关于人的方式的教育，不能理解为传统的“培养人的教育”（“培养”对受教育者而言，具有被动性），而应该理解为人之生命自觉的教育、人之自我建构的教育。因此，生命自觉的教育是主体的教育，是生命自由、自主发展的教育。

社会形态的教育和人的形态的教育有着几乎相反的概念：社会形态的教育是社会向人的知识的强行灌输，而且人是非常被动接受所学内容的过程，相反，人的形态的教育是以人的教育、以人的思想为中心的教育，是对于知识的主动构建过程，深入贯彻了构建主义的理论。首先，在教育教学活动中，不再只是单纯地给予，而是学生自己的动态学习过程，只有受教育者自己学习知识，自主地进行构建才可以算得上是真正的学习的主人，实现生命的自觉。主体建构是学生亲身的活动，但离不开教师的帮助。教师的作用不在于教学生如何建构，而在于与学生互动、交流，在师生的双向互动中独立思考、感悟、理解、反思与建构。其次，教育过程是动态生成的过程。传统的教育以传授知识为目的，知识是客观的、固定的，所以教育过程就成为教师预设的单向知识传递过程。在这一过程中，教师是知识的权威和传授者，学生是被动的接受者。人之形态的教育，以生命的发展需要为核心，关注学生的生命活动，使学生的主体性得以充分发挥，所以教育教

学活动的进程是面向全体的，接收多方面的批评的教育，是拥有创新精神并激发学生创新意识的教育。

教育经历了众多改革，从强行给予到主动接受，教育方法与内容也有很多不同。第一，教育的着眼点不再只是教育本身，而是更注重人的发展，更注重生命的精彩。人们经常说，“知识改变命运”，其实知识本身的作用并不大，作用大的是知识带给我们的变化。传统知识观是科学知识观，知识特指与客观事物相符合的属性，是非主观的、一定存在的、非柔性的。受教育者接受这样的学习，一定是被动接受，不断重复，位于非主动的境地。当代的知识是让受教育者不断建构的动态的过程，学习内容是个体在与环境的相互作用中主动建构的，具有不一定性和多变性。受教育者的教育重视教育过程的对外作用与方式的多元化，但是一定要以建构主义为根本宗旨。第二，教育进程中的教育本质的改革。之前的教育教学活动总是被动地接受教育内容，是以教育者与受教育者之间的关系为基础的教育。关于人的教育，学生和教师是一个完整的部分，教育的历程是教育者与受教育者之间关于灵魂的沟通，是现实生活中能表现出来的教育。这种显性的教育是个体与社会相互融合的过程，在这种关系中，教育者与受教育者完全是平等的、民主的关系，受教育者可以批判教育者，教育者可以引导受教育者。更重要的是，素质教育一直在提倡以学生为主体，在这样的教育中，学生由知识的被动接受者转变为自我发展的主人、学习生活的主人，在学习中创造属于自己的生活，创造属于自己的人生价值和意义。

第三章　商务英语学科建设

回顾历史，教育部于2007年批准开设商务英语专业，我国最早设立商务英语专业的高校是对外经济贸易大学。2012年，教育部认定商务英语是独立的专业，跻身于英语、翻译平行的三大英语类专业行列。2014年，教育部出台了《高等学校商务英语专业本科教学质量国家标准》（简称新国标），奠定了国内商务英语新增专业学科建设基础，明确了商务英语专业的规范、标准、专业化，为商务英语本科专业准入、建设和评价提供了科学依据。到2015年，设立商务英语专业的高校有近215所。商务英语专业的开设，解决了长期以来英语专业教育人才培养模式单一的现状，但是随之而来的学科建设和专业发展却不尽如人意。用“百花齐放”来形容目前国内商务英语专业学科建设的现状一点儿不为过。我国商务英语专业建设有明显的同质化现象，各高校的自身特色没有得到体现，也无法满足我国日益发展的多元化、高端化国际商务的社会需求，尤其是对复合型外语交流人才的需求。管理学观点认为，商务英语专业的学科建设应该重视商务策略、交际策略和跨文化策略的学习。语言学观点则认为，商务英语专业在课程设置中不仅要关注语言基本技能的学习和实践，还要注重学科交叉的特点。具体做法：在低年级阶段制订培养计划时侧重于英语语言基本技能的学习和训练，以夯实英语基础为主，到了高年级阶段则迅速进入商务英语专业学生就业所必备的海外投资、法律法规、财务政策、贸易实务、资产管理、运营管理、市场营销、文化融合等专业知识的学习过程，最终将学生培养成具备一定商务知识的应用型和复合型人才。实践证明，这是符合规律的学科定位，也是目前比较科学化的学科建设模式。但是，大部分高校的外国语学院在确立商务英语专业学科定位时，没有充分考虑到该学科的特点，只是一味地注重商务知识的灌输，忽视了培养学生的英语语言基本能力，导致商务英语专业毕业生无法满足市场对英语语言表达能力的要求。事实上，商务英语专业是英语专业的一个分支，它既不能完全归属于应用语言学范畴，也不是专门用途英语。关于商务英语专业的学科归属，王立非指出：“上述观点强调了商务外语（英语）学科的研究对象，其结论是商务英语属于语言学的分支学科。”商务英语专业的学科建设在这种定论之下的基本方向便更加清晰明了。

发展至今，商务英语专业学科建设的相关研究不断，争议也是经常见诸报刊和学术研究领域的。但学科定位和归属已逐渐明晰，商务英语是结合国际商务、国际贸易、世界经济等学科的综合性新兴学科。因此，在人才培养目标上，商务英语专业与传统英语专业必然有着较大不同。商务英语专业是专用外语人才培养的新模式和新途径，重在培养精通英语和英语培养和商务知识的国际化复合型外语人才，这部分人才主要从事跨国贸易、管理等领域的商务谈判、商务写作和翻译等工作。此外，在学科建设的具体实施环节同样呈现出“百家争鸣”的格局。这些都充分表明，商务英语专业的学科建设模式需要不断改革和创新，才能真正做到专业建设与经济发展需求的与时俱进。

第一节　商务英语的学科内涵

一、学科的概念

学科是知识领域的分类。现代学科指需要予以学习、时间和应用的知识，是针对知识学习的行为规范体系。自然科学、社会科学和人文科学是对学科进行分类的三大范畴。我国共有 12 个学科门类，包括理学、经济学、文学、医学、法学、教育学、哲学、工学、农学、历史学、军事学和管理学。这些学科门类之下又分为 88 个一级学科和 382 个二级学科。

学科之间是有边界的。这是由于每个学科都是对客观世界和主观世界的某个特定范围的现象进行的研究。同时，存在着学科之间相互交叉的基础。客观世界和主观世界的事物是普遍联系的。作为对这种普遍联系的反映，知识之间自然也存在联系，反映在学科之间就是交叉。学科交叉是“学科际”或“跨学科”研究活动，其结果导致的知识体系构成了交叉科学。学科交叉是学术思想的交融，是交叉思维方式的综合、系统辩证思维的体现。自然科学和社会科学之间可以有交叉，如计量经济学就是自然科学中数学和社会科学中经济学之间的交叉学科。社会科学和人文科学之间可以交叉，如语言经济学就是社会科学中经济学与人文科学中语言学之间的交叉学科，法律语言学是社会科学中法学和人文科学中语言学交叉的产物。自然科学和人文科学之间也有交叉，如语言统计学是自然科学中数学和人文科学中语言学之间的交叉学科。交叉学科的研究大大拓展了其上游学科的研究范围，提出了新的研究问题，对原来的现象提出了新的观察视角，加深了人们的认识，有力地推动了知识和理论创新。

交叉学科是学科发展的必然结果，往往是某一学科的成员主动突破本学科的既定范围，研究本学科以外的现象。学科之间交叉的部分是有关学科的共有范围，构成交叉学科的研究领域。

每门学科都有自己的理论研究和实践。理论研究是对学科领域中的现象进行的系统认识；实践是学科领域中的各种实际活动。以语言学为例，对语言现象和使用规律进行描写、抽象、归纳是语言学理论研究，听、说、读、写是语言的使用，属于语言实践。因此，交叉学科应该涉及其上游学科的理论和实践的内容，交叉学科的研究对象就是上游学科相互交叉、渗透的方式和结果。

交叉学科产生的过程决定了其研究对象是其学科成员根据研究的需要构建并逐步发展完善起来的。后结构主义话语理论为我们认识交叉学科的研究对象提供了思路。每个学科可以视为一个机构，涉及机构成员和其具体活动、态度和价值观、成为机构成员的方式和途径、语言的特定使用等。每个机构拥有一套自己的话语类型系统，机构成员使用这些话语类型进行交往和行为。话语不仅是机构里语言的使用，它还是复制、塑型、维持甚至颠覆该机构的工具。因此，可以通过话语研究来揭示机构，也就是学科的内容。

学科之间的交叉学科如何通过话语来研究？互文性和话语杂糅性这两个概念对研究交叉学科非常有用。由于学科是由一套话语类型来反映的，那么，学科交叉可以反映在话语类型的挪用导致的互文性和互为话语性中。比如，用现代商务中仲裁和法庭判决来解释互为话语性的含义，仲裁员和法官是两种不同的专业人士，仲裁和法庭判决属于两种不同的社会行为或专业实践。但是，在实际的商务世界中，律师或法官常常被聘请为仲裁员，仲裁活动挪用了法庭判决的话语类型或专业实践，这样的结果使仲裁和法庭判决之间的界限变得模糊。

交叉学科的学科归属取决于提出这个交叉学科的上游学科。以语言经济学为例，它被认为属于理论经济学的范畴。这是因为语言经济学最初是由经济学家提出来的，把语言作为经济活动中的一个变量，研究它的成本、效益、价值和效用。而语言统计学则是语言学范畴之内的一个学科，其目的是运用统计学的方法对语言使用体现出的特征进行量化分析。

二、商务英语学科的内涵

经过多年的努力，国家终于将商务英语作为大学的一个必修专业学科，并将商务英语定义为一个交叉学科。商务英语学科是一个“晚发外生型”，社会科学与人文科学所属的学科之间在本体知识和综合技能两个层面上交叉、整合、融合而成的一门“学科间交叉学科”。

商务英语学科的学科归属或定位、研究范围、研究对象和研究方法是目前商务英语学科建设中的一个理论问题，也是一个实践中要求明确回答的问题。

（一）商务英语学科的定位

商务英语学科属于哪个现有的学科之下？英语语言文学或商务学科（经济学、管理学和商法内部交叉形成的学科内交叉学科）？还是其他？

商务英语的发展，其学科的定位必须清晰明了。虽然商务英语学科的定位在其相应领域内无明确的定义，但已经形成一定的共识：第一，商务英语是一门融合了英语、经济、法律、管理、金融、贸易、营销等多种学科基础内容的综合性，交叉性、跨越性新兴学科。其主要培养具有专业英语基础知识，能够用英语直接参与各种国际性质的商务活动、交易等综合型和应用型人才，这种人才具有商务管理、交易能力，而不仅仅是作为间接翻译的服务型人才。第二，商务英语归属于语言学科门下，是一种 ESP 的类型，即应用语言学的分支。目前所存在的问题主要集中在商务专业知识与英语语言应用能力之间的侧重关系及这种关系所导致的课程系统构建和设置问题上。综合上述两个观点，我们需要弄清楚商务英语学科定位的三个基点：首先，商务英语有别于普通英语，它是一门涉及范围较广，结合英语专业、商务领域、经济领域等多方面知识的综合体，是普通英语专业所不能涉及的广泛领域。商务英语更多的时候体现的是知识性，将这些领域的知识体系、理论体系渗透结合形成新的理论体系，而商务英语即作为体系载体。其次，由于商务英语隶属于应用语言学，故其仍然受语言学理论体系的约束，具备语言学的学科特征，能够反映出语言学的本质。最后，商务英语教学是商务英语研究的主要对象，其中包括“教”与“学”两个主要部分。所以，商务英语学科在研究如何教授商务英语的同时，另一个主要工作是研究学习者学习商务英语的目的和动机。

商务英语是其上游学科英语学科和商务学科交叉而成的，原因是英语学科学员将英语应用于商务活动和交流中，旨在研究商务英语复合型人才的培养。虽然商务英语综合商务学科和英语学科建立的，但单纯地从商务学科角度研究商务英语的内容也有很多重要部分，如英语的经济学研究，所以商务英语学科的重点不像经济学那样是研究商务世界的规律，而是以研究英语在商务活动和范畴内的作用。从根本上分析，商务英语应归属于英语学科之下。它是英语学科之下一个重要的交叉型应用学科。综上所述，商务英语是一门综合性、交叉学科，是以英语在商务环境中的应用为媒介，涉及经济、商务、管理等多学科内容的一门新兴学科，同时是英语语言与国际商务的完美融合及学科之间相互结合的新学科。

（二）商务英语学科的研究范围和研究对象

商务英语的研究范围是英语和商务交叉形成的领域。研究对象需要我们加以建构。商务世界是人类生存和发展的世界的一个重要的组成部分。对这个世界的认识有两个方面。一是对它运行规律的研究，包括对这个世界的现象的研究和对参与或主导这个世界运行的人作为个体和团体的规范、行为、认知、认知结果的表达等方面的研究。这是对商务世界的理论研究。二是这个世界的各种具体实践活动。这两个方面构成了商务学科的本体。

同样，英语学科也有自己的理论研究和实践及以英语等语言为载体的文学的研究，同时包括对语言、文学存在于其中的英语文化的研究。当然，这个学科也包括英语实践。这两个方面构成了英语学科的本体。

英语学科和商务学科交叉进而形成了商务英语学科，该学科包括理论研究和实践两个方面。商务英语的理论研究涉及英语在商务中的价值、效用、投入成本和预期收益这些语言经济学的内容，还涉及对商务世界的思维、认知、表达、行为方面规律性的研究。商务英语学科的实践包括英语听、说、读、写这些语言使用活动及与语言使用共生的商务活动。商务英语还是商务实践、文化的统一体，受商务实践和文化的塑造，反映、维持甚至影响商务实践和文化的存在方式和状态。可见，商务英语学科的研究对象体现了英语学科和商务学科的理论、实践和文化的渗透与交融，尽管我们对这种渗透和交融的方式、内容仍然需要进行系统、深入、细致地描述。

（三）商务英语学科研究方法

学科的性质决定了学科的研究方法。作为一个交叉学科，商务英语的研究方法可以从两个上游学科中发展而来。商务学科的理论研究方法丰富了语言学科的研究方法库。前面所说的语言经济学研究就是一个例子。利用经济学的理论，对英语的价值、效用、成本、收益进行分析，为英语学科被赋了研究语言政策和规划任务提供支持。这是定量分析可以在商务英语研究中使用的一个领域。

英语学科研究语言使用的理论也适用于对商务语言的研究。只是我们在研究过程中不能把语言和伴随它的活动分开来进行孤立研究。因为这样的研究只是对词汇语法选择的表层描写，难以认识和揭示商务语言的本质和语用规律。语言研究不能局限于表层语言特征的描写和解释上，还要结合专业实践、机构和学科文化来研究话语类型的挪用、关联。这样，语言研究才能真正揭示实践社区的真实面貌。

三、商务英语学科建设路径

（一）商务英语学科建设的必要性

商务英语学科的建设必须贯穿于整个大学建设和发展的全过程，这一点教师与学科研究者必须明确，优质大学建设离不开学科的建设，同时优秀人才培养应以学科建设为基础。商务英语主旨在于培养高素质、高能力、综合型商务人才，高校应致力于商务英语学科建设，促进商务英语专业的不断发展与进步，奠定学科建设的理论基础。

我国已经开展了十几年的商务英语教学与研究工作，但在学科建设过程中还存在较多问题，还未形成一个完整的体系。目前，我国商务英语教学存在的诸多问题中较为重要的一个是学校培养的商务英语专业人才不能达到社会实际需求的高水平商务专业人才标准要求，还不能完全胜任国际商务活动，活动中出现的很多问题还都无法全部解决。除上述问题以外，对商务英语理论和应用的研究需要进一步深化，商务英语所研究的内容也需要有明确的规范和认识。因此，目前商务英语迫切需要解决的问题是理论上的认识问题，只有很好地解决这个问题商务英语建设才能发展，对商务英语必须有明确的定位，才能使商务英语学科建设发展，提升商务英语建设高度。

（二）学科建设创新模式的实施方案

商务英语是基于语言学习基础上的学科交叉性强的专业，我们没有成熟的建设经验可以借鉴，也没有完善的学科建设模式作为参考，所以不断探索和学习是我们进行学科建设的唯一思路。通过对国内学者发表的商务英语学科建设方面的论文进行归纳，我们发现国内不同院校商务英语专业学科建设模式的实施大致有以下几种情况：第一，以 ESP 理论视角构建商务英语学科是某些高校的主流设计方向；第二，有些高校把 ESP 和 EUP（专门英语和通用英语）结合起来进行商务英语专业的学科建设布局；第三，有的则从学科建设的一个方面出发进行探索，如人才培养模式的创新及侧重于教师的专业化发展等。可以看出，上述几种情况或多或少都是偏重于某个层面，而忽视了其他方面的发展需求。有的重视理论探索而忽视了实践的必要性；有的则略显片面，没有整体性考虑。由于国内目前商务英语专业学科建设存在不同模式的困境和不足，提出以下创新模式的改革方案。

1. 修订完善现有的专业人才培养方案

教育部高教司对人才发展制定了新的《高等学校英语专业教学大纲》，其中对“复合型英语人才”的培养规定了明确的培养目标。各类院校因地制宜制定了符合本地区经济发展需求的人才培养模式。注重英语与商务的有机交叉，培养学生掌握国际金融、国际贸易、市场营销、商务谈判和沟通等学科的基本理论和基础知识。国内有些院校提出以市场需求为导向的人才培养模式，还有部分院校提出以语言文学为基础、商务技能为特色的专业，建设好人才培养模式。例如，首先，适当调整某些与商务英语专业学科建设关系不太紧密的课程（语言学、中国文化概要等），增加部分当下有利于商务英语专业建设所需的课程（国际贸易实务、经济法导论、国际商法等），扩大专业学生的知识面，增加专业学生知识的厚度和宽度，提高学生未来就业市场的竞争力。其次，适当减少商务英语专业课程中部分理论课的授课时数，实时增加实训和实践部分的课时。对于国际贸易实务、国际贸易单证、商务英语谈判等操作性强的课程，修订后这些课程理论学习课时得到适当的压缩，商务英语专业的学生在学院实训室利用 3D 仿真软件进行人机练习的课时适度增加。最主要的是学生不再只是在课堂上聆听枯燥的理论讲解，取而代之的是充满现实感的实际运用和实务操作。

2. 改革拓展现有的专业课程体系

原有的商务英语专业的课程体系已经不能适应“十三五”期间社会经济发展对人才需求的形势，改革和拓展后的商务英语专业的课程体系以注重培养学生的创新精神、创业意识与创新创业能力为导向，改进电子商务等实操特点强的相关课程的教学模式，实行大学一二年级开设英语专业基础课程，三年级重点开设商务英语骨干课程，并开设创新创业需求的基础和骨干课程、选修课程及实训课程，满足学生对各种专业知识的需求。

具体来说，基础英语、高级英语、英语语音、英语语法、英语听力、英语口语、英语国家概况等课时依据学生的实际水平可以适度减少课时分配。对于商务英语专业性比较强的课程，如剑桥商务英语、商务英语口译、商务英语阅读、商务英语谈判、商务英语写作、国际贸易实务英语、国际商法导论、商务英语翻译、国际贸易单证、经济法导论等课程适度增加学时，改善学生面对新形势下商务英语专业知识体系不足的状况。商务英语谈判、国际贸易实务英语、国际商法导论、国际贸易单证、经济法导论等课程其实都是最终服务省内外跨境电商工作的需要。针对当下社会经济发展中跨境电子商务业务量逐年增大的市场需求，电子商务课程体系的完整建构尤为重要。项目改革拟以专业选修课的模式建设电子商务专业所需的运营、营销、设计、客服、物流五大工作岗位所需职业能力设计专业主干课程体系。开设网络营销与项目策划、网站运营与信息决策、商务沟通、客户关系管理（CRM）、网站设计、摄影技术、电子商务物流与仓储、ERP 实务等主干业务课程，同时开设运营管理专项实训、客服管理专项实训、网站管理专项实训、电商物流专项实训四大模拟业务实训课程，弥补原有课程体系的不足。另外，电子商务的部分实践课程尝试采用“课程外包”的方式，具体以邀请外贸公司或外向型企业中业务导师或业界名师开讲座的形式，实现电子商务与外向型企业人才需求的直接对接。

3. 商务英语专业教师的合理配置

传统意义上的英语教师是通用英语领域的教师，是大而全的、多功能化的。商务英语专业教师需要具有学科前沿性知识储备和必备的专业技能。由此，教师可以细分为语言类教师、商务类教师和实践类教师三种。从长远发展来看，每位商务英语专业的教师都应立志于成为本领域的专家，完成从 GE 教师（通用英语领域的教师）到 BE 教师（商务英语领域的商科教师和语言类教师）的转型。“专家型”的教学需要专业化的师资队伍，师资转型的定位需要朝着职业化方向发展。

首先，从语言类教师向商务类教师转型。这类教师的特点是英语运用能力强，商科知识贫乏和薄弱，经管学科的认可度不高。其次，国内“科班”出身的商务类教师的转型。这类老师具备扎实的商科基础理论，但用英语授课和交流的能力有限。再次，“海归”商务类教师的转型问题也很突出。他们了解国外商务前沿，英语口语的表达流利，但是缺乏对本土情况的认识。最后，从企业转行到高校的商务类教师具有丰富的商科知识与实战经验，同时缺乏恰当的教学方法和教学手段。

4. 学习评价模式的创新改革

商务英语专业学科建设的创新模式研究项目拟采用定量评价和定性评价，《外语教学定量研究方法及数据分析》指出，定量研究是一种基于量化数据或数值型数据的研究，定量研究需要运用数理统计方法处理等特征。定量研究具有系统性、逻辑性、可及性、可重复性、简约性等方面的特征。这说明在商务英语专业学科建设的创新模式研究项目实施过程中要注意数据的采集和分析，并作出合理的解析才能得出恰当的结论。

此外，项目采用个人评价与小组评价、形成性评价与终结性评价、自我评价与他人评价、业界导师与任课教师评价相结合的模式，针对项目的建设和实施开展多维度、多元化评价体系，确保项目建设的方向性和有效性。项目实施主要根据评价中一致性的建构情况。一致性建构对教师有明确的要求，他们必须参与到能够影响学生学习效果的活动中。这一原则要求教学、评价、课程及学习策略具备高度一致性，彼此之间相互制约、相互支持共同达成目标。

5. 教育资源模式的创新利用和发展

积极拓展商务英语专业课程所必需的外围教育资源，如加大专业教材的编写力度，借助高等教育出版社出版一部适合商务英语专业部分课程需要的教材，满足专业课程建设的需要的同时，扩大学院科学办学的影响力。

四、商务语言学——商务英语学科的最后归宿

对于商务英语学科目前还是从商务学科和英语学科的交叉学科这个角度来认识。随着商务英语研究的深入和体系化，我们可以设想它最终会发展成为一门具有相对自主性的学科，即商务语言学。

黎运汉曾提出过商务语言学的概念，认为它是“研究商业主体如何运用商务语言进行交际以实现商业目的的科学”。它是一门交叉学科，研究“商务语用现象，揭示商务语用规律，阐明运用商务语用规律的原则，指导商务语用实践”[1]。

这项研究从语言学科的角度来审视商务语言，提出了语言在商务领域和活动

---

[1] 黎运汉．商务英语教程 [M]. 广州：暨南大学出版社，2005: 6.

中的使用是有特点的和规律性的观点；还讨论了商务语言的心理机制、文化积淀、语用原则、体态语言、礼貌和禁忌、商务活动中语言的使用、商务人士的语言使用及几种商务文体。从中我们已经能够看出一些商务语言学的轮廓。

这项研究对商务语言学的研究也有局限。商务语言学作为商务学科和语言学科的交叉，可以从两个学科的视角来观察和研究交叉的领域。除了语言的使用外，与之共生的商务行为也属于商务语言学研究的范围。另外，商务语言学还应该包括这个交叉学科的人才培养研究。

结合前面的分析，我们认为，体现商务英语学科研究对象的商务语言学内容包括：商务话语研究、商务行为研究及人才培养研究。

（一）商务话语研究

语言和商务的关系密切。首先，商务话语构建了商务世界，商务世界反过来选择了商务语言来作为自己的表达和行为工具。其次，商务世界是个客观存在。但人们对它的认识是通过语言使用开展的，也就是有一个用语言构建的世界，这个世界有一套自己的谈话方式和谈论的内容。

商务话语的研究涉及词汇、句法、语义、语篇层面的语用特征及互文性、话语杂糅性等方面的内容。

（二）商务行为研究

商务世界是一个机构化的世界。机构话语给参与人建立或预设各种角色，定位参与人的合法行为和言语及行为方式，限制某些参与人或授权某些参与人获得某些方式、内容。尽管有人的主观能动性，但机构目标、任务限制了主观能动性的发挥，使人只能听从机构话语中的权势。这是社会规范的一个部分。当然，权势、身份、规范等这些东西是通过在交际中或话语互动中实现的，不是完全的死规定。

商务活动中语言和行为是共生的。商务语言学对商务行为本身的研究是应有之文，同时是研究语言使用的一个参照系。

（三）人才培养研究

商务语言不是自然而生的。我们讨论英语在商务领域和活动中的使用时多次强调，商务英语需要经过专门的学习才能掌握。商务世界是一个社会机构，具有自己的思维方式、行为惯例和机构话语。这正是专业人才要学习的，否则就不能进入和成为这个世界中的一个正式的、合格的成员。商务英语教学因此产生，也因此而存在和发展。

第二节　商务英语的研究对象、研究内容与研究方法

一、商务英语的研究对象

语言学研究语言的一般规律，商务英语不仅研究语言的一般规律在国际商务活动中的体现，而且还侧重研究国际商务活动中英语使用的变体及其规律。作为一门学科，商务英语的研究可以大致分为理论性研究和应用性研究两大类。理论性研究主要针对商务英语学科的基本理论问题探讨，比如，商务英语的学科内涵、基本原则、研究方法、商务英语与语言学、经济学、管理学、社会学、教育学等其他学科之间的关系问题等；应用性研究主要指商务英语基本理论在商务英语教学、翻译等具体实践中的运用。而就其具体研究领域而言，则主要包括：第一，商务英语语体研究。主要运用语言学理论研究商务英语的语义、语用、语篇、修辞等方面的特殊性及其变化规律。第二，商务英语话语研究。主要运用语用学、跨文化交际及话语分析等理论研究商务谈判话语机制及其言语行为变化。第三，商务英语翻译研究。主要运用语言学理论研究各类商务文本翻译的特殊性及其规律。第四，商务英语教学研究。运用语言学、语言经济学、教育学等理论研究商务英语教学的人才培养模式、教学理念、课程设置、教学大纲、教学内容、教学方法、教学评价、教材编写、师资建设等方面的内容。第五，跨学科研究。主要研究语言学与经济学、管理学、社会学、教育学、文化学等相关学科之间的关系及因交叉、结合而产生的一些跨学科性问题，比如，商务英语的经济学研究、经济学中的语言问题研究、国际商务文化研究，等等。

明确研究对象和研究范围不仅关系到商务英语的研究特色和活力，而且也关系到商务英语教师的学术走向，尤其对一些具有商科背景的商务英语教师而言，则显得更为重要。商务英语的学科归属实际上明确了商务英语的主要研究内容和范围，因此，商务英语研究不应无限制地涉及其他学科，如果过多地掺杂经济学、管理学等其他学科的知识体系，不仅会使商务英语学科产生混乱，而且也不利于商务英语教师的学术发展。

二、商务英语的研究内容

一般而言，商务英语的研究内容除了受学习者的学习目的和方式的影响外，更取决于课程设计者和学习者对语言的性质、内涵、使用目的和途径的认识。陈准民教授通过对商务英语多年的实践和研究，将商务英语研究分为不同的范畴：

第一，狭义定义：与商业直接有关的英语，有利于分析商务英语的特征，制定有关的培养计划，选择和编写教材；第二,一般定义：一切与商业相关的领域(经济、管理、法律等)的英语；第三，广义定义：凡是一切超越了私人关系的英语都是商务英语。除了经济、管理、法律，其他领域(如政治、外交、体育、媒体、社交等)的英语都应该是公务/商务英语。

对商务英语研究内容的定量分析往往由于商务英语复杂的语体特征难以直接界定。由于实践中的商务英语教学体现了不同时期的商务英语研究对象，我们可以通过对商务英语教材的“追溯”来观察商务英语研究的范畴。Ellis 和 Johnson 通过对 1960 ～ 1990 年间出版的 150 本商务英语教材进行分类研究时发现商务英语教材由于受到需求和社会语言学发展的影响，产生阶段性的变迁，在实践需求引导下的商务英语研究具有以下属性和特征：20 世纪 60 ～ 70 年代，区别于一般英语的商务词汇和专有名词；20 世纪 70 年代，语言交际在商务语境下的应用；20 世纪 70 ～ 80 年代，语用功能和程序化词汇的强化；20 世纪 80 年代后期，在结合前期实践规律的同时，强化语言习得中的需求分析；20 世纪 90 年代初期，语言练习围绕交流技巧的“语言”技能培训；20 世纪 90 年代中后期，不同类型学习者的认知需求得到细分，语言和商务知识呈现系统性的分布性增长。

如果说以上的量化观察是纵向分析，我们不妨再通过语言课程设置理论的分析框架进行横向分析，进一步观察商务英语理论和教学实践过程中的范畴界定问题。根据 Yalden 的语言教学原则分类，商务英语的课程大纲可以分为：功能式大纲、协商式大纲、自然大纲、内容式大纲、任务式大纲等。这 5 种交际教学大纲对教师、学习者之间的关系有不同反映。与 Yalden 类似的语言知识分类也可以在其他研究商务英语教材编写的著述中得到，如 Ellis、Johnson、Brieger 等研究者认为商务英语课程分为商务主题和商务语言两大类。其中，商务主题应包括商务对话与交流、商务信息的传达、商务任务的实现等，而商务语言包括商务词汇和术语、商务文本和语体、商务演示、商务表达技能等方面。更多的商务英语教材则倾向于坚持某一商务主题的深化和拓展，如以商务任务或内容为主的商务英语培训教材，其预设的知识结构往往强调的是商务英语中的某种技能，再由此逐步强化商务英语中涉及的“商务知识”和“商务语言技能”两大认知要求。

总结上述观点，可以通过以下层面的分类对商务英语内容进行初步界定：所涉及的学科知识内容；所运用的语言载体；语言的语体特征；语言的使用对象；语言的需求对象；语言的语用功能等。当然，这种分类方法并不能完全满足体系化的商务英语研究需要，尤其是当商务英语的语域范畴难以直接定义的时候，精确的研究内容限定显得相当困难。

外语学习和教学的复杂性决定了外语科研的多样性。商务英语研究范围界定所产生的分歧在于语言特征和语用功能的多样性和复杂性。狭义地将商务英语语体特征限定在商业广告、新闻标题、商业信函等领域或者广义地将与商务行为相关联的英语特征定义为商务英语都无法体现商务英语研究所具有(且区分于其他英语研究对象)的特征性、代表性和一般性原则。

三、商务英语的研究方法

商务英语的研究方法有很多，但核心方法包括会话分析法、语篇分析法、修辞分析法、体裁分析法、批评话语分析法、语料库分析法、多模态分析法、语用学分析法等，这些方法可以从多维度考察商务英语的特点和使用。

（一）会话分析法

会话分析（Conversation Analysis，简称 CA）越来越广泛地运用于各种行业会话的研究，商务口头话语作为高度行业化和职业化的专门用途语言，可以采用会话分析的方法加以考查。会话分析旨在揭示会话的基本结构特点，描述并解释会话者进行社会交往所运用并依赖的能力，即会话参与者理解、控制、建构会话的能力，会话分析由邻近配对和话轮转换理论组成。Edmondson 认为，话轮一是指在会话过程中的某一时刻成为说话人的机会，二是指一个人在作为讲话人时所说的话。话轮转换指参与会话的人在整个会话过程中轮流说话。话轮转换理论包括话轮构造部分、话轮分配部分和话轮转换规则。邻近配对指会话者各说一次话所构成的一组话语，它通常由两个话轮组成，如：提问—回答，问候—问候，邀请—接受 / 拒绝。

会话分析的理论基础包括：话语分析理论、民俗学方法论及言语行为理论，会话分析理论建立在三个基本假设之上。第一，人们在日常交际行为中的会话，并不是杂乱无章无规矩可循的，而是有相应的结构，人们为确保交际活动的顺利进行所共同遵循的准则。任何社会行为都具有稳定的、重复出现的结构特征，因此言语行为作为社会行为的一种，也应该具有这种特征。这一基本假设就决定了会话分析理论的基本目标是要明白发话者想要表达什么，受话人怎样理解它的意思并作出反应，为了保证这一交际过程顺利完成，指导人们会话的准则。第二，假设是交际者的话语和语境是相互影响的，一方面，语境制约人们的交际行为，话语是顺应语境的产物，这些既包括语言结构方面的因素，同样包括社会背景、社会规约等其他方面；另一方面，任何话语都能构建，影响和制约语境，都会对后面的话语产生影响，因此，会话分析理论必须不拘泥于任何一种语境，但同时又必须体现不同语境下话语的差别。第三，研究者在分析过程中不能忽视话语行为中的任何细节，这些言语行为中的细节通常被传统语言学研究视为无意义而被忽视的成分，这个假设构成了会话分析的一个研究方向。

会话分析的研究视角包括微观会话研究和宏观会话研究、静态会话研究和动态会话研究。目前，会话分析研究主要有：医患会话分析、电话谈话分析、二语会话分析。常见的会话分析方法包括：毗邻对分析、副语言特征分析、非言语行为分析、批判会话分析。

毗邻对为一对话语语列，其中第一配对部（the first pair-part）的出现规定了第二配对部（the second pair-part）的出现，例如，问候—问候，提问—回答，然而在很多情况下，第二配对部分都有不同的选择，如对邀请或提议的回答，可以是接受也可以是拒绝，第二配对的两个回答都是与第一部分相关的，其中一个是优选，另一个是次选，一般情况下，优选结构是非标记性的，次选结构是标记性的，而在有些场合下，优选结构也会变为次选结构，如在对带有自贬性质、自我批评作出应答时，否定应答就成了第二部分的优选结构，优选结构在结构上比次选简单，而且通常没有拖延，次选应答结构往往是比较复杂的语言结构，通常还伴随有拖延和解释，这些学者研究不同的选择怎样影响到会话交流中的社会和人际关系问题。副语言特征分析表明，回答标记语（如嗯、哦、笑声）的研究都出现在话轮中的特定位置，对于交际话语中笑声的研究，笑声在话论中出现的位置具有连贯性。被其他学科视为无规则可循的现象，实则是社会成员共同实现的有序的社会活动。非言语行为分析如沉默、手势、肢体语言等，以及它们出现在话轮转化中的特殊位置及其作用的研究，主要研究注视在说话者和听话者角色转化中的作用。批判会话分析重点主要是一些特定的规约性场合发生的会话，如在教学过程中，老师和学生的对话和法庭上的会话等，揭示这些会话具有与日常会话不同的特征，以及影响这些特征的潜在的因素。

（二）语篇分析法

语篇分析一诞生就与语言学有着十分密切的联系，无论是从理论框架上还是研究方法上都受到了理论语言学、结构主义语言学、应用语言学和语用学等语言学分支学科的影响。此外，还从社会学、人类学、教育学、心理学、认知科学、哲学等许多学科吸收了许多有益的理论和方法。语篇是特定的社会语境中人与人之间从事沟通的具体言语行为，以及一定的说话人与受话人之间在特定的社会语境中通过文本而展开的沟通的言语活动。以巴赫金（Bakhtin）为代表的语篇理论家认为，作为一种言说或表述的语篇，是“活”的而不是“死”的，范围小到一个符号、一个词或单独一句话，大到一篇文章、一部作品，甚至无形的舆论等，其真实含义只能通过社会交往与对话实践才能获得。语篇隶属于同一的形成系统的陈述整体，每一种“语篇”构成一个相对独立的“单位”，它具有特定的实践功能，而“语篇实践”又通过语篇对象、陈述、概念、策略等可供分析的关系网络在动态运行中反映出来。

语篇分析作为语言研究的一个重要视角，关注比句子更长的语言单位，强调借助上下文语境、社会文化背景及人的思维等解读语言交际过程。语篇研究既关注书面语（如小说新闻报刊、法律文本、商务函件等），也关注口语（如医患对话、电话交谈、课堂互动、政治演讲、电视访谈等），同时也关注网络语言（如网络实时聊天、博客/微博语言、电子邮件语言等）。主要研究的是自然语言，使用的例句也很少是由作者自己想象。研究时往往考虑语境，当然人们对语境的看法也各有不同，一般来说，分析语篇时各种语境的因素都要考虑到，但其侧重点有所不同。总而言之，语篇分析的主要论点可以概括为以下5点：第一，人们在进行面对面的交际或写文章时，往往不是用一个孤立的句子，而是应用大量有组织的句子。第二，使用语言和理解语言时，语境是一个不可缺少的因素。第三，不管是交际中的口语，还是成篇的书面语，小句和小句之间，句子和句子之间，段落和段落之间，都存在结构上的或语义上的联系。第四，人脑中的语言是以语块的形式储存的。第五，篇章对句式及其变体的选用有制约作用，句中也存在着篇章现象，如有定无定的表达等。

语篇分析关于句子功能观、交际动力、主位、述位、过渡、衔接、照应、指示、替代、连贯、语境、语域等问题的研究，使语言研究的范围进一步超越了句子的范围。Halliday 提出了语篇衔接理论，他认为语言的衔接不仅仅存在于语法层面上，从词义上讲，所有的结构都应该是衔接的。Halliday 等人的贡献一是把属于句法层的主位、述位研究扩展到了语篇层；二是分析了大量的文学语篇和非文学语篇，总结出了部分语篇结构类型；三是对语篇或语篇衔接的研究；四是强调语境对语言的影响。Halliday 和 Hasan 分析了句子间的内在联系，并对语篇中的衔接关系做了分类，提出了4种衔接手段：指示、省略、连接和词汇衔接。Schiffrin 在其专著《语篇分析方法》中，介绍了6种语篇分析方法：言语行为理论；互动社会语言学；交际人种学；语用学；会话分析法；变异分析法。马博森在此基础上，补充了关联理论和系统功能语法。

（三）修辞分析法

修辞分析法运用修辞理论研究一个或一组交际事件的表现特征。就商务话语中修辞分析方法的应用而言，要重点关注以下3个领域：第一，商务话语中的积极修辞与消极修辞分析，研究商务话语分析关键在于研究“消极修辞”，研究那些口头和书面商务话语经常出现的修辞现象；第二，商务篇章结构修辞分析，商务修辞分析不仅研究词句的选择，而且要研究句子以上到篇的选择即篇章结构的选择。修辞学是从语言运用的角度来研究用于段落篇章中的各种表达手段和技巧的；第三，商务语体风格修辞分析，语体：言语的功能变体，又叫功能风格。人类社会多方面的交际需要带来了语言材料在功能上的分化。这种分化和经常复现的结果形成了一定的语体，每种语体在一定历史时期内都有自己典型的、公认的表达方式和手段，具有约束力和稳定性。风格：这里特指言语风格，是使用语言的特点的综合。有时代风格、民族风格、流派风格、个人风格、表现风格等。每一种风格都有自己一系列的风格要素，语音、词汇、语法、文字、篇章、修辞方法等风格要素的总和共同构成言语风格。商务话语修辞分析研究的核心问题是修辞和语体、风格的关系问题。

商务话语修辞分析的主要方法包括：第一，归纳法和演绎法相结合；第二，静态分析和动态研究相结合。前者是对修辞现象、修辞材料、修辞方法的形式特点、潜在功能、心理基础等做脱离语境的一般性分析，如比喻的构成、分类、作用、心理基础、使用要求等。后者则是将修辞现象置于特定语境下，在言语交际过程中进行考查，揭示修辞形式和思想内容、交际主体因素、社会文化因素、场合因素等的复杂关系，特别是形式和内容、修辞和语境的辩证关系；第三，定性研究和定量分析相结合，利用统计学的方法和提供的数据，从质的方面和量的统计上研究语体。语体之间的区别不仅反映在各种质的特征上，而且质的共同性也表现为不同的量；第四，描写和解释相结合，描写修辞分析就修辞本体进行描写，如修辞系统、修辞手段、修辞规律等的观察和概括。

（四）体裁分析法

体裁理论包括以下 6 个观点：行业体裁是可识别的交际事件；行业体裁是高度结构化和惯例化的构件，在话语值的词汇语法资源方面有一定限制；行业资深成员，比新成员或行外人士拥有更多的体裁知识以及更熟练的运用能力；职场人士经常运用体裁资源在构建社会公认的交际目的框架内来表达私人和机构的意图；行业体裁是行业与组织文化的体现；行业体裁自成一体，通过组合文本、话语和语境因素来识别。

商务体裁分析的目的包括以下 7 个方面：理解并解释话语世界中的现实，增加体裁理论深度；理解职业体裁的“个人意图”，增加体裁理论的效度；理解如何在特定职业文化中通过话语实践建构个人、组织、职业和社会身份；理解职业边界如何通过话语实践得到协商；从社会批评的视角研究作为行动的语言，从文本出发，超越文本，但不脱离文本；为教学提供有效的解决方案，促进教育界与行业的合作；协商话语实践与职业实践之间的互动。

商务体裁分析方法包含以下几种：第一，文本的空间。运用文本知识分析作为文本的话语。限于话语的表层特征，包括话语的形式与功能方面，如语音、词汇、语法、语义，包括句间衔接和文本结构，如已知信息和未知信息，主位和述位或信息结构的其他方面，只考虑狭义的语境。要研究文本内部特征，特别是它们在修辞、话语策略、组织规律性、互文性和互为话语性语境中的赋值。第二，社会认知空间。运用体裁知识分析作为体裁的话语，解释话语是如何在特定机构与职业背景中被解释和运用，话语社群成员如何充分运用话语资源作出各种修辞语境的回应。要考查语言运用的策略，尤其是互文性。第三，职业与机构的空间。运用职业知识分析作为职业实践的话语。将体裁概念扩展至职业实践，不但要求体裁知识，还要求职业知识和职业实践的经验。同时，要研究专业人士如何运用其专业知识来维持和控制体裁，用于达到其职业目标。第四，人类学空间。运用人类学知识分析作为社群活动的体裁。体裁运用的典型语境是话语社群，要将分析的焦点从文本特征转向话语社群特征的分析，如参与者的身份变化，体裁维持或改变的社会结构或职业关系。第五，社会批评空间。运用社会知识分析作为社会实践的话语。体裁分析同样可以从意识形态批评的角度展开。

（五）批评话语分析法

批评话语分析主要建立在现代语言学的各种理论上，尤其是系统功能语法，其主要原则可以概括如下：第一，批评性话语分析关注的是社会问题，对社会发展和矛盾在语言和其他符号中的表现进行剖析，而不是为了纯语言研究而分析语言的运用。第二，话语反映权力关系，批评性话语分析强调权力关系在话语中的体现。第三，话语是社会和文化的构成要素，话语与社会文化实际上是一种辩证的同构关系，即互相包含、互相影响。第四，话语是意识形态的工具，通过特殊的方法描写和建构社会，再现不平等的阶级关系、性别、种族关系。第五，话语具有历史关联性，不可能在真空中产生，必须在历史背景作参照的情况下进行解读。第六，语篇与社会是间接关系，其间充当中介的是话语次序，即与特定场合或情境相关的话语实践规则。第七，话语分析是解释性，对不同的听 / 读者来说，由于情感、阶级地位、种族、性别、年龄、态度、认知图式及信仰的不同，尤其是由于对有关背景所掌握的信息量不同，同一语篇可以有不同的解释和理解。第八，批评性话语分析是社会行动，其宗旨是揭露不平等的权力关系，促进人类社会与文化的进步。

批评话语分析特别关注的两个领域：一个是大众语篇和官方话语，包括政府、行政管理人员、司法官员、商业组织、新闻机构等的话语。这些语篇来自官方，在塑造一个社会的态度、意义和意识形态上起着直接作用，而且对于这样的语篇，普通百姓通常只是被动地接受，很少对话语的生成者直接作出反应。第二个是个人话语，即个人间发生的正式或非正式的交谈。个人话语很容易使人习以为常，意识不到其中的意识形态意义。

批评分析法关注话语、话语生成和解读及相关的社会文化语境，透过商务话语所处的微观语境，从更宏观的社会文化语境、话语权力和意识形态去理解和解读商务话语背后的真正原因，特别注意语篇生成者在及物性（transitivity）、情态

(modality）和分类（classification）、互文性（intertextuality）等。批评话语分析方法包括 3 种：社会历史分析、形式或语篇分析和阐释 / 再阐释。

1. 社会历史分析法

社会历史分析方法主要包括 5 个层次：第一层，认识并描写产生和接受语篇的具体“时空场合”；第二层，分析和描述语篇产生的“交际领域”；第三层，“社会机构”指一套比较稳定的规则和资源加上由此确立的社会关系；第四层，“社会结构”指的是社会机构和交际领域中存在的那些典型的比较稳固的不对称现象和差异，包括确定这些差异背后隐藏的可以用来解释它们的产生和存在的那些标准、范畴和原则；第五层，“技术分析”是对赖以产生、传播和接受语篇的媒介的分析。

2. 形式或语篇分析法

批评话语分析的第二种方法是形式分析法，主要分析语篇内部的组织结构和关系，有 5 种分析方法。“符号学分析”关注的主要是符号形式本身，包括它们的构成成分、内部结构、相互关系及符号背后的系统和规则等；它一般不考虑产生、传播和接受符号的那些社会历史条件。“会话分析”把语篇看作一个动态的过程，它关注的不是就有限的材料建立整体的语篇结构模式，而是强调考察在自然环境中进行言语交际的语言使用者的行为。会话分析者试图解释的是说话人和听话人自己建构的会话程序。“句法分析”是对语法规则在日常言语中的实际运用所做的分析。“叙事分析”主要是分析叙事体语篇的“叙事结构”，它可以探索具体的叙事手段和它们在故事讲述中的作用，或者考查一组叙事体语篇所共有的那些结构、人物和角色等。“证论分析”的目的是揭示和重建语篇的典型推理方式，对研究政治性语篇尤其有用。

3. 阐释与再阐释法

批评话语分析的第三种方法就是阐释和再阐释法，但这种分析方法绝不应脱离深度阐释学的方法论框架中的其他两个方面，即社会历史分析和阐释 / 再阐释。对语篇作出合理的解读，在阐释中提出对意义再思考。阐释也是一个“再阐释”(re-interpretation) 的过程。

（六）语料库分析法

近年来，语料库短语学（phraseology）研究兴起，基于语料库的短语学研究基于频数，短语研究的出发点是数据，认定短语序列的标准是频数信息，涉及了更为广泛的短语光谱内的词语现象。改变了传统短语学研究都由某种理论驱动，采用自上而下的理性分析。可以预见，语料库短语学研究在今后商务英语语言学研究中将可能成为重点之一。语料库语言学采取自下而上的研究方法，依据不断发现的新语言事实，凭借新的描述手段，以新的描述系统和范畴对结构、意义和功能进行全新的描述，主要研究机器可读自然语言文本的采集、存储、检索、统计、语法标注、句法语义分析，以及具有上述功能的语料库在商务语言定量分析、商务英语词典编纂、商务体裁分析、自然语言理解和商务翻译等领域中的应用。语料库分析方法运用海量商务文本或口头转写语料，可对单个商务体裁或社会公认的交际事件进行研究，将计算机技术应用于商务话语分析，提取商务话语的特点和规律，和系统功能语言学理论相结合开展商务话语研究。

商务语料库研究一般采取定量为主、定性为辅的研究方法，要进行定量研究就要涉及文本的检索和数据的统计。从文本的字节数、形符数和句子数可以推断文本的篇幅长度。单纯的形符数和类符数不能反映文本的本质特征，但二者的比率却在一定程度上反映了文本的某种本质特征，用词变化和词汇丰富度。类符形符比越高，用词变化性越高。我们需要采用标准化类符形符比来反映用词的变化性，其计算方法是按一定长度，分批计算文本的类符形符比，然后求出平均值。利用平均句长和句长标准差可以判断文本的句子是否比一些简易文本的句子要长。还可以用它来比较段落长。根据平均词长，计算低于该词长的类符数在总类符数中所占比例，以判定该文本的词汇难度。

对商务英语语料库，用软件生成词表 (wordlist)，可以得到文本中的最高频词频。我们再选择关键词 (key words) 以确定关键信息。一个词是否是某一文本或体裁的关键词，不仅取决于该词在该文本或文类中的出现情况，还取决于该词在与之相对比的参照语料库中的出现情况。因此，我们可以选取某一参照语料序，按照关键值 (key value) 生成关键词词表或主题词词表 (keyword list)。通过观察关键词词表中排在较前的关键词，关键值越高说明该信息越重要，可以得到该文本的最关键信息。

（七）多模态分析法

多模态分析法关注商务话语的模态形式，包括声音或文本的单模态话语、视听双模态话语和视听说写多模态话语。多模态话语分析的理论基础是系统功能语言学，重点研究 6 个方面的问题：多模态话语的定义；话语转录和分析；多模态话语分析与技术；多模态的意义生成潜能提升；多模态和多媒体语言学习；多模态话语分析对语言学的影响。目前，多模态话语分析主要有 3 种方法：系统功能多模态话语分析、多模态话语互动分析、语料库多模态话语分析。

多模态话语分析框架主要由 5 个层面的系统组成：第一，文化层面，包括意识形态和体裁结构潜势；第二，语境层面，包括由话语范围、话语基调和话语方式组成的语境构型；第三，意义层面，包括话语意义及概念意义、人际意义和谋篇意义；第四，形式层面，包括语言的词汇语法系统，视觉性的表意形体和视觉语法系统，听觉性的表意形体和听觉语法系统，触觉性的表意形体和触觉语法系统等以及各个模态的关系；第五，媒体层面，包括语言和非语言两大类。语言类包括纯语言的和伴语言的两类；非语言类包括身体性的和非身体性的两类。

中介话语分析理论是多模态互动分析的主要理论依据之一，该多模态话语分析法从交互社会语言学中吸收的概念包括实时交互和使用中的语言，吸取了多模态研究中重视音乐、色彩、身体动作模态等优点，认为互动是人类的行为，各种形式的模态是行为的中介。互动是通过言语、距离、身体姿势、头部动作、坐姿、手部动作，场景布局、印刷品、音乐等模态的各种协同使用来进行的。每个模态的使用都有自己可观察到的过程，如起点、持续和结束。人际互动被视为一个交际事件，由一系列高一级行为构成，整个交际事件的不同阶段可以清楚地辨认。

语料库多模态话语分析的依据是"社会行为心理学、行为生态学和感知生态学"，提出采取"角色构建"的概念，把参与人、物、场景布置等有关的角色之间的各种关系进行深度描述，构建各种用色互动的模型。将多模态话语数字化，让计算机处理数据，对连续的视觉信息流切分，用一套元语言系统对切分单位标注。分析重点在多模态话语的内容上，把人际互动分成内容层和媒介层。内容层是摄像机采集到的代表人际互动的自然情况。媒介层是内容的承载者，模态实际上是用来分析录像内容的软件工具所能处理的媒介，如声音、身体姿势、动作等。

上述理论模式对模态的定义、多模态话语的认识、分析路径和方法都有各自的特点，系统功能符号学的研究成果对多模态即席话语分析的价值在于其系统性和语法观。多模态互动分析对各种模态进行了细致的描述，可以充实多模态即席话语的分析框架和内容。语料库多模态分析法把人际互动分解为说话、做事、说话兼做事三种情况，有利于把整个人际互动进行操作性切分，并运用语料库的方法，把有关信息集成处理，为我们进行多模态即席话语分析提供了思考框架和一些重要的范畴。

（八）语用学分析法

语用学的主要理论包括言语行为理论、会话含义理论、合作原则、语境理论、面子理论等。言语行为理论认为：为了传递信息，人们需要使用话语，但话语并非都是为了传递字面意义或表达话语本身的语义信息，在很多时候，说话人都是在"以言行事"。比如，许诺、警告、请求、命令、抱怨、邀请、赞扬等。在一定的语境条件下通过话语实施的行为，被称为"言语行为"，是说话人跟听话人对抽象语言能力的运用。

会话含义理论是美国哲学家格赖斯提出的，他区分了话语的自然意义和非自然意义。自然意义指话语本身表达的客观事实，而非自然意义指说话人要表达的意图，即主观的非实际的信息。指出说话人在说一句话的同时还流露出的别的隐含意思。也就是说，在言语交流中说出 X，命题意义为 P，然而却隐含 Q。会话含义，就是话语在会话中产生的隐含意义，是力图解释人们如何获得言外之意，也就是如何收获一句话的隐含意义的一种理论。格赖斯的合作原则是会话含义理论的基础。

“合作原则”指人们在会话过程中头脑里会尽量保持某些标准，在遵循这些标准的基础上使交流顺利进行。“合作”指会话参与者尽管是分别提供自己的话语，但总是在一定程度上意识到其中的某些目的，至少是一个互相都能接受的话语发展方向；这些目的或方向的达成可以说是在会话过程中共同维护和坚持当前的目的和方向形成的默契，也可以说是会话参与者在交流过程中共同合作努力的结果。格赖斯把合作原则具体分析成数量、质量、关系、方式 4 条准则：第一，数量准则，指的是信息量要恰如其分，不多不少；第二，质量准则，指的是说话要真实，要有根据；第三，关系准则，指的是话语之间要有关联；第四，方式准则，指的是说话要清楚，有条理，不要有歧义，不要啰唆。

语境理论包括社会认知语境观和动态关系语境观。社会认知语境观认为，语境模型（情景模型与语境心理模型）不是客观的事物，而是一种主观的认识，是交谈者在交际中形成的一种心理过程。动态关系语境观认为，在表意功能方面，语境与语言结构具有动态的互动关系。语境变化，结构随之出现不同的选择，同样，结构变化，表明话语体现的语境有了新的认识。交际者根据谈话中勾起的场景记忆（episodic memory）形成一种心理上的语境。这种语境模型控制了话语的生成和理解：它与其他场景记忆相结合，在同一事件中个人形成自己的心理模型，并分别以自身认知用话语表达出来。

面子构建理论使用了两个与以往研究截然不同的理论框架：第一，交际的联合共建模式，即交际中如何实现意义与行为的构想。交际的联合共建指交际双方在会话中相互制约各自对话语的解读与设计，继而产生非累加的交际成果；第二，将面子视作两个或两个以上交际者在会话中联合建立的交际关系。

商务语用学运用礼貌原则、面子策略或合作理论等研究商务话语，可以分为微观商务语用学和宏观商务语用学。微观商务语用学研究商务话语中的语境、指示语、言语行为、会话含义、预设、前提、会话结构、关联理论等语用现象，宏观商务语用学研究商务交际和活动中的礼貌、幽默、隐喻、印象管理、买卖双方、商家和顾客的交际，通过礼貌原则和方法考查口头或书面商务交际中的面子策略和关系管理。

语用学的研究方法包括 4 种：语料库语用学研究；多模态语用分析；语篇语用分析；实验语用学研究。

语料库语用学研究基于书面语料库和口语语料库从各类涉及语言使用的语料库中寻找语用现象，尤其是语用范式，探寻语用现象存在的各种语境条件，并在此基础上进行语用学阐释。语料库语用学研究有助于寻找语用现象存在的语料佐证及语境条件，还有助于发现新的语言使用特征和语用现象的分布及模式。语料库语用学研究可以开展话语标记语语用功能、情态模糊限制语语用功能、词汇语用、副词语用化、构式语用、句法语用、篇章语用、言语行为等研究。

多模态语用分析充分利用图像、色彩、神态等非语言模态因素，研究与语言一起共同参与意义构建的非语言模态信息的重要角色。语用分析的多模态信息维度主要可以分为3个层面：情境因素层面、交际者因素层面和媒介因素层面。其中，情境因素层面包括天气、场所、噪声等模态；交际者因素层面的维度包括交际者的表情、眼神、语气、音调、肢体语言等模态；媒介因素层面包括字形、字号、图形、图像、色彩等模态。这些所有模态之间的关系主要分为互补关系和非互补关系。互补关系包括强化、凸显关系、说明关系等；非互补关系包括类比关系、信息冲突关系等。各种模态通过相互作用，相互协调配合，生成互动的话语意义，从而完成交际目的。从信息接收方来看，借助多模态信息，听话人可以更准确地推导出信息发出方的交际意图。

实验语用学采用实验心理语言学研究方法，如在线理解研究、反应研究、眼动追踪研究、口头报告研究等开展语用学实证研究。此外，社会心理学、发展心理学的研究方法也广泛应用于语用学研究，探索言语行为、含意推导、说话人意义等的认知规律。语用学理论的神经生理学研究主要是对人在从事言语交际时脑神经活动变化规律的监测，由于事件相关电（ERP）能直接连续地测定脑电活动情况，研究者可以通过ERP考查隐喻、谚语、反语等的语用加工制约因素；研究者还借助功能性核磁共振成像（fMRI）了解人类中枢神经系统的作用机制，如研究使用不同指示语时的神经激活情况等。目前的实验语用学包括离线和在线两种方法。离线实验指在记录受试者对语料刺激的反应时，无时间控制，只记录频率和对错。在线实验不但记录受试者反应的频率和对错，还记录反应时，反应时是观测重点。在线实验利用实验室仪器和计算机软件。两种实验方法都有口笔头之分，并且都可以测试带语境和不带语境的话语认知过程。

语篇语用学的核心问题是语篇的隐含意义/语用意义或意图，研究语篇与语篇使用者之间的关系、语篇组合的语用因素、语篇的意图性和情景性等问题。语篇分析涉及的语用知识主要有：指称与交际距离、所指与推理、前提与蕴涵、合作原则与隐含义、言语行为与言语事件、礼貌与交往、会话与优选结构、话语和文化。语篇语用学更多关注认知语用和心理学的概念，如背景知识、信念、期盼、图式、框架、草案、文化图式等。

语篇语用学考察的对象是：第一，语篇的语用连贯性（通过语篇之外的知识实现话语意义之间的联系）；第二，语篇必须传递一定的新信息；第三，语篇语境意义和互文性产生的语境化意义，通过产出者意识的利用语言信息达到特定的交际目标，产出者的意图必须为听者 / 读者所接受。语篇语用学综合运用不同方法，如会话分析方法、变异分析法、交际民俗学法、互动社会语言学法和言语行为分析法等。语用学方法论则综合利用上述方法，将重心放在一定的语境中话语的意义及产生的效果方面。

第三节　商务英语的专业结构

一、高校商务英语的专业结构

我国高等教育正处于蓬勃发展的阶段，在这种情况下，商务英语又将如何创新发展，如何培养商务英语专业高素质、高能力的综合性人才，满足现代社会市场需求，是当前要解决的几个重要问题。商务英语专业结构应着重于以下几个方面。

（一）目标定位

《国家中长期教育改革和发展规划纲要（2010 ～ 2020）》指出："坚持以人为本、全面实施素质教育是教育改革发展的战略主题，是贯彻党的教育方针的时代要求，其核心是解决好培养什么人、怎样培养人的重大问题；重点是面向全体学生，促进学生全面发展，着力增强学生服务国家、服务人民的社会责任感，培养学生勇于探索的创新精神和善于解决问题的实践能力。"纲要中在人才培养定位上强调了全人教育及学生的创新和实践能力的培养。根据商务英语学科发展的要求，参照《高等学校商务英语专业本科教学要求》，制定了商务英语方向的人才培养目标，即"学生应该具备较宽广的国际视野、扎实的英语和商务基础知识和技能、较强的语言运用能力和跨文化交际意识，掌握一定的商务实践能力，具有较高的思想道德素质、人文素养和创新意识，能够胜任企事业单位、合资或外资企业的涉外商务与翻译工作"。

（二）课程设置

在学科建设中实现培养目标的关键是课程设置。商务英语教学要求学生熟练掌握英语基础知识，对使用英语的国家的文化背景有一定了解，这样才能更有效地使用英语学习商务知识。第一类：公共课，主要是一些基础性的课程，包括计算机基础与运用、政治理论课程、体育等其他选修公共课程。第二类：实践教学，主要是以社会体验为主，包括毕业实习、毕业设计（论文）和综合训练等。第三类：专业类课程，是学科的关键课程，主要分为商务英语知识课程、英语基础知识课程、实训实践课程和人文素养课程。

商务英语专业课程是英语主体课程与商务课程的有机结合，并不是单纯的学科叠加。商务英语专业课程要求学生运用扎实的英语基础知识去学习商务专业基础知识，同时要求学生在学习商务专业知识过程中提高英语水平，两方面相辅相成，相互协调、相互促进，最终的目的是培养出具有国际高水平的商务英语人才。

（三）工学结合的人才培养模式

工学结合培养模式是一种理论与实践相结合的培养模式，是对课堂教学的升华，是更加实效、高级的培养模式。培养高素质、国际化的商务英语人才，必须将理论和实践融为一体，让学生在学习的同时进行社会实践，在社会实践中学习更多的知识，从而获得专业综合知识，提高综合能力。此外，还要开展校企合作、社会实习等，学校能够实时了解社会动态、人才需求情况，正确把握最新动态，有针对性地开展专业课程。

"3+1"的人才培养模式是工学结合的首选。具体而言，学生用前三年的时间在学校学习专业课和实训，之后进入对口企业进行一年的专业实习。这种模式能够顺利进行的关键是学校和企业之间的配合，企业专家、教师、学生之间互相关联。学校要为学生提供学习专业基础知识和提高能力的平台。构建商务英语人才培养的实践训练平台包括：在学校建立仿真的实训基地；构建一批稳定的校外实习基地。两方面相结合构建全方位的实践训练平台。工学结合的培养模式要求理论课程与实践教学的中心内容、教学大纲必须保持一致，而所使用的教材可以分开设置。实践教材需要更好地结合实践，包括案例分析、岗位训练、岗位培训等内容。在理论教学过程中，教师应掌握恰当的方法，着力开展案例分析、模拟谈判、项目管理、分组讨论与辩论等。学生不仅要掌握专业基础知识，学习分析问题、解决问题，还要学会运用恰当的语言、逻辑思维，与人交流沟通，团队协作。在对学生学习成果的考核方面，结合岗位需求制订考核标准，考核方式多样化、全方位化。根据课程的自身特点可以采用行业专业人士评价、教师评价、学生互评相结合的评价模式，针对学生每个阶段的学习成果开展评价。

工学结合作为复合型人才培养的一种新模式，更有利于培养目标的实现。高校和企业联合成立专项评审小组，企业能够给学校提高大量专业前沿信息和有实践经验的专业兼职教师，为学科建设和发展出谋划策。学生在这种模式下学习、实践，能够灵活掌握专业基础知识，拓宽就业渠道，尽早适应行业需求。

（四）教学体系

《国家中长期教育改革和发展规划纲要（2010 ～ 2020）》指出："注重知行统一。坚持教育教学与生产劳动、社会实践相结合。增强学生科学实验、生产实习和技能实训的成效。充分利用社会教育资源，开展各种课外及校外活动。"商务英语专业建立的实践教学体系，应着重培养学生运用专业语言的能力，在实践中发现问题、解决问题的能力及沟通交流能力，培养学生适应环境、创新创效的能力。商务英语专业采用工学结合的教学模式，可以从 3 个方面完善实践教学体系：校内综合技能培训、课内实践教学、生产性实习。

1. 校内综合技能培训

（1）商务综合仿真实训

商务英语综合仿真实训的开展，可以在学生有了一定基础知识的基础上进行，多数学校选择在三年级的夏季开展，为期两周。仿真实训采取模拟公司的方式，教师充当公司负责人，学生根据实习岗位的不同能力要求选择一项综合类的实训项目，在其中担任相应的职务，完成一个周期的训练。商务英语综合仿真实训是一项综合类型的训练，学生在其中能够有效完成学习和实训两项任务，以此提高对基础知识的运用能力，为真正的实践打下良好基础。

（2）职业资格证书实训

职业资格认证考试现已经被学校列入教学环节中。这部分课程的辅导通常聘请校内外取证专家，在小学期或假期给学生开展辅导和训练，有助于提高其考试成绩和通过率。商务英语专业涉及的职业资格证包括：商务英语口译笔译证书、剑桥商务英语等级证书、涉外文秘证书、报关员资格证书等。职业资格认证考试的相关辅导和培训有助于学生提高综合技能、职业水平，为就业打下良好的基础。学校要对通过考试的学生适当给予奖励。

（3）学科竞赛和专业活动等第二课堂活动

商务英语专业要注重培养多样化的人才，使学生发挥特长，注重个性化发展。学校应该组织多样化的专业活动，让学生根据自身喜好和特长参与各种活动，有利于学生个性化发展。还要开展各种与专业相关的第二课堂活动，丰富学生的课余生活，如商务模拟谈判、英语演讲比赛、商务英语知识竞赛、电影配音大赛、英语辩论比赛、英语话剧社、商务情景模拟大赛等。同时，学校可以协调学生去参加真正的商务交易会、博览会等，让学生可以身临其境，真正接触商务活动，接触外商交际方式，提高学生的英语口语交际能力。为调动学生的积极性，可以将第二课堂的成绩记入学期成绩中。

2. 课内实践教学

商务英语专业的很多课程需要将知识、实践和综合能力有机结合开展训练。这就要求学校以课程项目为载体，融入各种元素，有针对性地开展课堂训练，培养学生的英语实践应用能力，主要学科包括商务英语口译、综合、写作、笔译等。另外，一些具有较强实践意义的课程应作为商务专业技能重点培训内容，如国际贸易实务、国际商务谈判、进出口单证等，可以通过多媒体、对外经贸等现场模拟，使学生感受到商务实践活动的内涵和氛围，有助于学生掌握商务交流的技巧和要点。

3. 生产性实习

（1）岗位实践与专业认知实习

在第一学期专门为新生开设“专业导论”课程，主要目的是引导学生深入认识专业特性。该课程主要是介绍专业的基本情况、课程设置、学习的基本要求、专业所要达到的目的等，授课形式主要是专业教师讲解、聘请行业专家开展讲座、学生到相关企业观摩学习、旁听高年级模拟训练课等，使学生更清楚地认识本专业的实质和内涵，为未来学习打下坚实的思想基础。

（2）顶岗实习

学校可以在第七、八学期安排学生到校外的实习基地开展为期一年的顶岗实习。由于顶岗实习安排在最后一个学年，针对的都是毕业生，学生可以将顶岗实习作为毕业实习。参加实习的外贸公司的岗位主要有：翻译、报关员助理、外事接待人员、跟单员、酒店涉外接待人员、旅行社的导游等。学生通过顶岗实习提高专业能力、应变能力和综合素质。

（五）实习基地

1. 校内实训室建设

在学校内部按照企业实际标准建立实训室，让学生能够在实训室内体验到在企业中实际工作的氛围，这是实现工学结合人才培养模式必须具备的基本条件。通过软件设计操作商务英语专业的实训室，能够完全模拟对外贸易的各个方面，在网上开设虚拟贸易公司，学生可以根据兴趣、爱好选择任意岗位，体验不同工作角色。仿真模拟的场景包括国际商务谈判、工厂跟单、签订合同、包装运输、质量检查等。利用商务实训软件和网络资源建立的仿真商务实训室，可以帮助学生在虚拟的网络中参与商务活动，在仿真的商务场景中练习商务单据处理、信函等相关内容的处理及商务活动中常见问题的处理，有效地促进学生的商务用语标准化，使学生逐渐学会使用商务思维方式处理问题。

2. 校外实习基地建设

高校“订单”数量日益增长，特别是沿海城市，在经济发展区域优势的条件下积极开展“订单式”商务英语人才培养，培养高尖端定向人才，效果非常显著。但这种培养模式也有一定的局限性，不是任何情况下都适用的。商务英语专业有别于制造类专业，它没有行业背景，而且各个公司的需求程度不同，绝大部分公司没有形成规模，因此，商务英语校外实习基地应涉及整个行业，而不能只针对某一个特定的公司，商务英语无法实现“大订单”，可以争取“小订单”或者“弹性订单”。可以通过各种途径与对口外企建立长期合作关系，同时，我国院校可以积极与国外院系联合，组织学生出国交流、参观、学习，增强学生的国际化意识。可以在校外企业内部建立实习基地，有助于双方合作，针对企业自身需求制订学习与培养计划，企业管理者充当校外指导教师，传授学生实践经验，定期组织学生到企业中参观、学习，定期组织学生参加校企合办的“国际商务节”“商务职业技能大赛”“商务英语专题知识讲座”等。“订单式”培养模式针对性强，能够在较短时间内提升学生的实践能力，帮助学生增加就业机会。

（六）师资队伍

教育离不开教师，教师是教育的基石。商务英语属于交叉学科，对教师的要求较高，既要求教师能够熟练地使用英语，又要掌握商务类各种知识，一般单纯的商务专业或英语专业出身的教师很难达到这些要求。可以通过以下几个途径培养复合型教师。

1. 鼓励英语教师“走出去”

合理规划教师培养培训计划，完善培养培训体系，提高教师综合专业水平。为了使英语专业教师具备相应的商务知识，学校应建立相应的制度让教师进修商务类课程，同时到商务专业相关岗位挂职锻炼，与相关专业开展学术交流。多途径提高英语教师的商务知识水平，培养英语教师成为综合性、交叉性学科骨干教师、学术带头人，努力建立一支“双师型”、业务精湛、综合能力高、师德高尚、结构完备、充满力量的商务英语专业高素质教师队伍。

2. 吸引商务人士“走进来”

学校要大力引进外部商务英语跨行业人才，如吸引海外留学归来的经济学、金融、管理专业的硕士或博士，引进英语学士 + 经济学、工商管理的硕士或博士。这类人才在商务教学中完全能够采用双语或纯英语教授各类商务专业课程，如管理学、国际商务、市场营销学、工商导论等。高校还可以加强同企业的合作，邀请企业内成功的专业人士进行讲座，担任客座教授或指导教授。

综上所述，商务英语专业教师既要掌握专业知识，又要有坚实的英语基础，很难达到双重要求。学校为了发展商务英语专业，竭尽全力培养复合型教师。复合型教师是商务英语专业教师的发展方向，教师在教学中不仅要培养学生会说英语，还要培养学生用英语进行商务交流的能力。

二、商务英语专业的特色建设

商务英语专业学生就业的对口行业是以外贸为主的进出口贸易行业，外贸行业是商务英语专业学生就业的核心市场。目前，中国占世界贸易总比重的 10.4%，是世界第一大出口和第二大进口国，是世界经济稳步发展的重要力量。因此，各大院校将商务英语专业作为热门专业。

但是，商务英语专业的人才培养模式却一直没有得到更好的发展，存在诸多问题，如课程设置缺乏专业特色，普遍存在重视英语，忽视商务专业知识培养的问题，缺乏实践教学，人才培养无法赶上外贸行业发展的脚步，严重滞后。尤其是近几年世界经济发展迅猛，外贸企业处于发展转型期，对商务英语专业人才的需求远远超过传统商务专业人才的需求量，而高校商务英语专业主要还是针对传统外贸行业培养人才，这一矛盾直接导致大量商务英语专业学生就业困难，与此同时，高校招生也必将出现下滑趋势。此外，一种新型国际贸易形式，跨境电子商务正在迅速崛起。跨境电子商务已经成为国际贸易适应“互联网+”时代的全新的国际贸易方式和手段，很多传统贸易公司也开始转型升级，走上了“互联网+外贸”的外贸电子商务改革之路，顺应市场发展趋势。因此，在全新的市场背景下，对商务英语专业的人才培养提出了新的要求和挑战。

（一）跨境电子商务人才需求与行业发展分析

1. 跨境电子商务行业发展概况

跨境电商是指分属不同关境的交易主体通过电子商务平台达成信息或商品交易的国际商业活动。随着我国出台的各种针对跨境电商的优惠政策，行业人员积极推动完善产业链，使得跨境电商进出口总额逐步上升。以跨境电商为主导的新型贸易方式逐渐成为进出口贸易行业发展新的增长点。

2. 跨境电商人才需求

阿里巴巴旗下 Alibaba.com 为了培养人才，在京启动“百城千校”计划，宣布将组织多方力量共同努力，力争用 3 年的时间培养出百万具有跨境电商实战能力的人才，促进中国外贸发展。我们经过调查，得出以下结论。

（1）跨境电商人才缺口大

跨境电商企业选择人才最多的倾向是国际贸易（含商务英语专业）。虽然国际贸易、商务英语等相关专业每年有大量毕业生，但仍然无法满足跨境电商对人才的需求。约有 85.9% 的企业认为人才短缺。这展现的突出矛盾是：一方面，每年都会有大批毕业生涌向市场；另一方面，企业却总是选择不到合适的人才。调查显示，有部分企业甚至招不到适合的人才，这样的企业每年占 17.6%，而剩下 82.4% 的企业，尽管找到了人，但根本无法满足自身需求。这一现象充分说明当前高校培养外贸人才的方法存在一定的问题，更多的是为了满足传统外贸需求，这种方式培养的人才无法满足新兴的跨境电子商务的岗位需求，高校关于这类新型转型升级的产业相关人才培养模式还没有完善，这是导致新兴产业对口人才缺失的根本原因。

（2）跨境电商人才素质有待提高

当前，跨境电商领域主要选择电子商务、国际贸易等专业的毕业生。虽然从事跨境电商行业的毕业生在专业上都达到了一定水平，数量也相当可观，但还是无法满足市场需求，主要是因为企业认为毕业生还存在如下问题：81.9% 的人对跨境电子商务平台的运营模式相当陌生，53% 的人解决实际问题的能力匮乏，专业知识不够扎实的占 51.3%，缺乏国际视野和思维的占 49.7%。上述比例说明我国商务英语专业及相关专业的人才培养与外贸行业的实际需求还有较大差距，人才培养方式有待改进和创新。调查显示，18% 的企业希望学校增设跨境电子商务的相关课程，80% 以上的企业希望学校增加相关的各种实践、创新创业课程等。

（3）企业对跨境电商人才素质的需求

通过研究发现：企业对具有高素质、高能力、经验丰富、较高管理才能的人才需求并不高，仅占 17.8%，而最需要的是中级人才，这部分人才具有一定的实战训练基础和作业技巧，占总需求的 68.4%，对于入门级别，只掌握基础知识的人才需求仅占 13.8%。更多的企业需要的是复合型人才，具备一定的解决问题、处理问题的能力。大多数国内的企业不看重人才的学历，他们更看重的是在从业过程中能否切实解决问题和处理问题，另外，大多数企业逐步开拓海外市场，这个趋势下企业对综合型人才需求量增加，尤其对同时具备较强英语能力和专业能力的复合型人才需求最为强烈。当企业海外业务占总业务比例在 60% 以上时，超过一半的企业看重外语能力，看重平台知识的企业所占比例仅占不到一半。企业的纯技术性和高级管理性人才并不短缺，而大量缺少的是能够从事业务的综合能力较强的真正人才。因此，商务英语专业的学生在具备丰厚的外语基础知识的优势下，还需要提升跨境电子商务平台知识的储备，同时增加参与各种实践机会，提升综合能力。

（二）研究商务英语专业创业特色

1. 商务英语专业创业理论特色研究

教育部教职规定《教育部关于深化职业教育教学改革全面提高人才培养质量的若干意见》关于创新创业的教育，作出了新的规定，将创新创业的教育提升到一个新的高度，主要包括下面几个重要指导建议：第一，学校组织开设创新创业教育专门课程群，用来培养学生就业创业能力；第二，推动校企合作，建立全方位创业教育实践平台，切实保障学生能够进行创新创业实践活动，提高学生就业创业能力；第三，推动院校结合自身特色合理定位、全面服务、确立创新创业教育目标，增强技术技能积累能力，以培养学生的职业素养、职业道德、技术技能水平、创业能力等方面作为拓宽提高教学质量的途径。由此可知，创业教育已经成为高校培养高素质综合型人才的重要环节。

近年来，兴起新的研究课题商务英语创业教育研究。按照篇名在 CNKI 中搜索以“商务英语”+“创业”，只能找到 25 篇文章。文章的基本观点都是将创业教育融入商务英语专业人才培养中，借此提高毕业生创业成功的概率和市场竞争力。如何将创业教育更好地融入人才教育培养中，可以采取以下4种方式：一是增加针对创业能力培养，提高创业意识的课程；二是各院系组织相关类型的社团活动；三是将创业教育成果视作毕业设计的一部分；四是将创业教育贯穿到人才培养中，课程体系中增加创业教育元素。通过文献分析发现，只有少数学者认为创业教育和知识教育、专业教育不可分割，密切相关。施华轶在其文章《商务英语专业人才的创业素质培养探析》中做了这样的阐述："目前，我国的创业教育由于没有融入学校的日常教学体系中，与学科专业教育未形成有机联系，只是利用课余进行创业教育，使创业教育脱离专业学科，使学生失去自身专业优势的有利依托。实施创业教育应坚持课堂主渠道，逐步将创业教育融入专业教育全过程。"

2. 商务英语专业创业教育的实践

商务英语专业是在结合语言学和商学的共同学科背景下形成的复合型学科，综合分析评价，其与其他学科相比更具备创业的可能性。在以前以实体店为主要经营模式的情况下，商务英语毕业生由于资金、场地等诸多问题阻碍创业可能，创业很难在学生中真正推广实行。然而，在现如今跨境电商在"互联网+"的大环境下异军突起，此种市场环境为商务英语专业学生的创业创造了有利的环境和机遇。毕业生想要创业只需要一台电脑，甚至是一部手机即可，通过"互联网+"选择适合的产品及其供应商，经过学校专业的知识和技能培训后，创业的可能性大大增强。目前，很多传统外贸企业开始转型，从事跨境电商，有助于建立商务英语专业校企协办措施。高校开设《跨境电子商务实操》等相关课程逐步将创业教育作为人才培养的一种重要方式。这些课程最终都是以学生开设网店、从事跨境电子商务实际操作或者独立创业作为考核方式。有更多的院校组织开展创业团队、创业竞赛等创业相关内容，逐步将创业列入正规教育体系中，以竞赛的方式促进学习。但是，商务英语专业的创业教育的相关内容都处于起步阶段，各种具体措施、方法、模式还不完善，要想实现真正的就业创业一体化人才培养模式还需要完善很多方面的内容。

（三）商务英语专业就业创业一体化特色建设

1. 课程体系改革

（1）改革专业课程

首先，创业意识和创业精神渗透到学生所学的所有专业课中。通过将各种创业实例引入教学过程中的方式，使得学生在学习专业课程的同时能够了解企业创业的相关内容，培养学生的创业意识。通过介绍创业成功人物的典型事例，让学生了解在创业过程中需要具备的精神。如在进行口译练习时，可选择马云创业经历演讲的中英文视频，让学生进行口译实训。在学习商务英语口语技能的同时可以了解马云的创业经历和一些可贵的精神及当前形势下阿里巴巴集团的创业融资运营方式和创新思维。另外，可以在一些课程中直接引用创业成功人物的相关内容，如《国际贸易实务》《国际市场营销》等。

其次，一定要开设时间类课程，让学生身临其境，使创业课程具备真实性和可操作性。如开设《跨境电子商务实操》。课程是结合工学模式，先校企联合，针对跨境电子商务平台的性质和特点，和各个不同岗位的工作内容和工作过程，制定岗位职责标准；然后依据制定的标准以职业能力为基础，编写教材，设计各种项目活动；同时建立双主体教学团队，开展以学生为主体的实战训练，融合“教、学、做、考、创业”，以此作为教学驱动力；最终结合考核标准评定考核结果，结果分为：校内考核与企业考核相结合、课程考核与创业考核相结合的多样化课程评价体系。该课程通过真实产品与真实跨境电子商务平台结合，在教学要求的基础上，学生需要掌握八项基本操作技能即跨境选品和产品信息化操作，跨境店铺优化及推广操作，跨境物流与海外仓操作，跨境店铺注册操作，跨境产品定价、刊登和发布操作，海外市场调研操作、接订单、发货，出境报检报关操作、收款、售后服务及客户维护操作等业务操作能力，通过课程学习锻炼学生的实干精神，为学生能够更好地从事跨境电商工作或者开启跨境电商创业之路打下坚实基础。

学生所需要实现的职业目标有：能够掌握跨境物流信息，设计方案、方式等物流相关内容；能够独立开通跨境电商店铺账号；能够分析调研海外市场信息，形成分析报告供企业参考；能够独立选择所需跨境电商产品以及完成相关产品信息收集等工作；能够独立完成订单，并回访客户，提升客户满意度；能够制定跨境店铺各种提升方案、收集分析市场信息，提出改革与优化方案，并在平台内外大力推广；能够处理客户问题订单、发展新客户、维系老客户的能力；跨境电商产品价格设置恰当，产品信息发布及时准确；创新创业综合能力和素养。

通过学习这门课程，学生能够掌握关于跨境电子商务行业的相关信息，尤其是就业和创业方面的核心内容和员工能力要求等，进一步增强学生从事外贸行业的就业竞争力，为学生实现自主创业打下良好基础。

（2）通识课程改革

首先，通识课程的改革是将创业过程中所需要的奋斗、坚毅等精神教育渗透到其中。通识课程主要有：职业生涯规划、思想政治教育、法律基础课程等。同时，可以将新中国的发展与建设从创业角度进行分析。职业生涯规划教育课程本身就是与创业相关的教育课程，法律基础课程可以适当增加创业相关的内容。其次，开设专门课程，内容可以是以创业为主的通用知识课程。

2. 实践教学改革

将课程内容与创业实践相结合，根据实践需要将与商务英语有关的内容进行调整，以便更有利于将课堂学到的知识应用于创业中。同时，课上、课下多方面学习从而促进学生制定创业方案。根据学生自己设计的创业方案，在校内创业实践基地开展模拟创业实践，将课堂所学知识应用于模拟实践，提高课堂知识的运用度，使得理论知识与实践活动融会贯通、密切结合。

高校积极参与并支持省内外各种重大创业比赛。省内开展的各类型的全国大学生创业大赛，是学生锻炼提升的有效途径。根据各种不同的比赛内容，可以将与之相关的市场营销、管理、商务策划等课程内容进行适当调整，为学生参加比赛提供知识基础。同时，将比赛的要求融入学习课程中，调整教学课程内容，使学习和比赛相结合、相协调。2016 年，由中国国际贸易促进委员会商业行业分会主办的全国首届职业院校跨境电商创业创新技能大赛，诸如这种类型的大赛为商务英语专业创业教育提供了更好的演练机会。随着同类型的比赛逐渐完善，种类更多，这给商务英语专业及其他相关专业创造了更多的实践机会和知识发展储备机会，促进了就业和创业一体化，从而有利于构建更加合理完善的人才培养制度。通过比赛促进教育的发展改革，还可以将教育实践工作落到实处，而且能够更好地实现教育目标，同时对新兴的、有市场发展潜力的、构思较为成熟的、具有一定商业价值的创业项目，开展融资，促进其更好地发展，从而实现创业项目的市场价值。

3. 校企合作改革

根据商务英语专业学生的就业特点，有针对性地加强就业能力的培养。如引入对口企业优秀职工对学生开展实践演练培训，结合就业后岗位特征和工作性质，有针对性地培养学生的综合能力，提升专业实务水平，使学生能够在进入工作岗位后快速适应。商务英语专业学生创业的对口领域和行业主要有跨境电子商务行业，同时，这样的行业公司规模较小，创业门槛较低，适合刚毕业或工作几年经济基础不高的人。因此，在专业课程就业培训时可适当增加创业方面的培训，为学生创业提供知识和技能储备。

（1）企业专家培训，增强创业能力培养

企业与学校联合可以为学生提供一定的资金和产品上的支持，使学生在创业时无须有太高的经济基础，同时企业优秀的一线工作人员具有丰富的经验并且企业创始人的创业经历也是一笔宝贵的财富，学校可以聘请这些具有丰富经验的人为学生培训指导，提高学生的创业认知和能力。对企业自身来说，学生创业一旦取得成功，也相应地使得企业从中获取利润。如果学生创业失败，也可以对学生进行再指导，让学生更进一步地了解公司的运营模式和经营方法，建立良好的合作关系，为己所用，这也是培养优质员工的途径之一。基于上述原因，实现企业和学生的双赢机制，才能使得校企合作长久发展下去。

（2）成立跨境电子商务创业团队

实现校企合作双赢的有效途径就是建立跨境电子商务创业团队，实现校企合作的真正发展，而非流于形式的现象。企业在此过程中大大降低了人力成本，同时提高了创新思维，可以选拔、培养储备人才，为企业发展增添动力；就学生而言，可以获得从事跨境电子商务的实战经验，更加深入地了解行业内容和规则，储备实战知识，为以后的创业提供基石，提高创业质量和可能性。

（3）校企实行现代学徒制

打造商务英语专业就业创业一体化的特色，需要的是更多的专业人士参与其中，包括行业、商会协会和企业中的商务英语专业人才，这样才能确保培养的质量及培养的方向，有利于培养出引领跨境电子商务行业发展的优秀人才。另外，电子商务的自身发展，也需要专业院校培养出来的优秀人才。

在我国，跨境电子商务快速发展，年交易额以 30% 左右的速度增长，跨境电子商务的发展势头也必将锐不可当。因此，人才的需求成为目前的主要问题，高校作为培养商务英语专业跨境电子商务人才的主要途径，培养出适应市场需求的高素质人才，引领中国品牌的国际化道路责任重大。商务英语专业和跨境电子商务行业的长足发展，需要多方力量的共同努力，政府、行业、企业、学校四方全力配合，建立有效的合作机制，促进人才培养，优化培养方法和模式，发挥各方优势，协同发展。

第四章　商务英语教学概述

商务英语是有专门作用的英语，其于2012年被教育部正式列入大学本科专业基本目录而受到更加广泛关注。现在，很多高校和专业学校，都对商务英语进行了专门的分类，分出专业进行招生，以扩大商务英语的推广与广泛应用。因此，商务英语的概念、教育内容、教育方式方法等也受到了广泛重视，下面就对商务英语进行简单的阐述。

第一节　商务英语的内涵

一、商务英语定义的范围

英语的用途是多种多样的，如果英语用于商业过程，是属于特殊用途的，运用的时候是在特殊情景之下进行的特殊运用。所以，商务英语的教育教学模式有着本身的特殊特点。每个学生都有着自己的不同需要，应根据不同的情景与需要，运用教材的内容进行合理的教学，增强学生在特殊情景之下进行英语交流的能力。商务英语属于当代社会中有商业方向的一种，与平时人们所说的英语是有很大差异的。这些差异表现在多个方面，不仅包括英语教育内在的因素，还有英语教育的外部因素。商务英语虽然是在商业活动中可以运用到的英语，但不能说这种英语属于商业范畴，因此，商务英语属于英语的范畴界限是非常模糊的。商务英语既可以运用到商人的具体交易过程中，又可以运用到国家与国家之间，乃至全世界范围内的经济交流过程中。商务英语与普通英语不同，一般可以分为基础性的与专业性的。基础性的英语，是关于英语的基本运用，如日常的生活用语、酒店入住、询问低价、进行报价、签订合同等方面；专业性的英语，是指对于英语在具体方面的运用，如涉及医药化工方面的英语、涉及物流的英语、生物的英语等方面。

许多年来，国内外的学者和专家对于商务英语的界定与定义有过很多的研究与激烈的辩论，但至今为止都没有一个确切的定义。在我国高校，商务英语是作为一般商务用途英语为基础发展起来的综合性交叉科学，正在趋于专业规范化和学位授予弹性化发展的势头之中。整体来看，关于商务英语概念界定的论述多种多样，可以通过三部分来具体表达。有的专家认为，商务英语既然是人们在交流中产生的，那么就应该属于语言学科的范畴。还有很多专家认为，商务英语既然称为英语，必然属于英语的定义之内，其他学者则认为商务英语是特殊的英语，是运用到了特殊的情景之中的特殊英语，因此，应该属于英语学与语言学的交叉学科的范围。

世界性英语理论研究主要集中在过去的三四十年。当时的学者以为商务英语与一般英语的区别仅仅在于需要掌握一些与商务有关的专业英语词汇。国内学者对商务英语概念的关注则在近十年间呈明显上升趋势。随着当今社会信息化与政治经济制度的改善与变革，不光是专家与学者，普通人也可以理解到商务英语并不是简单的英语，是随着社会潮流进行不断变迁的英语。关于商务英语的定义，我们也可以从以下几方面进行阐述。

第一，商务英语是关于商业与英语的媒体影响力的部分，是存在于特殊的用途英语与一般普通英语之间的部分，既不属于非常特殊的英语也不属于一般的英语，是一种适用于正常的工作交流的英语，甚至不涉及较高层次的语法。

第二，商务英语并不是一个具有坚实基础的学科，而是一个不断发展的实践过程，并且因为世界各地的情况和要求不同而具有多种形态。商务英语缘起于两种便利性：国际商务人士之间对于建立沟通途径的需求；适用于交流的语言为英语。对国际商务的需求由此产生了一种教学的框架，此框架可以用来指导商务英语学习。商务英语由语言知识和沟通技能两部分组成，其中，语言知识包括语法和词汇，沟通技能包括演讲、会议和电话技能。

第三，商务英语通俗地来说，就是一些商人为了使自身的利益最大化或者为了某些目的，根据行业的要求，在特定的社会与生活情境之下，通过某种口头语言形式进行沟通与交流，进而达到商业目的的活动。

第四，商务英语是有特殊作用的，并且运用于生活的较为特殊的方面，是属于英语的一个分支，着重强调商业的特殊情境，涉及众多范畴，是一种较为特殊的技能，如管理及其他入门级以上岗位所需要的表达能力和其他技能等。

第五，商务英语随着经济的增长与社会的发展在飞速地发展着，在世界经济与信息全球化的趋势下，商务英语的范围也越来越大，上至宏观的经济调控，下至每个个体户的买卖交流。

在不同的发展阶段中，学者的表述各有不同。综合来看，学者大多认同商务英语在ESP（专门用途英语）中的分支地位，同时肯定其在特定语境中需要用到交际能力和其他能力。我们不能一味地认为商务英语是简单的商务与英语的量的叠加，只注重数量的运用，因为它是以商业活动为主要内容进行的，以英语为基础的活动。在全球化的趋势下，商务英语涉及了很多方面，包括英语的知识与技能的学习、过程与方法的运用、情感态度与价值观的体会。商务英语具有自身的性质，是不同于其他任何英语的存在。

二、英语之商务部分的调查情况

首先，商务英语归属语言学范畴。持这种观点的学者认为，商务英语和普通英语在理论上没有任何区别，都属于语言学的范畴，它并非一种有别于其他语言的特殊语言形式。例如，第一，商务英语不仅仅是以一般的根本性的英语为基础的，也不是对简单的英语的一种创新，有的人认为是一种非正常的英语，其实不然，它并不是完全特殊的英语。第二，商务英语并非一种独立的专门语言——它只不过是英语中增加了一些专门术语。商务英语和文学英语享有同样的词汇，但许多词义和用法都完全不同。第三，商务英语是从事商务活动的人们在工作中使用的语言，商务活动参与者为达到各自的商业目的，遵循行业惯例和程序并受社会文化因素的影响，有选择地使用英语词汇、语法资源，运用语言策略，以书面的口头形式进行的交际活动系统。第四，商务英语不是奇怪的英语，只是非常单纯的普通英语在特殊情境中的运用。

其次，商务英语属于 ESP 的一个分支。这一概念和“商务英语属于语言学范畴”基本上是一致的，专门用途英语本身就被看作是一种应用语言学。支持这一观点的学者众多。第一，商务英语应该归属于专门用途语言的下属学科的一类。因此，它必须从专门用途英语的总体范畴之内来看待，因为它和所有专门用途英语分享相同的特征，如需求分析、语料选择等。第二，商务英语可以看成是英语语言学、应用英语语言学、专门用途英语门下的一个四级学科。第三，李红在 2005 年的时候对于用途英语进行了分析，指出：我国商务英语专业多属于 EGBP（English for General Business Purpose）这种一般商务用途英语之列，主要目的是在语言技能上加上一般的商务背景知识，但其专业性不强。第四，2006 年，金晶华认为，商务英语应属于专门用途英语的范畴，并可以分为两类：一般商务用途英语（EGBP）和专门商务用途英语（ESBP，English for Specific Business Purpose）。

再次，商务英语至今没有找到属于自己的专业学科，因此还是归属于交叉学科，是语言学和商务管理学相互融合的综合性交叉科学。对于这种观点表示认同的还有很多专家：广东外语外贸大学国际商务英语学院张新红、李明认为，商务英语作为英语的一个功能性变体，是商务知识和英语语言的综合，具有独特性；湖南大学外国语学院莫再树、张小勇等认为，商务英语是一门以语言学和应用语言学为学科基础，注重吸收其他学科的理论与实践研究方法的综合性交叉科学；周晔昊同样撰文表达了类似的看法，认为商务英语属于专门用途英语的范畴，即ESP，但它的内涵已经被扩展到一个跨学科的概念，如包括国际贸易、金融、国际商法、电子商务、工商管理、跨文化交际等。

综上所述，商务英语属于语言与商业的综合体。商务英语中的商务是指在活动过程中进行具体交流的事物或事件及一些专业的词汇。而英语是它的基础，是简单沟通交流所必备的。两者相互影响和融合，构成了一个完整的并且相互融合的系统。所以，在中国，将商务英语视为一个在EGBP（一般商务用途英语）基础上发展起来的综合性交叉科学，可能更加符合其发展现状和实际。商务英语一直在不停地发展与创新，商务英语将来要研究的领域将不仅仅是商业与英语的两方面，还要投入更多的精力去研究全球范围内商业英语的运用，更多地融入中国乃至世界的文化当中去，成为一种新型的文化现象。

三、商务英语发展趋势

目前，商务英语是我国公认的具有鲜明特色的办学模式。一是商务英语培养目标的双重性。商务英语培养目标，除强调学习者提高英语语言表达方式之外，也要求他们掌握一定的商务专业知识，即需要达到既培养语言能力又传授有关商业部分的专业知识。二是商务英语在教育教学活动中的实际运用以及在生活实践中的运用。商务英语教学的主要目的是提高和加强学生商业管理领域的专业英语实际技能和跨文化交际能力，力求突出学有所用。与普通英语教学不同的是，它并不着重对语句、生词和语法的讲解，而是侧重学生掌握商务管理领域的专业词汇和术语，运用专业语言和普通语言，扮演管理者的角色，参与国际商业谈判等实用技能。根据作者的研究与观察，目前，我国商务英语教学模式正在呈现一些新的发展趋势。这些发展趋势将对这一学科的未来发展产生深远影响。

（一）商务英语相关专业趋于规范化

虽然商务英语在我国发展迅猛，所培养的人才能力出众，毕业生很抢手，但商务英语的独立学科和专业地位一直未被完全认可。商务英语已经成为外国语言文学下面一个新的与外国语言学及应用语言学和翻译学并列的独立二级学科。商务英语研究生、博士生也将于今后逐步申报完成。相关专业的规范化日益明显。

（二）商务英语相关学位授予趋于弹性化

由于在我国商务英语的专门化教育方法不仅要求受教育者掌握英语语言，更要精通国际的商业专业知识，因此，商务英语专业本科毕业生应该有资格与商务英语学位同时获得或选择其一被授予“文学学士”“管理学学士”“经济学学士”等，同样，对研究生层次的商务英语专业的毕业生，学位授予也应该仿照此办理。

目前，已经有一些院校在实施“4+0”双学位制度，只要语言文学课程和某一商务管理课程同时完成所需要的学分，学生即可获得两个学位。这种具有弹性或灵活性的学位授予趋势更加切合我国商务英语的办学实际。

（三）商务英语教学目的趋于侧重跨文化交际能力的培养

随着全球经济一体化步伐的加快，国际贸易和跨国交流日趋重要，跨文化交流能力将在国际商务中发挥举足轻重的作用。未来，不了解跨文化差异无疑将构成了全球化沟通的壁垒。同时，更多专家提出，商务英语语言的学习归根结底还是跨文化能力的提高。因此，可以预见，良好的商务文化意识和跨文化沟通能力的培养将逐步成为商务英语教学中的重中之重。

（四）商务英语概念和内涵趋于扩大化

在传统意义上，商务英语一般指狭义的商业谈判、进出口业务等对外商务所使用的英语，而目前在我国商务英语的概念已经扩大到更加广义的概念，是贸易、金融、投资、运输、财务、经济法、咨询、会览、国际合作、跨国管理等任何商务活动领域的英语词汇、句型、文体等的有机总和。

在我国，商务英语的概念和含义已经逐步扩大化，办学实践已经多元化，因此将其视为一个在 ESP 的 EGBP（一般商务用途英语）基础上发展起来的培养复合型人才的独立的综合性交叉科学，更加符合其发展现状和客观实际。

第二节　商务英语的教学思想

在早期的研究中，国外学者将 ESP 分为两个大类，即职业型和教育型，认为职业型中的三个方面：预设性经验、同步发生经验和后置性经验，与商务英语有着密切的关系。这一观点影响力深远，基本上奠定了商务英语在 ESP 中的地位，同时强调了商务英语在语言教学中的职业性特点。

商务英语作为一门学科具有交叉性和复合性的特点，对学习者的语言基本功和专业知识都提出了较高的要求。在教学方面，商务英语也具有实用性、应用性的特点。由于商务英语的教学内容与现实的商务实践关系密切，因而在设计商务英语教学法时，有必要考虑以下几个问题：如何提供复杂性、多样性、真实的教学内容；如何搭建反映“商务现实世界”的学习环境；如何设计以学生为中心，以教师为引导者和监督者的教学环节；如何培养学生自主学习，并利用理论知识解决实际问题的能力；如何强化对学生沟通能力的培养；如何在学生中开展合作探讨学习与交流学习。

一、商务英语教育教学的现实状态

随着社会的不断发展，一些高校的教育中自然地加入了商业英语这个专业，并且有很多学生想要学习这个专业。虽然社会与知识的高速发展有利于整个社会发展，但是有利一定就有弊，不利的地方就是社会发展迅速，人们只是认识到了商务英语发展的美好前景，但是对此有着盲目的追求，为了将来有一个好工作或者有较高的社会地位而进行吹捧。人们普遍认为商务英语就是商务与英语的结合，殊不知，还有其他专业性的知识，应进行深入理解。既要注重对于专业性知识的掌握，还要重视对于专业性知识的运用，只掌握知识，不进行运用，是毫无作用的。所以，商务英语教学目标就是教育受教育者具有表达能力和专业技能的实践运用。更重要的是，商务英语关于技能方面的教育，没有具体的衡量标准，而教育者自身的经验也是受教育者学习的一大难关。如果教育者具备良好的商务英语素质，具有较多的实战经验，那么，教育者在教育教学过程中，就会给受教育者带来经验，教给学生将教材中的知识联系与运用在实际应用中。《布鲁姆教育目标分类学（2001 版）》中指出，教育教学活动中有多重目标，其中在商务英语的领域对于教学目标进行的分类，是以认知为基础的，不光商务英语，还有其他很多种教学都是围绕着对于知识的认知，而非常忽视对于知识的迁移与运用，更没有对知识的创造与更新，并且仍以学习知识数量的多少评定学习的成果。

还有一个人们关注的重点就是关于受教育者的经验。商务英语不是随便会英语与会商务的人就可以教授的，其门槛非常高。教育者必须要有非常扎实的英语功底，还要有英语专业知识和丰富的阅历。这就造成了我国当今社会中会商业英语的人很多，但是能够对商业英语进行实际运用、能对商业英语这门学科进行教授的人少之又少的局面。一个非常重要的原因就是，我国的英语专业人员虽然对商业英语进行了教授，但在商务英语的实战经验方面仍存在一定的欠缺，并且这些英语教师在国际法、税务法等有关商业的法律及其他的商业知识方面同样有所欠缺。因此，这些英语老师在讲授非常专业的商务英语时，自己还是一头雾水，学生的反应便可想而知。这种现象是绝不允许出现在教育教学活动中的。如果高校对于这种现象视而不见，就会造成严重的后果，学生只能学习到教材上的浅显内容，对于复杂的问题通常都得不到解决，对于简单的问题则不了了之。另外，虽然美其名曰是在上商务英语的课程，但学生能在课堂的学习过程中可能根本学习不到这些，甚至是以汉语为主要讲授方式。如果教师对于教学内容的讲授已经力不从心，那么，其对于商务英语的教育教学活动中采取的教学方法、教学原则等的运用一定是非常少的，甚至有可能根本就用不到教育教学的方法与原则。

二、“生本”思想指引下的商务英语教育

（一）“生本”思想的由来

我国的英语教育最早起源于京师同文馆，该馆建立于1862年，已经有一个半世纪的历史了。在这段漫长的历史进程中，英语教育的发展是非常曲折的。新中国成立之前，中国的英语一直走走停停。在20世纪中后期，英语教学虽然在一段时期发生了停滞，但最终教育部又将英语纳入了正规的课程。

1.“生本”思想的第一次出现

“生本”是以受教育者为中心的教育思想，明确说明教育教学活动的中心是受教育者，同时强调知识的重要性并非知识的本身，而是知识给人们所带来的影响，是动态的知识建构的过程，知识的掌握并不是要求受教育者要对知识进行机械的解构，知识的掌握是使受教育者对动态的知识进行主动构建。所以，在平时的教育教学活动中，身为教育者一定要深入贯彻新课程改革的理念，以学生为中心，充分发挥受教育者本身的主体作用，给予他们新鲜的刺激，以更好地帮助学生学会知识。

2.“生本”观念的本质概念

“生本”教育思想的本质，就是以受教育者为中心，根据受教育者自身的发展情况与发展要求，充分发挥受教育者的主观能动作用，让受教育者了解到为什么学习，学习具有什么意义，会对个人的将来产生什么样的影响，进行有目的的学习。人本主义与建构主义是生本观念的中心基础，要求以学生为中心，让学生的知识技能与情感态度充分融入教育教学活动中去，尤其是在学习英语的时候，一定要充分重视学生学习时的情感，冲破传统教育的“满堂灌”模式，让学生快乐地学习。

（二）“生本”思想的理论基础

人本主义是近代流行起来的一个理论，主要代表人物是马斯洛（AbrahamH. Maslow）和罗杰斯（Carl Ransom Rogers）。人本主义认为，人类具有天然的学习潜能，但是真正有意义的学习只发生在所学内容具有个人相关性和学习者能主动参与之时；个体在他们自身内部就有巨大资源，如果能提供一定的具有推动作用的心理气氛，那么这些资源就能被开发。

也可以这么说，受教育者的学习环境对于受教育者接受教育的效果起到了很大的作用。外部的良好环境，可能会促使受教育者自己学会学习，养成独立学习的习惯，激发学习的兴趣。一位优秀的教育者应该具备教育学、心理学方面的相关知识，对于受教育者的身心发展情况、学习兴趣与业余爱好等都要有一个良好的掌握，根据受教育者自身情况的不同进行有选择的教育，做到“充分挖掘学生

的内在潜能，注重学习者个人的观点，尊重学习者的个性发展要求，强调学习者的个人价值，把促进学习者的全面发展作为教学的最终目标”。另外，要重视教师角色之间的转换。传统的教育教学活动中是以教师为中心、书本为中心、课堂为中心的教育，但是当代的素质教育要求要以学生为中心，充分发挥学生的主体作用，教师的角色转换为教育教学活动的引导者，而非中心。

（三）“生本”观念的角色转变

1. 关于教师的角色

教师不仅是对教育内容的简单教授，更是课程的管理者与开发者、社区型的开放教师。虽然现代的素质教育、新课程改革与我们现在提到的生本思想都在强调以学生为中心，要突出学生的主体地位，但是教育者的作用，即教师的作用同样非常重要。例如，在学习英语的过程中，英语学习的情感过程是非常重要的，这就要求教育者既要掌握有关英语的专业概念，又要掌握学生身心发展特点等教育学方面的条件性理论，更要学会观察受教育者在课堂上的表现，以便更好地根据学生特点进行教学。

2. 关于学生的角色

学生是学习的主体，应该积极地接受一切有利于自身发展的教育教学活动，不论是实践还是理论知识，充分认识到学习的重要性，调动学习的积极性。具体到英语学习，教育者最根本的就是要充分调动课堂氛围，让受教育者在课堂上有所学，在课下有所复习，争做学习的主人。

“生本”观念的评价模式有着多元化与多样性的特点，应采取多种评价形式相结合的方式。总结性评价，之所以称为总结是因为要评价受教育者整个学期的学习效果，是一种对受教育者的分阶段的成果总结。形成性评价是在教学活动中进行的，如举手回答问题等方面，是在教学活动中如果遇到问题及时解决的评价，有利于提高学生的学习效率。若严格区分，这种评价属于过程性评价。还有一种是学生自己进行的评价，即学生的自我评价。这种评价是受教育者在学习到一定的阶段时，根据不同的情景，对自身存在的问题进行分析，或者依据每次考试的成绩进行的纵向比较。需要注意的是，此种评价是建立在学生自己的行为之上的，并不是横向的、众多学生之间的相互比较。

三、研究性教学理念

（一）研究性教学理念的概念和影响

研究性教学观念采用了先进的教学理念，否定了以无条件地机械认识知识为目的的教学理念，提倡以学生为主体、以教师为主导的教育教学活动模式，要求充分发挥社会及学校、家庭中的各种外部条件，以有利于教育者与受教育者的教育教学活动的友好进行。通过对外部情境的充分利用，使受教育者感受到教育内容与生活的实际联系，进而激发受教育者主动探索知识的欲望，从而为形成创造性的知识做准备，提高教育者与受教育者自身的素质，这是创造知识产生的前提。研究性教学理念不同于一般的理念，这种理念是以学生的主动学习与主动构建为中心的，强调动态的知识，鼓励受教育者对学习内容的探索，进而对知识进行研究与发展创造。

研究性学习的观点，一直将着力点放在学生身上，认为学生是学习的主人，要为学习负责任。

研究性学习有以下几个特点。首先，教学内容的传授一定要具有系统性，要根据受教育者的身心发展特点，进行系统知识与系统思想的传授。在教育教学活动中，教育者对受教育者进行实验式的教学，先由教育者提出问题，然后学生根据问题提出相对应的假设，培养受教育者的发散思维与创造品质，彻底改变传统的、呆板的教学模式。其次，重视受教育者的主体地位，以受教育者为教育教学活动的中心。在教育教学的过程中，强调受教育者多参与，发挥受教育者吸收知识、研究知识、创造知识的主观能动性。让受教育者根据教育者已经安排的任务开展小组讨论，而后在全班进行讨论结果的展示与总结，进而由受教育者总结出知识学习的主要内容，充分调动受教育者的参与积极性。另外，教育者还要根据受教育者的个体情况及身心发展特点，对其进行兴趣教学，在面向全体的全面发展基础之上，促进受教育者个性的发展。爱因斯坦说过："兴趣是最好的老师。"受教育者只有对教育者提出的教学内容产生了强烈的兴趣，才会对这些知识进行深入的研究，并注意观察生活中和这些知识有关的任何方面，勇于探索其中的奥秘。在对理论知识与实践知识进行联系之后，受教育者会产生更加热爱本身兴趣的情感，就会对学习内容认识更深刻，长此以往，就会形成良性循环，促使受教育者在已有的学习兴趣上进行更深入地研究与创造。

（二）研究性教育理念在高校英语教育中的应用

2001 年教育部颁布《关于加强高等学校本科教学工作提高教学质量的若干意见》，2005 年教育部颁布《关于进一步加强高等学校本科教学工作的若干意见》，这两个文件极大地促进了我国高等学校对研究性教学的重视，对大学英语教学具有指导性作用，也使我国的教育者与专家学者认识到了研究性学习对于当代教育的重要性。文件还着重强调，身为大学教授，一定要有个人的研究成果，在本专业的课堂上引入个人的研究或与本专业相关的研究，对学生进行相关的科学研究的教育，使学生意识到科学研究的重要性，激发学生研究的兴趣，进而勇于实践与创造知识。文件中确切指明，要积极推进研究性教学，提高大学生的创新能力。在本科学段的教育教学过程中，对于研究性学习的内容是前所未有的，现在文件的下达，是对本科教育的重要启示。因此，本科学段的教师要贯彻文件的指示，培养创新性人才。为了培养受教育者的创新意识，很多高校都在对文件的指示在深入贯彻的前提下，进行了深入研究与广泛推广，取得了良好的效果。

（三）研究性教学和商务英语的联系

1. 创新教学理念

研究性教学要求教育者必须摒弃旧的教育理念，并对现代的教育理念有充分的认识，在深入理解的基础上进行实践。创新型教育教学要求教育者进行角色的完美转换，主要角色有教育教学活动的组织者、学生学习的引导者、校本教学的创造者，总之，教育者与之前的身份已经大不同。这就要求现代的教育者利用开放的眼光来正视世界，用开放的观念来面对自己的学生，使学生学习到良好的知识与做人做事的思想，增强自信心，提高素质，被现代社会所接受。另外，教育者还要将课堂上所要讲的内容理论联系实际，鼓励学生对同一问题发表不同看法，培养学生的发散思维与内在品质，勇于对权威知识提出批判性的观点。研究性的学习，是非常严谨的学习，要求教育者要对这个理念有深入的理解，并且有扎实的教育教学基本功，同时要具备教育学、心理学等相关的条件性知识，以对学生能进行深入剖析，能够根据学生的特点，运用相关的理论，然后再联系实际进行问题的解决。在整个教育教学活动中，教师和学生的关系是良好的学习效果的基础。因此，现代的教育者要主动努力构建这种关系，并且在课堂中与学生进行讨论，培养学生善于讨论的习惯，增强研究意识和创新意识。

2. 对教材系统进行改革

传统的书本甚至是教材是非常束缚学生发展的，之前的英语书本教材只是对所要学习的知识点进行简单的排列，是一种量的积累，已经不能适应当今社会的发展潮流，所以对教材进行改革势在必行。作为英语的基本要素之一的教材的改革，也是在所难免的。当今社会是信息化的社会，因此，对于英语的学习也一定要信息化，用全球化的眼光来看待世界，不能拘泥于书本教材，所以增加新兴的元素很有必要。例如，在教材上的重难点或者问题模块加上二维码，既增加了学生学习知识的趣味性，又加入了新型元素而不至于落后于社会。我们都知道，英语并不是我国的本土语言，这门语言本来就是从其他国家引入的，因此，这门语言本身就是世界性的，不能拘泥于本国，应在国际市场进行探索。适时进行教育实践是实现英语教学的最好方式。现在，很多大学都聘用了外教来教地道的英语，或者引用原汁原味的英语 CD 来进行教学，这就促使中国的英语教学产生了较大的变化，在一定程度上得到了完善。

3. 将评价制度进行改革

当代社会所提倡的研究性学习，是以学生为中心的理念，面向全体学生进行全面的发展，重点发展学生的个性，培养学生的创造性思维品质，因此，以旧的方式对学生进行学习成果的考核已经远远落后于社会的发展，不仅不能对学生的全面发展进行评定，还会因为接受式学习方式而严重影响学生的身心发展，更别提促进学生的全面发展与个性发展及创造性思想的培养了。所以，关于评价方式的变化也是必然会发生的。为了适应社会，对受教育者进行综合的评定时，评价方式的多样化与多元化起着重要作用。在评价过程中，教育者不仅要对受教育者的学业成绩进行评定，还要对学生的精神与体质等方面进行综合评定。

第三节　商务英语的教学模式

一、商务英语教学方式阐述

（一）培养目标

《高等学校商务英语专业本科教学要求（试行稿）》的指导意见，强调现在的高校一定要培养学生对基础知识的掌握技能，不仅要扎实掌握基础知识，还要用开放的眼光来看待世界、对待社会与学生，并且对于商务英语的学习，既要掌握一定的商业性术语，还要具有广泛的人际交流圈。与其他专业相比，商务英语专业培养日标具有非正常的特点，通俗地说，商务英语对丁人才的要求是非常严格的，甚至是苛刻的，不仅要使学生在英语的基础知识上进行掌握，还要对基础知识进行联系实践的运用，尤其在商务方面，受教育者并不是只要掌握了关于商业交流的专业词汇就可以的，还有许多具体的礼仪等商业中潜在的现象要进行掌握，因此，受教育者在掌握基础知识以后，再进行具体实践是最好的方式。

（二）课程设置、教学内容和教材建设

1. 课程设置

根据《高等学校商务英语专业本科教学要求（试行稿）》的指导思想，我国一般高校的商务英语学科知识和能力构成涵盖 4 个知识模块，主要包括关于语言知识与技能模块、商务知识模块、跨文化交际能力模块和人文素养模块。其中，语言知识与技能模块主要分为语音、词汇和语法知识；商业知识模块主要有经济管理等方面的知识和商务技能等；跨文化交际能力模块主要包括跨文化思维能力、跨文化适应能力和跨文化沟通能力；人文素养模块主要包括政治思想素养、创新思维和中外文化素养。高等学校商务英语专业的课程设置中，4 年的专业课程总学时不低于 1800 学时，各学校在教育目的、培养目标及校本课程的安排和外部的教学环境等方面都有着非常精细的安排。

2. 教学内容

各课程开课的大体比例为：语言能力课程占 50% ~ 60%，商务知识课程占 20% ~ 30%，跨文化交际能力课程占 5% ~ 10%，人文素养课程占 5% ~ 10%，毕业论文（设计）和专业实习、实践不计入总课时。与其他专业相比，商务英语专业课程设置、教学内容和教材建设具有特殊性，相关建设在不断完善中。

商务英语由于和普通的英语有着很大的区别，因此，商务英语在教学内容、教学形式与教育教学活动中的方法与原则等方面存在独特性。比如，在教学内容方面是关于英语的教学和商业的教学，所以这门课程的主要活动方式就是进行实践或者在课堂教学中进行实际情景的模拟演练。总之，要让学生充分参与到学习的活动中去，进行大脑之间思维的碰撞，从而在实践活动中学会观察商业中的潜在现象或者解决一些困难问题。

3. 教材改革

在教材改革方面，因为商务英语与传统英语不同，所以所涉及的教材也有所不同。21 世纪初期，剑桥大学对于高校商务英语的学习科目进行了详尽的整理，如 Business Start-up、Business Goals、Business Benchmark、Work in English、English for Business Communication、New International Business English 和 English for Business Studies；ESP 教材主要有：ESP—Finance、KSP—Law、ESP—Medicine、ESP—ICT（Information Communication Technology）、ESP—Engineering、ESP—Marketing、ESP—Media 和 ESP—Tourism 等。自中国开设商务英语这门学科以来，在教材的运用方面，虽然非常谨慎，但是由于教材的限制，主要有两方面的教材组成，即关于普通英语方面与商业方面的教材，二者之间没有交叉和渗透，因此，受教育者学习到的内容并不是系统的，是没有进行融合的知识。总的来看，中国的教材既有本国的教材，也有从外国引入的国外原版教材，包括商业事务的很多方面，甚至运用了 MBA 的教材。

近几年，我国也在陆续编纂与出版相应的书本教材，出版了商务英语的综合教材，弥补了之前只有两个模块来学习的不足，还出版了关于商务英语时间的课程，以填补在商务英语的教学中重知识轻实践的空缺。另外，在高校的课程培养方面也进行了系统化：以英语的听、读、写为基础，将大量课时放在基础的学习上，再将其他课时用于商业方面的英语知识的深入学习，总之，第一年的教育是以英语与商务的基础知识为基础的教育。当学生对于基础知识已经掌握得得心应手以后，学校会根据大部分学生的情况，开设商务英语的综合课程，并将之列为必修课。将某些拓展的内容，或者一部分学生想发展的方向同样进行课程的设置，列为选修课，使学生拥有个人的业务特色，以更好地融入社会中，使学生全面且个性的发展。在第三年的学习过程中，要加入实践课程。由于前两年对于知识的掌握及对于技能的掌握都已经非常熟练，但是对于理论联系实际的方面还有很多欠缺，所以在今后的教育教学活动中，重点就是让学生学会理论联系实际，对所学的知识进行实际运用，让学生在实际运用过程中熟练地掌握知识。

和之前的描述一样，商务英语的学习层次多样，要对商务英语进行系统的学习。首先，在本科学段，对于基础知识的掌握是专业教学的重中之重，是商务英语教育教学的根基，只有打好了基础才能进行深层次的学习。其次，使英语与商务相结合，提高受教育者学习的整体素质。在第二年的时候，主要以英语与商务的拓展内容为主要学习目标。第三年的时候，学生学习的主要内容就是有关商务的专业知识了，毕竟商务方面的知识是非常重要的。在后面一年，同样是关于理论知识的实践，要注重实践能力的培养，并且让学生提升实践能力。例如，英语的写作与翻译的能力在实际的商业合作中是至关重要的。最后一年就要让受教育者进行论文的写作，这也是受教育者对大学四年学习的总结，主要内容有国际贸易、金融、企业管理、文化等方面。

总之，与平时的一般英语教学相比，商务英语教学在受教育者的培养规格、学科的设置和教材的选用等很多方面都有着很大的不同。举例来说，商务英语既强调了基础教育的重要性，让学生在一般的英语技能基础之上进行学习，又强调了商务英语离不开教育的实践，要求学生将商务英语的理论运用于实践，学会解决实际存在的问题。另外，商务英语课程与普通的英语课程存在着很大差异。商务对于基础的英语语言课程方面，是占主要部分的，对于商业的方面，也占了 1/3 的比重。因为课程的不同，所以在教育教学活动的方法与原则方面也是不同的，尤其是在课堂上一定要用英语进行交流。当然，由于商务英语在众多方面的特殊性，就必然要使教育人才具有多方面的高素质，因此，复合型师资队伍建设成为主流。

（三）商务英语师资培养

目前，商务英语专业的授课教师在我国分为 3 个主要的类别。第一类是专业教授英语语言类课程的教师，他们没有任何商务专业知识背景，完全是英语语言背景的英语语言文学教师。第二类主要是讲授商务英语类课程的教师，这部分教师有着不同的背景，较为复杂：一部分是没有任何商务专业背景，一部分是英语专业毕业后进修的商务专业知识，或者进修一些经济学等其他相关专业方面的知识，还有一部分是在本科时期主修英语专业，在研究生时期主修商务、经济等方面专业的教师。第三类为讲授商务专业课程的教师，这类教师以非外语专业背景下的商务、经济管理专业的教师为主。

商务英语教师为了满足商务英语专业人才培养和学科自身性质特点的定位，必须具备较强的英语语言专业知识，必须在经过系统学习、培训后，较好地掌握专业技能，具备英语教师的基本素质，同时具备商务专业知识技能或者有过商务实践经验，能够熟练掌握商务专业知识。由此分析认为，更适合从事商务英语教师的人是具有一定商务专业背景的英语教师，这部分教师具有熟练的英语教学经验，也掌握了一定的商务专业知识。当教授课程的教师是专业商务教师但使用中文授课时，即便是实用英语授课，也会因为语言质量和效果不理想，而无法胜任专业课程的教授。

目前，国内各高校的师资力量悬殊较大，在一些财经类、外国语类学校具有较强的商务英语专业师资力量，其教师大多具有商务知识基础，从事商务英语及商务专业类课程，综合水平较高，教学效果显著，有利于人才培养。但相较而言，这类学校整体数量较少，国内大多数学校缺乏这种复合型商务英语教师，只能由专业英语教师教授课程。由于缺乏商务专业知识，教学过程仅仅是沿用英语专业的授课方式，导致教学质量偏低，教学效果欠佳。这是目前商务英语师资队伍面临的一个较为严重的问题，这个问题不仅关系到专业人才的培养问题，也对学科建设及专业学科发展产生了重要影响。商务英语教师必须具备一定的商务、经济等相关专业基础。为了缓解商务英语教师队伍的这一缺陷问题，高校加强师资力量引进，同时针对现有教师队伍选拔有资质的教师进行商务、经济等相关专业知识的培训与进修，有的更与国外高校合作，选拔优秀教师去国外进修、培训经济管理类专业知识，以提高教师的专业基础，使其更能胜任商务英语教学工作。

商务英语是英语语言学与国际商务相结合而形成的一个边缘性语言学科，具有交叉性、复合型、应用型等特征。过硬的英语语言基础是商务英语专业主要的培养目的，即培养具备良好的人文素养，系统的国际商务知识，较强的跨文化交际能力的应用型、复合型商务英语人才。

商务英语的专业属性仍是英语语言学，而非经济学、管理学等其他学科。商务英语专业的具体培养模式（如课程体系、教学内容、教学手段、评价模式等）必须强调商务英语的“英语本色”，商务英语教师也主要归属于英语语言学学科，这是该专业教育最为根本的原则性问题。如果片面强调经济学、管理学等其他学科的知识体系，忽视英语教学的自身特点和规律，商务英语专业就会失去应有的特色和活力，甚至蜕变为其他商科专业。

（四）商务英语教学管理机制

目前，多样化的商务英语教学管理机制可以分为以下 4 个方面，即商务英语课程组、商务英语教研室、商务英语系和商务英语学院。这只是单纯地将商务英语视为一门课程而不是一个完整的专业管理，商务英语从属于学校英语系或者外语系，不设立专门的院系。比如，商务英语课程组或商务英语教研室，主要是以专业知识教学为内容的课程组；商务英语系管理机制采用的是将商务英语作为一个专业开设，不附属于任何专业，直接归属于学校的外语学院、英语学院、商学院等学院管理，该专业复制商务英语的专科及本科教学，旨在培养高素质专业人才的管理；商务英语学院管理机制适用于单独开设商务英语学科，不是一个专业，该学科作为独立的学院，直接归属于高等学校管理，视为二级管理机构，主要负责商务英语学科的发展、教学、招生等全面管理工作。

目前，在我国高校内普遍存在商务英语系管理机制，而极少有商务英语学院管理机制，并且这样的学院叫法各不相同。有的叫国际商务英语学院，如广东外语外贸大学国际商务英语学院；有些则称为商务外语学院或应用外语学院，如东北财经大学国际商务外语学院、上海对外贸易学院国际商务外语学院、黑龙江大学应用外语学院等。

二、商务英语教学模式具体分析

商务英语课程是商务专业知识和英语语言技能完美结合的学科，这就对商务英语教育者提出了较高的要求，即在掌握商务专业知识的同时，必须擅长英语语言教学，培养学生的英语语言表达能力。显然，传统的教学模式无法满足新兴商务英语的教学要求。为了能够更好地完成商务英语的教学任务，商务英语教师一直致力于追求更适合的教学模式和方法，旨在达到商务英语的教学目的，实现预期目标，完成教学任务。

（一）商务英语教学模式存在的问题

商务英语教学的飞速发展主要是受到世界经济快速发展的影响，日益增长的国际贸易交往需要大量高素质的专业技术人才，迫使高校加快了培养商务英语专业人才的步伐。但是，从全国形势分析，商务英语教学中还存在一些问题。第一，目前，很多高等院校都开设商务英语专业，但国家有关商务英语没有统一的教学大纲，导致各高校的教学内容、教学计划、教学方式各不相同，差异较大，没有统一的教学资料，没有权威的教材，很难找到有关商务背景下的实例型辅助教材，如公司年度汇报、会议纪要、纪录片等。第二，在师资力量上看，高校的商务英语教师大多数是英语专业教师，没有商务英语教学经历，对商务英语的教学真实情况了解甚少，都是采用传统的英语教学模式开展商务英语教学，这种模式势必造成教师和学生之间双向被动的局面，以致能够采用英文教授商务、经济、金融等专业课程的教师少之又少，根本无法满足全球日益激烈的商业竞争需求。第三，从实际应用角度分析，教学质量严重影响了学生对书本知识的学习及其与社会实践的有效结合。

具体来讲，传统的教学模式是大班授课方式，普通的英语教学大多采用这种模式，但是这种模式并不适用于商务英语，商务英语更适合采取小班授课的方式。

然而，高校并没有注意到这一点，教师也多根据专业需求调整授课方式，这便给在教授商务英语时，教师和学生之间的沟通和交流增加了难度，难以实现多维互动。

在教学设施方面，现代化的教学设施配备能够有效地提高商务英语的教学质量，使商务英语教学更加直观、有效、便捷，更能够激发学生的学习热情。然而，现在各高校虽然有多媒体教室，但是数量有限，加之维护不及时、不到位，常常出现有限的多媒体教室资源不能得到充分有效地利用，商务英语教学多数依靠黑板，学生学习采用录音机等情况。另外，教师对计算机辅助语言教学（Computer Assisted Language Learning，简称 CALL）这一外语教学新趋势的认识和了解程度不够，无法切实有效地利用现有的教学资源开展教育。因此，商务英语教学如何有效地利用互联网资源，利用远程教育实现资源共享等成为商务英语教学迫切需要解决的问题，这也是商务英语现代化教学的转折点和突破口。

（二）商务英语课堂教学模式的改进对策

目前，商务英语教学在很多方面都是不达标的，情况不容乐观，同时在商务英语课堂教学中还存在很多问题，如何解决这些问题是首要问题。一般来讲，通过解决问题改善商务英语教学质量和现实情况，主要可以采取调整教师队伍的综合水平，提高整体素质，完善细化商务英语教材、教学资料、硬件设施等方面。但更重要的是，要改善商务英语的课堂教学模式，寻找更适合商务英语教学的方式，以达到教学目的。

1. 传统普通英语教学模式下的商务英语课堂教学模式与交际法相结合

中国传统教育模式一直在课堂教学中占据主导地位，这主要是由于受到中国传统的儒家文化、中庸思想等的影响。教师在中国的传统文化中被视为授业者，占主导地位，学生只需要被动听从即可。“师者，所以传道，授业，解惑也”，这里将教师定义为传道、授业、解惑的人，其中的传道和授业是教师教授学生知识等的过程，即教师是掌握知识的人，而学生是被动接受教师传授的知识和教诲的人。中国学生的学习风格受到传统的教育模式的影响，产生了习惯性的依赖，认为学习就是要依赖教师教导；在中国学生的认知里，学习更倾向于接受教师的教导，大多时候都是“先看后做”，习惯性地认可教师的一切，将教师视为正确的典范。因此，在现代教育过程中，教师要在适当的时候保留那些传统教育中适合学生学习的方法，尊重那些长期保留下来的学习风格和习惯。虽然现代教育从小学甚至幼儿园就开始学习英语，但更多时候商务英语是从大学开始系统学习的，因此，商务英语知识还相当贫乏，需要教师在传统教育模式下系统地学习商务英语基础知识，开设专门的针对基础知识的课程，如针对一些基本概念、贸易术语、基本理念、商务专业词汇等讲解的课程，让学生对商务英语有更加全面、详细的了解。这种教学就是以教师为中心开展的全面、详细的专业商务英语基础知识教授过程。要想在商务英语教学上有所突破，必须在学生有了一定的商务英语专业知识储备的基础上，结合商务、经济实践教学中的交际法，着重培养学生的实践运用能力，将商务英语专业知识熟练运用到实践中。

在商务英语中语言的作用不容忽视，重形式轻内容、只注重语言系统知识学习而忽视实际应用学习都有弊端。商务英语实践主要体现了语言在交际中的作用，所以商务英语需要采用交际教学法，将专业知识与商务交际能力相互交织、完美结合。这就对教师提出了更高的要求，在教授商务英语专业知识的同时，还要教授如何将专业知识运用到商务交际的实践中，运用交际法，培养学生的商务交际能力，根据商务英语的可操作性和实践性，开展形式多样的课堂内容，如案例分析、模拟操作、单证制作、商务洽谈等，这些课堂主要以学生为中心，以讨论为主要形式。

2. 商务案例教学模式与学生体验性学习相结合

当学生掌握一定的商务英语专业知识学习时，开始进行商务案例教学。这部分教学是模拟实际现场开展的一种教学方式，教师精心准备和策划，还原案例现实情况，将学生带入典型的商务案例情境中，进行现场案例分析，让学生将商务英语基础知识经过独立分析思考，运用到案例实际分析中，锻炼学生独立分析、解决商务问题的能力，同时培养学生的团队协作能力。综上所述，需要遵循两条规则：第一，以典型案例为教学依据，第二，让学生通过自学和相互交流学习积极参与到整个教学过程中。

20 世纪初，多学科开展案例教学的方式，主要以商务和企业管理学居多，案例教学的不断推广，其教学内容、方法、形式逐渐改革完善，在全世界教学范围内产生了重大影响。在现代社会，全球经济化速度逐渐加快，各国经济突飞猛进，市场竞争日益激烈。在这种形势下，经济型人才的优势得以展现，尤其是知识型人才在市场上发挥作用。为了适应市场人才需求，大学教育逐渐开始将案例教学作为一种模拟实际的教学方式，其真实性、有效性、务实性尤其凸显，可以有效地将专业知识运用到实际行动中。哈佛商学院之所以在全世界范围内享有盛名，正是由于哈佛商学院对案例教学法的成功运用和实施，培养出一批又一批杰出的商界精英。随着在全球范围内广泛传播，案例教学法被誉为未来教育方向的成功教育模式。

商务案例教学模式是教师运用典型案例，组织学生分组讨论、分析，通过小组协作，最终实现解决问题的教学目的。这样做可以调动学生的积极性，使学生成为教学活动的主体，实现独立学习、集体协作、团队合作的学习方式，形成探索性、研究性、互动性的学习氛围。商务案例教学重点在于培养学生自主分析问题、逻辑推理、运用所学的商务专业知识解决实际问题的能力，是对传统教育模式的升华。在教学过程中，教师引导学生自主熟悉相关商务信息和资料，并对收集到的信息和资料进行分析，这有利于提高学生自主学习能力和抓重点分析问题的能力，同时通过分组协作，有助于提高学生的交流、沟通、合作能力。在商务英语教学过程中，“体验性学习”要求学生自己动手。要想获取感性的材料和经验，就必须与案例教学相结合，以模拟操作的形式进行，如商务谈判、贸易制单、商务会议、国际会展等。另外，商务英语教学的最终目的是让学生能在实际商务交际过程中展现自身能力，因此，教师应创作更多的机会让学生可以现场观摩、考察及实践，如可以与海关、海事局、商检局等单位联系，作为学生的实习基地，让学生在实际操作中有切实的认知和体会。

3. 学习效果评价与人才培养相结合

检查商务英语教学质量主要是通过学习效果评价来实现，同时检验商务英语专业的人才培养质量。商务英语人才培养采用软硬两套指标，作为衡量商务英语专业的人才培养质量的标准：硬指标指的是商务英语专业的基本知识和技能；软指标指的是在掌握硬指标的基础上，提高和拓展学生的综合素质。硬指标主要包括商务专业知识和技能、英语专业知识和技能等。其中，英语专业知识和技能占60% ～ 70%，商务专业知识和技能仅占 30% ～ 40%。软指标主要包括国际视野、研究能力、创造能力、修养素质、跨行交际能力等方面的素养。评价学生学习能力的主要标准是对每一门课程的平时和期末测试。因此，应科学合理地进行测试，尤其应采用能够最大限度地反映专业人才质量的相关指标的测试方式、范围、题型、难易程度等。其实，其他专业也有很多值得借鉴的测试方式。比如，检测英语语言能力，可以通过英语专业四、八级测试；检测商务专业知识可以通过一些商务类的资格证书考试，如 BEC、国际商务师等。总之，通过软硬件两部分综合测评学生的学习效果，做到科学、合理、有效地培养专业技术人才。

第四节　商务英语的教学设计

一、教学设计的含义及特征

教学设计并不等同于教案，这是必须明确的一个问题。因为它是一项系统性的工程，涉及教学目标、教学对象分析、教学内容、教学方法、教学评估等方面，不仅要考虑到学习者的年龄、层次和基础水平特点，还要考虑到师资及教学软硬件等因素，所以教学设计应具有指导具体实践的可操作性。

教学设计是根据教学的实际情况合理安排教学时间，根据教学对象和教学目的优化教学方案，合理安排教学顺序。提高教学质量和效率是教学设计的根本核心，以确保学生能够在有限的时间内掌握更多的知识，全方位提高学生的综合能力，使学生在进入社会后能有更好的发展资本。因此，教学设计的宗旨是解决教学过程中存在的问题。具体而言，教学设计具有以下特征。

第一，教学设计是利用教学素材和活动体现教学原理的过程。设计离不开基本规律和明确的目标，以便更好地解决教什么的问题。

第二，教学设计通过合理的计划、安排、决策等达到教学目标，解决如何教的问题。

第三，教学设计要有系统的指导方法。在教学设计中，各要素相互关联被看作一个整体，通过分析了解教学需求，确立优化的教学流程，解决教学中的问题。

第四，教学设计有利于提高学习者获得知识、技能的效率和兴趣。教学设计是科学调研并创新实践的结果，应当运用系统科学的方法设计出一套操作性强的程序。

二、进行教学设计时要考虑的问题

进行教学设计需要考虑的环节众多，可以视情况的不同进行调整。通常包括以下几点：

第一，学生的学习需求；

第二，学生的水平层次分布；

第三，不同的学习方式；

第四，学生对教学手段多元化的需求；

第五，不同的商务技能领域。

在以上 5 点中，学生的学习需求为重中之重，对这一点的设计和考虑要慎重、详细。除以上这些考虑要点以外，教师还要设定好教学目标。目标设定力求确切，适宜分成多个阶段性学习目标，一来便于学习者理解，二来便于教师进行阶段性评价。教学目标通常用以下方式表达：学习者将会在何种学习环境下，进行何种学习活动，达到何种水平层次等。教师也可让学习者写下自己的学习目标，并与其讨论该目标是否可行，然后将具有可行性的目标并入课程教学目标中。

由于商务英语的特殊性，通常很难精确地用语言描述需要达到的沟通技能层次，而且这些技能往往难以量化和衡量。在这种情况下，可以把学习者将会习得的、在典型语境下的沟通行为写入目标中，如深入了解不同种类的谈判，懂得常用策略和技巧，积极倾听谈判双方的发言，在适当时机确认信息或总结发言等。也就是说，教学目标不仅要写明学习者将会学到什么，也可能通过学习改善学习者的一些处事习惯。

而通过需求调查来进行教学目标设定可能会给商务英语课程带来一些挑战。如教师在不十分了解学习者的情况下无法判断所设定的目标是否能达到，学习者的学习目标和教师设定的初始教学目标相去甚远等。这些情况发生后，教师要积极和学习者进行沟通，并可通过协商，对教学设计进行一定程度的调整，同时要求教师提前做好不同内容的教学活动准备。

三、学生需要学习的内容

在确定好教学目标之后，可以开始进行教学大纲设计。教学大纲是对教学包含的一系列内容及其顺序的列表。进行大纲设计的原则是习得特定商务语境下所需语言能力，而非粗浅了解。这是由于多数商务英语学习者需要在特定场合下进行沟通，因此，大纲中需要反映出这些沟通场景及技能。在进行大纲设计时，教师要利用从需求调查中获取的信息，归纳出最有助于学习者沟通的常见语言形式，并计划好这些形式的学习方式和学习顺序。从学习方式而言，教学设计需符合学习者的初始语言水平，并持续足够的时间以帮助学习者习得该知识；从学习顺序而言，大纲要能展现整个学习框架，将语言点按从易到难的顺序排列，各部分合理分配时间，内容要契合学习者的需求。常用的商务英语教学大纲形式相对固定，主要包括以下内容：

语法（时态、词序、动词形式、关系从句等）；

词法（词汇、成语、表达形式、习惯搭配等）；

句式（从句、反问、虚拟语气等）；

发音（语调、押韵、重音、语段等）；

功能用语（抱怨、赞同、劝说、解释等）；

商务技能（演说、谈判、电话、交际等）；

商务话题（金融、营销、制造、管理等）；

学习策略（学习方法、词汇记忆、测试准备等）；

商务场景（协助访客、酒店入住、主持会议等）；

语言技能（提升听力及理解能力、高效阅读并理解、英语写作、有效口语沟通）；

跨文化技能（文化理解、文化比较、认知活动等）；

任务安排（学习者使用英语完成任务并获得预定结果）。

在没有固定教材的情况下，要想预先决定教学内容，并根据不同学习者的语言经验来调整教学内容是相当困难的事情。因为每一位学习者在语言学习的过程中，或多或少都会有不同于其他人的目标，想满足每一位学习者的需求和兴趣，基本是不可能完成的任务。由于上述原因，教师应该有效组织课堂教学，从而使学生可以在以教师为中心的学习（按教师的兴趣操控课堂）和学生自主学习（学生学习自己最感兴趣的内容）之间自如转换。

四、教学设计实用性指导

在设计时，教师需要检查一下自己的教学设计是否可以完美地回答以下问题。

我有多少教学课时？

我的学生需要在此时间内学到什么？

我是否要为听、说、读、写四个技能平均分配课时？

我应该以哪种顺序安排我的教学要点？

在课程结束时，我对学生有怎样的期望？

在安排定期复习时，我该如何避免学生的枯燥情绪？

我所使用的教材有哪些缺陷？

我该如何补充素材以弥补这些缺陷？

我在教学中会采用哪几种课堂活动？

对教学内容的组织可以有不同的方法。方法之一是将简单的项目前置，如可以先讲授简单的语法时态再讲复杂的句法，先讲商务电话的句型再让学生进行电话角色扮演。方法之二是把学生熟悉的场景前置，熟悉的场景是指学习者在日常工作及生活中习惯使用英语的场景。方法之三是按照需求的强弱排列，若课程时间较长，通常将最为重要的内容前置。这一排列原则对于不同职业的学习者有不同的安排，如对于管理者而言，宜优先掌握谈判、会议主持、演讲等技能，而对于销售员而言，则要优先学习社交、劝说性语言技巧。将教学内容进行组织排序，不仅有利于确定阶段性教学重点，且由于不同话题往往对应不同的语言点，因此，排序之后也有利于平衡语言知识的习得。

也可以将整个教学过程划分为不同的教学模块，每个模块分配不同的教学目标和教学时长。这些模块可以具有相对固定的教学模式，并可以使用不同类型、形式灵活的教学活动来满足特定学习者的需求。商务英语教材中常常分为不同的单元，单元之间形成逻辑性联系，可以遵循一定的顺序进行教学，而商务模块不同于教材中的单元设定，各模块之间相对独立，可以任意组合形成侧重点不同的课程，如特殊沟通技能课、经理人沟通技巧课、国际贸易人员写作实训课等。从需求调查辅助课程设计的角度看，模块设计更符合商务英语教学的要求。

教学协商并无时间限制，随着教学的进行，若有需要，师生可以重新协商教学内容。有时由于受到教学设备、材料和教师本身经验的限制，预期的教学方式会受到一定程度的影响，在进行协商时，教师可以适当引导协商向既能满足学生需求，又不超出教师教学能力水平的方向发展。例如，教师可以让每位学生写出自己希望学到的知识和不需要再学习的知识，然后通过交换信息的方式让大家了解彼此的想法，讨论出一个集体性的教学方案；也可以在需求调查表中列举出本课程可以提供的教学内容及活动让学生自主选择，并允许学生根据不同的教学内容添加自己感兴趣的项目及教学活动。

五、教学材料的选择和拓展

（一）教材的选择

教师可以根据学习者的需求和学习目标进行商务英语教材的选择。由于教材具有相对固定的教学框架，为教师备课提供了便利，尤其在时间有限或教师经验不足的情况下显得更为有利。常见的商务英语教材中有确定的教学内容及教学法，具有较强的专业性，并有配套的教师用书、音视频光盘、补充教学材料及学生练习册，这些也为教师提供了很多便利条件。

然而，直接选用教材进行商务英语教学具有一定的局限性。首先，在迎合学习者需求方面，很少有教材能百分之百契合学习者的需求，教学中通常需要额外补充材料，或对教材内容做出局部调整；其次，教材中的内容是相对固定的，而现实社会中的热点是不断变化的，教材中的某些教学方式或素材在一段时间后就不能再适应教学要求了。

为了应对这种供需衔接问题，近年来有些海外出版社，如 Oxford、Cambridge 和 Macmillan 开始进行一些调整，把教材内容分块，浓缩成核心内容突出、内容简短、专业性更强的商务英语系列丛书，辅以补充性材料书籍以供师生按需选择，也可以用于自学。这样的调整增强了教材本身的灵活性，为商务英语教学提供了更多便利。

教材选用时需要考虑到素材的真实性。教材的用语是否原汁原味，是否需要根据教学要求做出局部修改、简化，以强调某种句型或词汇？不同的教师可能对此有着不同的看法，主要取决于他们的教学重点及教学要求。教材中设计的活动是否具有现实性？学习者是否认同这种现实性并按照真实的情况来作出反应？教学的重点是语言技巧还是商务结果？这些可能都是教师在选用教材时需要考虑的因素。

选择教材时还需要综合考虑以下因素：学习者的沟通及学习需求、教材内容的覆盖面、教师用书中教学法的运用、教学内容的组织方式、沟通技巧及语言点的覆盖面、素材的新旧程度、单元化还是模块化排列、教学内容是否具有一定的灵活性（能够重组）、课文及音视频是否具有真实性、用语是否地道、课文难度是否符合要求、课堂活动是否实用、能否满足学习者应对考试的需求，等等。

教师对教材的评价不仅局限在课程开始前，在教学进行过程中也可以记录对教材的优、劣势的评价，并收集学生对教材、练习的具体意见，为下次的教学活动打好基础。

（二）根据需求定制教学内容

有时候教师需要根据学习者需求定制全部教学内容，或定制部分内容作为教材的补充。随着教学经验的增加，教师积累了大量素材，就可以灵活选择，以满足学习者的不同需求。这种教学素材的定制通常是对以前教学内容的调整、重组，以适应当前学习者的语言水平及沟通技能要求。同一性质或内容的素材，可以在保持基础框架不变的情况下，对背景、要求和词汇进行调整以应对不同情况。

教师定制教学内容的优势在于更具针对性，直接解决学习者的问题；部分内容可以重复使用，且教师在选编素材之后也获得了新的知识技能。缺点在于备课的时间较长，且对教师编写材料、处理文字及设计图像的技术要求较高；有时由于所用素材过于特殊化和小众化，可能会导致该教学设计只能使用一次。

定制教学内容通常要经过一系列步骤：首先，分析学习者的需求，确定教学重点；其次，整理语言点，制定教学法；再次，搭建教学框架步骤，穿插教学活动；最后，进行教学试讲，思考评价方式。在具体操作中，教师不需要从头到尾进行每一个步骤，只需要对已有的材料进行调整来适应新的情况。教学素材的收集整理花费的时间较多，只要平时注意积累，有一定教学经验的教师便可以掌握大量的材料，更可以利用网络的便利性获得近期的商务材料，从而大大缩短这一过程。

（三）使用学习者提供的素材和真实素材

教学中可以从学习者身上收集到一些模拟真实的素材。收集方法一是和学习者进行目的明确的英语交谈，将对话背景设定为典型的商务情境，如会议、电话等，让学习者回归自己在日常工作中的角色，通过提供关键语言点并经过多次练习，将成熟的、具有一定参考价值的对话进行录音。这一过程既给了学习者不断提升语言熟练度和专业性的练习机会，又让教师收集到了一份质量有保证的语音素材。

收集方法二是教师设定学习任务，并列出教学框架，其中包含图形、大纲或者关键词，学习者在完成此任务的过程中需要提供特定商务环境中的语言，从而起到收集真实素材的效果。如可以设定以下任务：提供或解释本人下周的工作计划，画出或解释所参与的工程进度表，画出饼图并解释本人一个工作日内的时间安排，描述本人供职公司的应聘流程，描述本人所在企业的生产工序，以本人为中心画出人物关系图并解释工作关系，列出演讲大纲及关键词并进行演讲，以本人所在企业的两个真实产品为例进行异同及优劣势比较，画出本企业组织结构图并解释，等等。以上这些素材既可以是文本，也可以是音视频，这些素材不但易于制作，包含语言侧重点，而且内容有针对性，不局限于学习者的语言水平，形式上既可以作为教学活动开展，也可以作为教学内容收集。

真实材料不是为教学使用而专门制作的素材，在商务英语中，这些材料往往是真正的商务文件、报刊文章、会议录音或工作对话等。教师可以借用一些企业的资料或主动去企业收集资料，还可以让在企业供职的学习者协助收集。这些素材是在商务环境中产生的第一手材料，非常适合作为商务英语教学的材料。实际上，很多成熟的教材中也广泛使用了真实材料。其优势在于将学习者和商务世界的距离拉近，使得学习者身临其境，感觉学到了真本事，同时使教师从侧面了解到了学习者的真实需求。

以真实材料作为教学内容的缺点也很明显。首先，材料具有真实性也就具有一定的商业敏感性，这类材料较难获得。其次，教师如果依赖学习者将工作中的素材带入课堂，结果可能会不太理想：一来职业人士工作节奏紧张，难以抽出时间进行录音、录像或收集文本资料；二来作为学习者，他们有可能对自己的语言或沟通技能信心不足，羞于将工作中的自己展现给其他同学；再者，有些人的商务英语教学设计方式工作内容并不契合教师预期的语言范畴或该阶段的教学重点，非英语母语的学习者在工作中更是很少使用英语。

教师获得真实材料后，还需要对其从语言层次、语法要点、涉及的商务领域等方面进行编辑调整，这样加工之后的材料才能适用于更多的学习者。常用于课堂教学的真实材料包括以下类别：信函、会议记录、备忘录、电邮、合同、报告、公司宣传手册、演讲稿（PPT）、语音留言、音视频对话、电视广告、产品营销短片、企业网站及内网资料等。这些材料有可能本身是英文的，也有可能需要经过翻译。如果学习者能提交自己翻译的材料，则翻译的过程也是一个很好的语言训练过程。即使提交的材料是非英文的，教师也可以从中选取具有代表性的内容，让学习者以小组形式合作翻译并向全班同学解说，从而锻炼学习者的口语输出能力。这也是一种综合了解公司运营的好方法。

文本形式的真实材料可以用于以下课堂活动中：阅读（速读、略读、归纳、简答）、填空（将核心词汇从句中移出）、从标题推测内容、打乱后排序、根据来函写回函、学习常用词组、改写并优化文本、文本格式学习、口语模仿重现、图表描述、工作流程理解等。

通常语音材料更为实用，教师可以进入企业获得对话或会议录音，也可以在课堂上录下学习者的角色扮演、师生之间的电话交谈等。语音材料可以用于沟通技巧、用语、语法的学习，也可以用于听写练习及沟通策略学习，而视频材料还可以提供特定语境下的用语学习。

第五节　商务英语的教学评价

一、教学评价体系概述

（一）评价体系与教学的关系

教师和学生在教学中分别有不同的职责扮演不同的角色。第一，教师在教学过程中扮演领导者和组织者的角色，具有主动性和能动性，并且教师都是具有专业的教育技能和科学文化知识的；第二，学生是教育的对象，教师需要全面了解学生的情况，促使其转变角色，全面发展；第三，教师既是主体也是客体，必须不断提升自己，做到教学相长，以更好地完成教书育人的工作；第四，在学习过程中，学生是学习活动的主体，他们将教师视为学习和了解的对象，并不断完善、发展、提升自己。由此可见，帮助教师和学生认识自己的教学或学习状况，必须合理使用恰当的评价体系。教学评价是教学的重要环节之一，具有导向、刺激等功能。全面、科学、公正的教学评价体系对于实现课程目标意义重大。

英语教育的核心目的是培养学生在各种情况下均能熟练使用英语进行沟通和交流，如进行口语对话，书写英文邮件、资料等，能够熟练掌握本专业英语词汇，阅读相关资料。有了明确的目标，教师在教学过程中还必须建立一套完整的教学方案。商务英语专业教学更侧重的是培养应用型人才，强调学生的综合能力，所学知识以适用、够用为主。因此，教师在教授英语时不仅要注重语言基础知识的传授，更要重视学生语言应用能力的培养。

（二）传统的英语学习评价体系

传统的英语学习评价主要以纸笔考试或标准化考试为手段，是一种终结性评估模式。这一评估模式的弊端是：评估过程和教学过程相脱离，单纯考查学生知道什么，而不是学生能做什么。为了追求考试成绩，忽视了教育的真正目的是为了培养学生的创造力和自主学习能力。这种以一次考试来决定学生能力优劣的评估模式使学生产生了焦虑、紧张的情绪，学习更加被动，学习效率也降低了。

为了消除传统应试教育的弊端，防止出现高分低能的现象，教师会将平时的课堂提问成绩、作业成绩作为参考，再综合最终考试成绩，给学生打出一个相对客观的成绩，但评价仍是以教师的主观判断为主，因为教师能够掌握学生的学习进展情况。对学生来说，他们对自己的语言掌握和应用能力的了解比教师更为深刻，他们之间通过沟通和交流所掌握的信息比教师更为丰富。所以，应该将教师评价和学生评价有机结合。

（三）商务英语教学效果评价

根据全国商务英语研究会审定的《高等学校商务英语本科教学要求（试行稿）》的指导意见，高等学校商务英语的教学评估手段采取形成性评价与终结性评价相结合的方式。在形成性评价中，采用多种评估手段和形式，包括学生自评、学生互评、教师评学、学生评教、教务部门对学生的评价等；在终结性评价中，主要方式包括期末课程考试、水平考试和毕业论文（设计）等形式。

与其他专业相比，商务英语教学效果评估体系具有特殊性，但相关建设比较滞后。目前，商务英语评估体系一直在沿用全国外语专业四、八级考试作为主要评价依据，与普通英语专业的差异性无法体现出来。从这一点来看，相关评估体系发展相对比较滞后，不能完全适合商务英语水平评估的实际需要。在国际上，英国有 BEC 剑桥商务英语证书的初、中、高级别的水平考试。在我国，各大院校已经开始了中国国际贸易学会组织的商务英语四、八级考试，2008 年也对商务英语本科学生进行了试考。但从总体上讲，本科以上商务英语还没有真正建立起一套完全可行的专业评估机制。

二、教学模式评价体系

（一）形成性评价

形成性评价是教师在教学过程中对学生学习情况的及时反馈。即教师记录并评定学生在学习英语过程中所展现的态度、兴趣、参与度、语言发展状况等。这种反馈可以帮助学生及时发现问题、纠正错误，同时能给教师的教育活动提供及时有效的帮助和指导。教师和学生可以通过评价更好地认识自己，发现问题，解决问题，提高自己。形成性评价的优势在于能够使教师全面了解学生的学习情况，对症下药，促进其学习进步。从学生的角度分析，学生在学习过程中既锻炼了自己的能力，又从老师的反馈中发现了自己的短板与不足，从而变被动接受为主动参与，提高了学习积极性。总之，在形成性评价教学过程中，改变了过去以教师为单一主体的情况，学生也成为教学活动的主体，教与学的过程得到了统一。

（二）终结性评价

终结性评价是在学期末或课程结束时，总结、概括一个人成绩的评价方式。终结性评价的目标以结果为导向，以数字形式对学生进行评价和比较。终结性评价能够有效地检测学生知识的累积，但是无法反映学生的学习能力和潜力。终结性评价的作用主要是在课程结束时检查学生的学习水平，它是建立在学习经验的积累上的评价手段。考试本质上只能表明学生在考试时所掌握的知识，不能反映学生的整体学习能力，也不能预测学生未来的潜力，只能作为学习过程中一个片段的反映。对于学生来说，终结性评价就是以分数来反映自己的学习情况，但这一反映并不全面，分数不能完全反映学生的能力和发展潜力这两方面的状况。

（三）商务英语教学与形成性评估体系构建

根据商务英语专业的教学目的，借鉴大学英语教学评估体系的利弊，下面笔者提出几点关于商务英语专业评估体系的构建建议。

商务英语专业旨在培养德、智、体、美全面发展的，涉及国内、国外进出口贸易和其他活动的人才。这方面人才必须具有良好的职业道德和敬业精神，具有扎实的英语语言基础和较强的口语交际能力，能够掌握宽泛的商贸知识，熟练使用现代办公设备，具备运用英语从事商务活动的能力，熟悉通行的行业规则和惯例，能够适应生产、建设、管理和服务第一线需要，从事相关商贸业务、管理、翻译、外事接待等工作。

既然如此，英语作为一门操作工具，教师在教学中就应将理论与实践相结合，使学生在实践中更好地体会语言的应用。相应的评价体系也要适应实践操作。

对于培养学生的职业技能而言，形成性评价更易于达到教学目标。商务英语教学强调职场情景中英语运用能力的培养，教师要设计一些具有商务背景的情境任务，训练和考查学生在这一环境中的反应，培养学生的团队合作意识、沟通技能、创新能力等。而这些能力不能仅靠终结性的考试来进行评价，还需要运用形成性评价，如学生自评、互评和档案记录，以帮助学生了解自己在完成任务过程中的表现，使他们参照他人的表现来反思自己。

三、课程评价体系

目前，在国内商务英语的课程设置方面几乎都是围绕英语和商务两大模块进行双语或全英教学两大类课程，对各门课程构建的必要性缺乏系统的理论支持和设置原则。随着商务英语的获批，越来越多的人开始关注商务英语的课程改革，却忽略了课程评价理论的应用。

近年来，出现的较为优秀的评价模式是斯塔弗尔毕姆的 CIPP 评价模式。一些学者将 CIPP 模式运用到高校商务英语课程评价中，形成了 CIPP 课程评价体系。CIPP 模式作为公认的、实用性强的评价模式，强调教育评价的改进作用，因此，特别适用于商务英语课程体系的改进。从 CIPP 评价模式出发，分析目前课程体系的现状，发现存在的问题并给出建议，以推进和完善商务英语课程体系建设。

（一）CIPP 评价模式简介

课程开发的基本问题和核心环节是课程评价。我国以往是以拉尔夫·泰勒的目标导向评价模式为课程评价模式中心的。该模式把目标、教学过程与评价作为一个循环圈，预先设定的目标是评价的唯一标准，评价过程中目标规定或涉及的对象为评价对象。显然，这种模式“将预先选择的目标提升到过程之上，然后根据目标选择经验并加以组织，最后通过评价确定目标的达成度”。但随着教育理念的发展，这种目标导向难以评价教育活动中的非预期效果，如教师和学生的即兴发挥，以人为本的教育理念无法得到真正的实现。在目标基础模式上发展起来的过程导向模式更能满足教育实际的需求。

20 世纪 60 年代末 70 年代初，美国著名教育评价家斯塔弗尔毕姆及其同事共同提出了 CIPP 评价模式。在一定时期内，CIPP 模式主要包括四种评价：背景评价（Context Evaluation）、输入评价（Input Evaluation）、过程评价（Process Evaluation）、成果评价（Product Evaluation）。“CIPP 模式”即是取着四种评价的英文首字母缩写而成。

（二）阶段划分

21 世纪初，斯塔弗尔毕姆感到四步骤的 CIPP 模式不足以描述和评价长期的、真正成功的改革方案，于是开始重新反思自己的评价实践。为此，他对其作出了补充和完善，把成果评价分解为影响（Impact）、成效（Effectiveness）、可持续性（Sustainability）和可推广性（Transportability）四个阶段。

第一，背景评价（Context Evaluation）主要是评价所处环境的资源、需求、问题机会。“资源”是指在本地可以得到专家提供的服务，“需求”主要指为了达到目标所必需的、有价值的事物，“问题”是指在满足需要时必须克服的障碍，“机会”主要指满足需要和解决相关问题的恰当时机。

背景评价的主要目的在于：描述所需服务的背景情况；界定预期的受益人并评定其需要；弄清满足需要所存在的问题和障碍；界定本地资源和资助时机；评定方案、教学和其他服务目标的清晰度和适切性。背景评价的基本取向在于确认方案目标与方案的实际影响之间的差距，本质上属于诊断性评价。

第二，输入评价（Input Evaluation）是在背景评价的基础上，对达到目标所需的条件、资源及各备选方案的相对优点所做的评价。其实质是对方案的可行性和效用性进行判断，对本方案的设计和工作计划、本方案的财政预算等进行评价。评价的主要任务是：鉴别和调查已有的方案，以便作为新方案的对照；评价方案建议的策略。

第三，过程评价（Process Evaluation）是对实施方案的全过程进行检验、指导、监督、反馈。其目的：一是为方案设计者、管理人员、执行人员提供反馈信息，以便让他们了解方案实施的进度，合理利用有效资源完成方案；二是用于发现方案实施过程中的潜在问题，为修正方案提供指导；三是为定期评估方案的人员提供有效信息。总之，过程评价在以整合改进实施过程为目的，实质上其类型为形成性评价。

第四，影响评价（Impact Evaluation）是对方案到达、影响目标受众的程度作出评价。该环节需要回答以下问题：观察到了何种影响（肯定的和否定的、预期的和非预期的）？各类资助人怎样看待这些影响的价值和优点？获得满足了方案预期对象需要的程度如何?

第五，成效评价（Effectiveness Evaluation）主要评价结果的重要程度。评价人员需要做的是：访问主要的利益相关者；选出合适的受益人，进行深入的个案研究；汇总和评价方案对社区的成效；撰写评价报告；将成效评价报告整合到不断更新的档案库中，放入最终的评价总报告中。

第六，可持续性评价（Sustainability Evaluation）是对方案在何种程度上成功地制度化并得以长久实施下去进行评价。评价者访问方案领导和职员，方案的受益人确定是否有可持续的可能性和必要性，并通过讨论和反馈确定可持续性的程度。

第七，可推广性评价（Transportability Evaluation）是对方案在何种程度上能成功地被调适和应用于别处进行评价。评价者需要分析方案是否能够成功地被适用和应用于别处的程度，汇总和报告可推广性评价的发现。同时，在反馈讨论会上，讨论可推广性评价的发现，并撰写可推广性评价定稿，提出具体的改善措施，提供给委托人和公认的利益相关者。

CIPP 模式是一种以过程为导向的决策模式，其主旨是目标的合理性和可行性，评价并不是为了证明，而是为了改进，不应单纯地以教学目标为中心，而应以决策为代表的社会为中心。评价应为决策服务，为决策收集、组织和报告信息，它是“为决策提供有用信息的过程”。因此，CIPP 评价模式的介绍与分析对丰富现行的商务英语课程体系建构具有指导和实践意义。

第五章　商务英语教学的特点与方法

第一节　商务英语教学的特点

一、商务英语的特点

语言是人们用来进行交流的。我们从小学习语言就是为了让它更好地为我们服务。其中，英语就是一种全球普遍学习的语言，在英语中，这有一个相对专业的并具有很强的目的性的语言叫作商务英语。

（一）商务英语有很强的目的性

商务英语具有很强的个人目的性，它是个人的客观概念占主要的，如讨论或者在贸易中一般商务英语都是以个人的观点来表达自己对这次贸易的看法或者情感，一个好的商务英语客户，他说话是比较直接、目的性很强、不会让别人产生误会的，这样的商务客户才是公司需要的。所以，在很多人看来商务英语比英语要简洁清楚、直白、思路逻辑、条理清晰。我们学习英语是为了更好地适应现在社会，更好地交流。然而，在我们的工作中，带有很强工作目的性，尤其在进行商务活动时，商务英语的水平可以直接体现一个公司、员工的工作能力。我们学习好商务英语，主要是为了更好地工作。

工作中我们利用语言主要是为了得到更好的交流，在进行交易的过程中更能站在有利的一面，商务英语也不例外，在进行商务会议交流时，有一口流利的商务口语更能取得好的成绩。在学习商务英语课时，课本的目录中有专门教如何运用商务交流的技能，这些在普通英语教学中是没有的。

在大学，学习商务英语要进行笔试和口语两门考试，但工作中参加的商务英语培训就没有正规的考试，这种培训更注重我们实际的交际能力是否达到要求，我们是否能在特定场所表达我们想要表达的内容。这些与我们一直以来学习的英语是不一样的。

（二）商务英语的专业性强

商务英语是一种特殊的英语。它具备了英语的发音和语法，但是它不仅包括语言，还有很多其他内容，如行为习俗等。

商务英语又分为几大类，其中主要包括普通商务英语（Ordinary Business English）和专业商务英语（Specialized Business English）。一般来说，普通商务英语和我们高中教学课本学的英语语言特色和语法几乎相差不多，但是专业商务英语就有所区别，这也是专业商务英语的特有标准。格式要求一般是用来签订协议、法律、管理法规、行为规范等。它还包括很多其他学科，涉及文学、风俗习惯、管理贸易等，这也造成了专业商务英语有较强的专业性，掌握专业商务英语具有一定的难度，因此，专业的商务英语在市场上的人才尤为匮乏。

商务英语包含甚广，它不仅仅包括高中英语中的听、说、读、写，而且不是能够和人们进行交流就能胜任的。商务英语交流不是就表明自己学会了商务英语，其中还包括其他经济、贸易、法律等相关知识，因为商务英语不仅仅是用于交流沟通，更多的是签订的协议和行为规范，你需要判断这张协议是否合法、是否符合自己的利益、是否违背了对方的风俗文化等，这些都需要我们考虑进去。因此，学好商务英语就必须对相关的人文、地理、法规、经济等有相应的了解。

普通英语和商务英语相比还是有区别的，大学英语课本都是固定好的版本，但是商务英语教材资料尤为匮乏，不同的方向、不同的地区，商务英语也不尽相同。因此，商务英语的教材就显得非常具有特殊性，尽管近几年好多大学教授和导师，从外国一些杂志还有其他地方摘录和编写商务英语教科书，但是总体而言，仍不能够满足每个人的需求，这就需要我们自觉地去网站查找自己的相关专业，查找自己感兴趣的商务英语，提高自己的商务英语专业能力。

（三）交往能力必须强

商务英语，不是和高中一样死记硬背，机械地把英语单词词汇量搞上去了就可以了，它需要和别人交流，交流的人一般来自不同的地域、不同的国家，风俗习惯也不尽相同，这就需要我们有较好的交流能力，一个交流好、能力也强的人，能够在短时间内让对方信任自己或者说让对方了解自己，同时自己也能够很快融入对方的集体中或者融入对方的风俗文化中，这样才能让对方感觉到舒适。

商务英语是用来交流与沟通的，不是靠词汇量就可以的。而且它有专业的术语和专业的单词，其中包括贸易、经济、法律等学科。商务英语中重要的是读听能力，要求有一口标准的发音，这样对方才会感觉到你是一个有能力的人或者说你的专业商务英语很强，对方在心里会不自觉地敬佩起来，所以我们在平时要注重读听能力的训练。

二、商务英语的语言特殊之处

商务英语包括很多贸易方面相关的知识，很直接地说，就是经济和英语相结合产生的产品，其词汇有着经济贸易的专业特点。

（一）词汇特点

第一，专业性。商务英语中包含大量的专业术语，专业性比较强。例如，target date（预定日期）、back order（尚未交货的订单）、financial standing（资金状况）、force majeure（不可抗力）等。

第二，直白性。商务活动的口头语和书面语中，都会大量使用缩略语，让表达简洁、明了、直白、通俗、精炼，方便书写和记忆。例如，ICC（国际商会）、EDI（电子数据交换）、OBM（原始品牌制造商）等。

第三，歧义性。商务英语和普通英语尽管不同，但是商务英语也包括英语，加之不同地区使用的英语不是很统一，造成了很多单词在不同地域、不同年代含义不同。例如，average 在保险行业来说就是“海损”，在一般的市场来说就是“平均数”的意思。所以，我们要把技术学扎实，避免在工作中出现含义混淆，这样才能在工作中熟练地运用自己的知识。

（二）句型结构

商务英语一般都是固定的几个格式，语句比较普遍。其中的被动语态是比较受欢迎的。句子一般都是陈述语句，在商务英语中一般都是为了陈述某某客观事实。

（三）文本特点

商务英语一般文本也是固定的格式，如合同有相应的格式，报告也是有相应的格式。这些报告和合同都是固定的格式，为了让人们能够快速找到需求的内容，一般文本框架逻辑也不尽相同。

三、商务英语的课程特点

商务英语有很强的专业性，在工作应用中有很强的实用性，它是把普通英语和国际商务知识还有交际能力有机结合在一起。这就决定了教师在教学中除了培养学生扎实的理论功底和熟练的语言交际能力外，还必须不断强化学生的商务专业技能和实践能力，为其将来走上工作岗位打下坚实的基础，从而最终适应涉外商务英语的工作要求。

因此，商务英语不能仅仅理解成是一种语言，更是商务领域的一种专门工具或者说是专门语言。

在我们日常生活和工作中随时随地地在进行商务活动，而在进行商务活动中，我们必然会用到商务英语，因此，商务英语这门课程也越来越受到人们的关注。商务课程主要包括两个方面：第一个是它的目的很明确，主要是用来进行商务活动；第二个是它的内容比较特殊，它是专门用来进行商务活动的。

休斯（Hughes）认为，商务英语和我们日常所用到的普通英语是不同的，它们在教学内容上也有区别。普通英语，主要是我们在日常生活中用来与人进行交流的，主要是以口语为主。而商务英语，它在教学中主要是侧重于人们在进行商务活动中所应用到的一些英语。

商务英语和普通英语，它们虽然有很多不同，但也有很多相同的地方。虽然商务英语的主要目的是从事商务活动，但学习商务英语的时候，我们也要学习普通英语中的语法，也要掌握词汇，也要具备读、写、听等方面的能力。也就是说，商务英语的学习必须建立在学好普通英语的基础上。卡特（Carter）认为，商务英语和普通英语是一样的，他们要学习相同的词法、相同的语法，还有相同的单词。总之，商务英语有它的语法，有它的学习目的，学习者以自我为中心学习的一种英语。

多数人认为学习商务英语主要就是让学习者掌握商务英语课程中的一些商务知识，使其能够在外贸公司撰写外贸邮件。但事实上，我们开设商务英语，目的主要是让人们掌握一些在进行商务活动中的技巧，以期能够提高他们处事的能力，能够用英语来解决一些工作中的问题。

商务英语是普通英语中的一门分支类英语，本质内容就是让我们学习知识和技能来解决商务活动中的一些问题。在商业英语课程中我们也要学习语言知识、掌握技能。上述课程中我们要学会掌握语言的使用和这些商务活动中语言沟通的技巧，才能利用商务英语来完成工作。

下面举个例子，营销员上的英语课程和用英语来讲授的营销课程。营销员上的英语课程，其主要目的是掌握英语的词汇语法和句法。后面，主要是为了让学习者能够获得营销的专业知识。在这里，后者主要是一种语言工具。这就是两者的区别。

商务课程主要是那些高级的管理人才学习的课程，他们主要是利用商务课程来解决一些工作中的商务问题，如提高他们的一些社交能力，利用商务英语去解决他们的一些商务活动中所引起的纠纷，利用商务英语去签订协议等活动。

商务英语课程的这一特点也对教师的能力提出了严格的要求：商务英语教师除了应具备较高的语言素养和扎实的国际商务专业知识以外，还应具备熟练运用现代教学手段的能力，并在商务英语的教学中注重专业英语技能及商务知识的双重培养。

第二节　商务英语教学的方法

为了激发学生对商务英语的喜爱和积极性及他们的求知欲等，我们不仅仅要从不同学生的行为特点出发，还要兼顾到教师的教学情况，这样才能较好地达到预期结果。

一、使用案例进行授课

在教学过程中，很多老师都会使用案例进行教学，引导学生进行探讨。在案例教学中，主要以学生为主体，通过老师和学生的互动、学生和学生之间的一些交流，从而形成一种自主学习和合作性学习的方式。在分析案例过程中会进行探讨，会进行研究，会促使学生合作，这样就形成了一种开放性的学习氛围。在商务英语教学过程中会以学生为中心，采用理论学习的方法，并结合实践环节进行教学，这样的案例教学就起到了很好的促进学习的积极作用。案例教学主要分为以下 5 部分来进行。

（一）案例选择

选择的案例一定要具有代表性和针对性。我们在进行案例选择的时候可以通过一些教材，也可以通过一些经典商务案例进行编写，因此，选择的这些案例都应该和教学内容有关系并且相适应。

（二）描述案例

案例的描述方式多种多样，我们可以通过教师进行描述，用电脑展示，还可以通过模拟再现的方式，也可以通过让学生自己表演等进行。

（三）案例讨论

我们在进行案例讨论的过程中可以将班级分为很多小组，然后以小组为单位进行分析讨论或者自由进行辩论。小组讨论完以后，以小组为单位选派代表分析阐述小组的观点，然后做一个小组的总结。

（四）教师总结

最终老师对这次案例风险进行最后的总结并指出探讨的思路和困难点及解决问题的方法，并评论这次探讨的不足之处和成功之处。

（五）撰写案例报告

对案例分析完以后，接下来我们的任务就是要进行报告编写。这个报告编写需要通过英语书面形式来进行分析和总结。我们使用案例教学改变了传统教学方法的模式。两者的主要区别是，传统教学主要是学会基础知识，那么，案例教学的目的就是利用这些基础知识去解决一些实际性的问题，让学生充分掌握学以致用的原则。在专业学习课堂上利用案例分析，这样能大大提高学生解决实际问题的能力。采用这种教学方式就对教师提出了更高的要求。需要教师在进行选材的时候要精心选择，这样才能激发学生在课堂上的能动性，并且在学生的讨论结束以后，老师要给出正确的、合理的评判。

二、交际教学法

我们采用交际的方法进行教学，其目的主要是提高学习者的交际能力。我们采用外语等语言来使学生获得更好的交际能力，其主要目的是学生能在不同的场合使用不同的语言进行更好的交流。在教学过程中，我们通过人与人进行交际，来培养学生的听写能力和说的能力，还有写作和翻译的能力。在课堂教学活动中，以学生为中心，减少教师的控制程度，这样我们就可以克服以往的教学方法中偏重语言语法等教学而忽略说写等一些实际的问题。

交际教学法可以通过以下两种方式实现。

（一）情景互动教学

情境互动教学模式以传统教学和实物场景相结合来进行教学，采取 MBA 实例教学的方法，通过模拟各种商务活动交流的场景来训练学生的专业技能。这种教学模式主要通过情景模拟表演来完成，类似 role play。在情景互动教学过程中，老师可以根据不同的教学内容进行原创，然后以学生为主体，让学生在这里面扮演不同的角色，并且要求学生通过语言在其中进行交流进行表演，这样学生就可以通过模拟这些场景来切身体会职场交流时的情况，也可以让学生感受到在未来参加工作以后，他们需要做的一些工作和担任的一些岗位角色。这样就能让学习者，更能获得有效的交际能力。通过这些场景扮演还能提高学生的分析能力、想象力及他们的判断力和创造力。通过这些工作，可以提高学生的自我分析能力和应变能力，提高他们运用语言的能力。

（二）小组合作学习

同学之间进行合作学习也是一种教学形式，这就要求学生组成 2 ～ 6 人的一个小组，以这个小组为单位来共同完成老师分配的一些学习任务，一起进行学习活动。在这个小组中，可以通过选举一名人员担任小组组长，来领导和协调小组组内的一些活动。在这个小组成员中，每个学生不能只顾自己学习好，还得去帮助其他小组成员进行学习。这就逐渐形成了一种相互合作、相互需要、相互依附的学习模式。在遇到问题时他们共同探讨，利用他们所学到的东西来进行互相帮助，并且迅速完成作业。这个小组的成绩是以这个小组总共完成的任务情况来评判的，小组的成绩将会延伸到每个人的成绩，所以小组成员之间必须信任。对于一些课题可以通过探讨，最终编写小组成果探讨报告来进行汇报。如果组内的一些问题没有得到解决，还可以向其他小组成员申请援助，让他们来帮助解决问题。

当然，作为课堂活动的设计者、组织者和引导者，教师在商务英语教学实践中运用交际教学法也必须强调，在个人独立思考的基础上的合作才能真正有利于开拓思维；并且要注意问题情境设置的针对性和层次性，以便于每位学生都能更好地进行独立思考，积极参与到课堂活动中去。

三、任务教学法

还有一种教学方式是任务型课堂，这种方式是将英语学习的目标和具体的活动结合起来，让学生在活动中去解决问题。用解决问题的方式来引导和促使学生学习，提高学生的学习兴趣。在这个活动中，学生可以主动进行学习。在老师的引导和激励下，学生能够通过举一反三来达到学习的真正目的，一般这样的学习方法有三部分。

（一）教师明确任务

老师必须对学生的现状和需要进行分析，再结合具体情况进行授课。老师必须事先明确活动的任务，然后从中让学生得到他们所学的知识。例如，必须对接的活动，建设任务的要求，然后再告知同学们需要进行的任务步骤。

（二）学生分析完成任务

学生接到老师安排的任务后，一个人、两个人或者以多人结成小组然后进行探索。他们在对问题进行探索，发现问题以后并尝试着去解决问题，最终以报告总结的形式交给老师。

（三）评价和提升任务

完成任务以后，老师和学生都要对完成的结果进行评价，评价的方式有很多，可以先通过学生自己对自己点评或者对其他小组进行点评，然后在评价过程中同学们可以借此机会来展现自己的成果，也可以学习其他小组的成果，这样可以达到互相学习、互相提高的目的。这种教学模式能够充分体现以学生为中心，充分体现学生的主动性、自主性。在这种模式中，老师是一个统筹安排者，他要合理地安排时间，争取让学生们在这个过程中获得更多的知识。

四、PBL 教学法

PBL（Problem-Based Learning 基于问题的学习）的主要目的是增强小组互相帮助的合作关系。它是一个项目，为主体创造一种情景模拟，让学生以自己为中心主动去对这个活动进行收集分析，并对收集来的信息进行处理。在这个过程中达到学习的目的，目的是培养学生解决问题的能力，提高他们的分析能力及在工作中和他人的协同合作能力。学生不再局限于口头表述如何解决问题，而是可以亲自动手操作，切实解决问题。换言之，他们学习并按程序实践了知识。学生在实践环节中用到了大量的信息材料，从而在该过程中掌握了学习方法和内容。PBL 在课堂教学中最基本的操作流程如下：

第一，教师向学习小组呈现问题情境；

第二，学生汇总已学知识和已知信息；

第三，学生查询相关资料，集思广益；

第四，学生将学习中要解决的各种疑问在组内分工并分阶段按计划执行；

第五，学生将实践中的发现带回小组进行讨论，归纳并商议从中学到的新知识；

第六，学生确定所在学习阶段，提出下一步所需的信息，需要的话重复第二至第六环节；

第七，对学习过程阶段性成果总结反馈。

在以上环节中，可以看到学生承担了学习的任务。老师的主要目的是设立问题并制定步骤，让同学们按照步骤完成任务，对同学们提供引导和协助的作用。在这个过程中，设定问题很关键，只要同学们按照老师布置的顺序就能进行合理的分析。PBL 就会引导学生一步一步按照老师的步骤慢慢地接触课程的内容，学习到他们想学习的知识。它和普通的教学模式不同，主要是以问题作为主导线，让同学们按照老师的问题逐步解决问题，然后通过任务的完成来达到学习的目的。

五、视频辅助教学

多媒体技术已经成为辅助教学的一种重要手段，而视频辅助功能是不少商务英语教师常用的教学手段。英语 VCD 或 DVD 原版影片（如 Wall Street）、财经类电视节目（如 Apprentice，The Dragon's Den）、商业广告、财经新闻及专访、BBC 专题纪录片（如 TESCO）等，都可以作为商务英语学习的有益补充。相比于普通的教学来说，这样的教学能够更加直接、更加地贴近市场求职状况，同时具备强化语言输入（language input）和引导语言输出（language output）的效果。视频辅助商务英语教学的应用范围如下。

（一）视频辅助商务英语听力教学

视频辅助教学常见于听力课堂，因为学生长期处于传统教材的精听和带着问题做题的授课模式下，久而久之会产生疲惫感，少量基础较差的学生更会产生焦虑情绪，从而造成学习兴趣减弱、动力下降。而这样的视频教学不仅能够改变学生无聊的上课模式，还能够扩展学生的视野，对以后的工作能了解得更多，同时还能接受目标语言（target language）的熏陶。

（二）视频辅助商务英语口语教学

除了听力教学以外，原版视频还可以作为口语训练的好帮手。教师可以将视频材料的功能转换为交互式听力（interactive listening）模式，学生在接受语言输入之后可以转为语言输出模式。以语音模仿、角色扮演、场景重现等方式将学到的词汇和表达方式展现出来，从而提升学生的听说技能，增强师生间、学生间的互动。

（三）视频辅助商务英语案例教学

将原版视频作为案例教学的导入材料会起到不错的效果。案例教学的案例选编最重要也最费心思：如何详细介绍案例？需要明确哪些事实和数据？在哪个环节提出问题进行互动？这些问题都是在设计案例教学时必须考虑的。如果有一个视频案例在手，教师则可以利用视频的重播、暂停、快进、后退等功能，并辅以适当的文字材料，则上述困难将迎刃而解。学生们也会因为身临其境而更热衷于进行讨论，得出结论。

第六章　商务英语教学中的问题与对策

第一节　商务英语课程设置中的问题与对策

一、商务英语课程中的问题

（一）商务英语专业定位与市场需求脱节

随着全球经济一体化的发展逐渐形成了一种全球化、商务化大格局的经济模式。外企的增多及和国外的合作越来越多，社会上对英语的高端人才需求也越来越多。在这种人才紧缺的情况下，很多企业都表示希望各院校能够培养出一些具有英语能力和商务英语能力的复合型人才。但在大多数院校的商务英语课程中，他们设置的课程主要注重学生的英语学习，而忽略了商务英语职业性的本质，使得这种高端人才短缺，导致社会人才需求供不应求。

（二）商务英语课程设置不合理，课程体系构建不合理

很多人认为，商务英语课程体系的构建应该强调语言，在这种理念的驱使下，商务英语课程的设置比较缺乏专业性，与商务专业有关的课程开设得很少，不能从多方面来提高学生的综合素质，也不能进行多方面的体系评价。设置的课程也是简单地把语言和商务有机地结合起来，整体来说，理论性的课程和实践性的课程，还有商务课程及语言课程之间的结合度不够高，无法培养学生的语言应用能力和商务技能。

（三）教学资源分配不合理

在很多院校中对商务教学资源分配不够合理，专业必修课和专业选修课在学时分配上不够合理，专业必修课和选修课的很多内容都是重复的，这样不仅没有达到必修课的教学效果，而且选修课的教学质量也没有得到保证。很多院校没有对各学科的内容及时进行更新，教学内容的目标，不是以提高商务英语综合素质和能力出发。很多院校也没去引进一些新知识、新理论的商务英语，最终导致学

生的认知和学习能力都与新时代脱节。因此，学生毕业之后就不能更好地为社会服务。

（四）现行商务英语课程设置常见的几种模式及存在的问题

商务英语课程有很多模式。高职的商务英语教学课程，它的主要模式有以下几种："英语 + 商务知识"模式；"商务英语"模式；"英语 + 汉语商科课程"模式；"英语 + 商科专业方向（英语）"模式。

高职商务英语课程设置中的第一种模式是"英语 + 商务知识"，将英语课程和商务英语相结合，但学生的商科专业知识缺乏系统的体系，从事商务工作的能力不足。

高职商务英语课程设置中的第二种模式是"商务英语"，即单独设置了一种商务英语的课程，这种课程的中心思想是英语。教这门课的老师多数是英语老师，他们能够讲解英语，但是他们对商务知识了解不多，结果造成了同学们对商务英语学习的效果不是很好。

高职商务英语课程设置中的第三种模式是"英语 + 汉语商科课程"，就是在英语课程以外，还设置了一门课程叫汉语商科课程。缺点是没有把英语和商务知识进行有机的结合和合理的融洽。

还有一门高职商务英语课程是"英语 + 商科专业方向（英语）"。这种课程要求的英语专业水平和商务知识都是很高的，它不但要求具有良好的英语基础知识，而且还要具有良好的商务专业知识。这种课程不再是简单的学习商务英语，它学习的东西更多，而且对师资力量的要求也更加严格。这门课程的学习难度比较大，老师的备课力量难度也比较大，对学生和老师来说压力都很大。

（五）现行商务英语课程设置的四个缺陷

1. 课程的局限性和不系统性

课程设置者认为商务英语课程设置不合理并且认为商务英语最主要的就是把大学英语基础知识打好。目前，对学生的英语基础知识课程布置得比较多，而对商务专业知识课程的设计比较少，这样毕业后的学生在商务英语专业知识上的竞争力就比较薄弱。

2. 课程的残缺性和重复性

商务英语课程的设计内容在很多课程里面都有重复体现，因此课程设置者没有提前做好这些知识的储备。因此，我们在设置商务课程时就会缺乏教材资源，因此，根本达不到商务课的教学目的。加之教学资源储备力量不足，最终导致很多内容在不同的课程中重复出现，比如信用证、外贸函电、国际实务等，学生根本没有办法学到更多知识。

3. 课程设置与社会需求结合度不高

很多商务课程设置是根据他们学校的历史资源或者是学校的教学资源所设置的，它们与社会的需求度结合非常低。有的学校侧重国际经济法，还有的学校侧重金融等，但这都无法满足社会需求。这些现象都背离了商务英语学科的实质要求。

4. 专业实训在摸索中无所适从

在很多学校、很多专业都有这个环节。实训是为了学生在短时间内将所学的知识进行应用，然后提高他们的专业技术能力。但是很多院校的教学内容都没有办法达到实训的目的，还存在很多问题。总而言之，无论是本科院校还是高职院校，它们的课程设置、教材及教学方法都存在一定的缺陷，未形成良好的课程体系，其设置的课程与社会的需求结合度不够高，职业性观念不够强。这样培养出来的学生，他们的文化素质比较低，无法适应现在的社会，而且发展能力比较弱，人际交往能力比较差。

二、商务英语课程设置中存在问题的改进对策

（一）构建合理的商务英语课程体系

根据市场企业需要的商务英语人才可知，现在社会不仅需要专业的英语人才而且更多的是对专业技能人才的需求。商务英语是“英语语言 + 专业知识 + 人文素质”的一门综合学科，我们应该重视的基础就是口语，所以要加强实训不断地去提高自身的素质，慢慢让自己口语流利起来，改掉原来的“老三段”课程。商务英语课程体系不仅仅要体现工作的方向，还要涉及相关岗位职业分析及当前的就业行情，让学生拥有当前所需求的关键技术技能职业素质，并根据当前的就业行情设置现阶段主要培训的教学内容，做到按职业岗位的知识能力需求来培训他们，让他们能够胜任工作，提高他们的商务知识和口语水平，并重点培养创新能力和就业竞争能力，拥有自己独立完成工作的能力和解决问题、分析问题的能力，把学生培育成复合型专业商务英语人才，这种商务英语人才才能受到人们的欢迎。

（二）提高商务英语课程设置综合化、整合化程度

商务英语专业的课程设置应该从培养学生的职业迁移能力出发，无论是本科院校还是高职院校，都应该以培养 21 世纪国际通用型商务英语人才为目的。商务英语课程设置是一项复杂的工程，如果要想完成一门商务英语课程设置并且把它完成好，先要考虑社会的需求，然后认真分析现在市场需求，运用科学的设计思想来设置课程，解决实际中的商务问题，使高校课程综合化和整合化。

一是在学习商务专业知识的时候，我们要杜绝像学习传统知识那样以“授”为主，要培养学生积极主动的学习态度，将学到的知识运用到实践工作中，使基

础知识和他们掌握的技能相结合，提高学生的应用能力，培养他们正确的价值观。

二是改变商务英语课程开发的理论“一张皮”、实践“一张皮”的现象。我们要改变学生学习的方法，使他们提高自己的学习兴趣，不能再像以前那样急切地要求学生进行学习。我们要通过在课堂上提问、讨论等多种方式来使学生参与其中，让他们动手、探索、主动去收集和处理一些问题。这样能够提高他们的一些动手能力和思考能力及商务专业知识技能。

三是设置商务专业知识的课程教材，改变教材陈旧、重复、偏离、难度大的问题，所以我们设计的商务专业课程内容要与现在的市场发展相结合，与社会需求的人才相结合，我们要提高学生的学习兴趣和动手能力，提高他们的专业知识技能，激发他们的学习兴趣。

四是要改变课本，即改变以往的只是简单地把商务专业知识和英语相结合的特点，改变以往只是注重学问，缺乏综合的培训。我们要根据不同地域、不同学生进行课程设置，体现均衡性和差异性。

五是要加强语言课程和实际商务英语知识相结合的强度，提高学生的职业技能，培养他们的职业态度，使他们得到综合发展。

六是要制定合理的评价，通过合理的评价方法来提高学生的学习动力，促进教学事业的发展。我们要努力去改变语言与职业技能培养结合程度不够的现象。在学习商务英语专业之后，不但要让学生学好基本的英语基础知识，也要让他们掌握足够的商务专业知识，提高他们的商务专业技能。

（三）创新教学模式

传统的教学课程只是注重老师讲课和学生们学习知识，不注重学生的自我能力培养和操作技能的提升，因此学生的实践操作和创新能力比较弱。在这样的教育模式下，学生基本上都成为书呆子，他们的思想比较呆板，其原本的学习兴趣逐渐被磨灭。我们要想商务英语教学达到教学目的，先要改变一下传统的教育方法。我们要注重学生们的实际能力与所学英语知识的结合，同时要注重学生创新能力的培养。我们要改变教学方式，可以采取课堂问答法、小组讨论法、辩论法等多种方法活跃学生的思想，还可以通过很多实际案例、公司模拟、焦点活动等让学生参与其中，活跃他们的思想，激发他们的兴趣，培养他们的创造能力，让他们养成能够独立发现问题、解决问题的能力。我们还可以利用网络知识，利用国内外新的商务资料，还可以制作很多的 PPT 编写一些习题，建立商务学习的习题平台，让学生在这样丰富的网络资源下学习更多的知识，提高他们的学习兴趣从而达到学习目的。

（四）合理分配教学资源

我们要将现在的商务英语专业课资源利用起来，合理分配专业必修课和选修课的时间，既能保证必修课的学习内容，又能保证选修课的教学质量。我们还要对学科的内容不断进行更新和完善。我们要吸收商务专业方面的知识理论，以及它们的变化来充实教学课本，这样能使学生学习更多的内容，使学生的自身能力与社会需求相结合。

（五）解决现行商务英语课程设置存在的问题需要处理好的几种关系

我们在进行商务英语课程教学过程中，要考虑到自身力量和课程内容的选材。我们要进行市场调研使得课程内容与市场需求相结合。所以，要设置一门合理的商务英语课程，需要做很多工作，具体如下。

1. 要有一个好的编写商务课程的团队，他们需要做到分工明确，并且要进行相互合作

这个商务编写团队的工作内容有：要对近几年毕业院校的毕业生就业方向进行调研。要通过对网络和社会企业走访来收集单位对商务人才的需求。要收集大量的数据来进行整理分析社会需求情况。还要站在目前现有的英语商务课程内容上结合调研情况进行重新编制。

2. 处理好社会需求和课程体系完整性之间的关系

商务英语课程的内容要与社会人才需求相结合，它的目标要以就业为目的，以这样的目标来培育更好的人才。目前，很多商务英语内容过多地强调英语基础知识，而忽略了对学生商务专业知识技能的培训，最后创建的商务英语课程内容不够完整。这样培育出来的学生，他们对商务知识了解得不够全面，导致学生没法学到真正的商务知识技能。因此，在编写商务英语教材课程中要求我们对这些商务知识技能要全面了解，再结合目前的市场需求编制一套完整的商务英语知识课本，同时对学生进行系统的培训和学习。我们要培养学生的基础知识，要加强他们对商务专业知识的学习，要提高他们的心理素质，培养他们一个好的品德情操，要提高他们的专业技术能力，要增强他们的语言交流能力，使他们的各项能力都能达到良好的全面发展。我们要加强实训内容来提高他们的专业技术。现在我们要增加专业选修课来拓展他们的专业知识，使他们德智体美劳全面发展。我们要加强学生的实习培训，提高他们的技能，使他们的基础英语商务技能及他们的动手能力与以后的就业实现良好的对接。这样加强学生的基础知识，提高了他们的动手能力，对他们的思想品德和商务语言交流技能都进行了巩固和提高，是一个比较合格的商务英语课程。

3. 处理好英语基本技能与商务理论知识、实践技能之间的关系

我们在进行商务英语教学的同时，要培养好学生的阅读、写作、翻译等基本功。还要让他们学习一些关于贸易、管理、金融等方面的商务知识技能。

长期以来，我们对商务英语课程进行编辑的时候，只重视对英语基础知识的

培养而对商务知识的技能培训却忽略了。很多人都认为要学好商务英语知识，必须有一个良好的英语基础，因此，他们认为商务英语课程就是英语加商务简单的结合。这样编写的课程就是主要偏重英语基础知识的培养，而商务专业知识的培养就不够充分。还有一些设置课程的人认为商务英语课程应该采取多种多样的教学方式，如课堂提问、小组活动、市场调研等，通过学生对市场模拟进行调研和交流，编写市场报告等操作活动来提高他们的技术水平。目前，我国高等院校和一些本科院校设置的商务课程中英语基础知识占的比重比较大，还有一些少量的文学知识，商务专业知识少之又少，这样培育出来的学生很难与社会接轨。因此，我们建议商务专业英语知识应该偏重于商务专业知识的学习。我们应该将商务专业知识和基础的英语知识相结合，使学生在学习商务英语知识的同时，能够接触更多的商务专业知识，而且要增加实训来提高学生的商务英语应用能力。

4. 处理好课程体系需要与现有师资力量之间的关系

商务英语是英语基本知识和技能业务的结合，其目的是培养学生的职业素养、英语交际能力及商务操作能力。我们要对课程的设计编排进行改革，建立专业基础课、公共课、技能培训课、选修课等课程体系。设置这么多课程体系，最终是为了使语言和专业知识相结合，达到预定的教育目标。我们将教学目标设定以后，再来进行师资力量的选拔。我们要根据老师所学的不同专业及他们的兴趣来进行合理的选用。对于一些多余的师资力量，我们要根据市场人才需求对他们进行转型培养。对一些高等院校我们可以引进一些国外比较强的专业教师资源。我们不能根据老师的力量情况来进行课程编排，因此，组建一个专业性比较强的师资队伍对教学是至关重要的，要将师资力量与市场人才需求相结合。

5. 处理好课程体系与商务英语专业跨文化交际能力培养的关系

除了以上应该处理好的四种关系以外，还要处理好课程和商务英语的冲突。要想学好商务专业知识，学生不但要对本国的文化进行了解，还要对外国的文化有所了解。因此，目前的跨国文化教育是必需的，学生应该掌握这些国与国之间的文化差异，来防止信息交流不当。下面我们可以从 3 个方面来简单介绍跨国文化的差异。

（1）课程体系需要注意世界观、价值观方面的差异

一个国家的文化，决定了其世界观。国家文化对这个国家的社会、经济、政治、文化都起到了很大的作用，对人们的生活有着很大的影响。我们要了解一个国家的文化，就要了解它产生的思维方式。西方的文化与中国文化不同，它的思维方式主要倾向于客观事实，重事实、重数据；而中国人的思想文化主要讲究的是天人合一，主要是儒家思想，强调整体性。

价值观是作出判断选择及解决矛盾冲突的依据，是人们后天习得的一整套规

则体系，东方和西方的文化差异是非常大的。总体而言，西方的人们比较崇尚自由和和平，中国主要是侧重集体主义。因为西方是“个人主义”社会，而中国则重视“集体主义”。

（2）课程体系需要注意言语行为特性方面的差异

① 言语行为理论的概述

言语行为理论（Speech Act Theory）最早是由奥斯汀提出来的，是当前语言界中重要的理论之一。现在，好多科学家和语言学学家普遍认为是人们在进行语言交流的时候，自身表现出来的一种行为，如陈述、询问、命令、审判、感叹、震惊、祝贺等。

言语行为并不是单一的行为，而是由若干复杂的次言语行为组成的。根据交际过程的不同阶段，可以把言语行为分为 3 种：“言之发”以言叙事的叙事行为；“示言外之力”以言行事的行为；“收言后之果”以言成事的成事行为。

② 言语行为理论的划分

根据交际意图实现方式的不同，可以把言语行为分为直接言语行为和间接言语行为。说话人采用某种表达方式来实现其自身预期所能实现的意图，这是直接言语行为；有时候人们出于某种考虑，采用某种表达方式来完成另一种言语行为，这是间接言语行为。

③ 言语行为理论的特征

言语行为具有鲜明的社会文化特征，作为语言学的一般现象，存在于所有的自然语言之中。言语行为受特定社会条件的制约，社会条件的不同会直接影响到言语行为的表现，使言语行为的表现多样化，并导致交际形式出现差异。在不同语境中使用言语行为，尤其是间接言语行为的使用，表现了语言和社会文化关系的协调过程。

商务英语就是为了实现跨文化交流，实现不同区域、不同国家之间的贸易进行的沟通。现在提高商务英语水平不仅仅是提高教学质量这么简单，需要一批商务英语人才。我国经济越来越全球化，这就表明经济的发展是非常快的，人才需求非常迫切，这就促进了我国的大学教育质量的提高，我们不仅仅需要英语口语好，对国外语言文化的了解和商务知识的了解也是非常重要的。

课程的根本目的是培养商务英语方面的人才。商务英语不只是英语的学习，它更是用英语进行商务活动交流的一种能力，所以它是与商务活动挂钩的，又与英语相结合的一门课程。商务英语的教学中不应该只是英语的学习，更要培养商务活动中的一些技巧，并能灵活地用商务英语解决商务问题。在商务英语的学习过程中，要学习商务的背景知识及商务背景中涉及的交流方式，还有一些商务交流的技巧。它们之间相辅相成，紧密相连，缺一不可。商务谈判、商务演讲等商务活动都会用到语言的技巧，所以交流受到语言技巧的影响，同时受到非语言技巧的影响。

商务英语是近些年才发展起来的一种教学专业，还很不成熟、不够完善。商务英语课程的制定是需要花费很长的精力跟时间的。通过对现有课程的研究来合理地设置商务课程，用合理的解决问题的方法来处理课程中的一些问题，要让这门课程有自己的特点，要与时俱进、与社会相结合，从而回报社会。

第二节 商务英语实践教学中的问题与对策

一、商务英语实践教学中存在的问题

相对于理论教学而言，实践教学是教育中培育时间比较少、教育力度不够的一个重要环节，我们必须重视起来，因为在职场中实践经验是非常重要的。

（一）缺乏对实践教学重要性的认识

许多教育不注重教学实践的意义，使得理论与实践脱节。因此，需要教师重视理论与实践来教学的有机结合。

（二）实践教学目标不明确，缺乏有针对性的行业

商务英语教学目的是不明确的。在大学阶段学习的知识和毕业后找到的工作是不对口的，这就导致了就业难的问题。

（三）学习内容分发实践，教学实践体系不健全

教师根据课程的理解自行设计实践教学环节，所以不利于对学生个人技能的培养。特别是缺乏连贯性和专业培训课程的完整性也很难让学生学习相关的业务流程。

（四）实践教学中的实训教材匮乏

实训教材包括实训教学大纲、实训指导书、实训教学文字教材、实训教学软件、实训教学音像教材和CAI课件等。但一直以来，多数教材重理论、轻实践，商务英语专业只有单一的专业理论教材，而没有与之相配套的专业实训教材，实训指导书过于简单或过于形式化，没有发挥指导的作用；实训教学软件少，目前只有一套TMT外贸教学系统，无法满足众多实训课程的需要；实训手册目前还是个空白等。配套实训教材的不足致使模拟实验难，社会调查杂，毕业实习乱。

（五）实践教学基地不足

实践教学基地建设存在着实践设备和场地不足的问题，如各个高校校内的实训室数量不够，经常发生几个班级同时实训的状况，而实训室的数量不能使得这

几个班级在同一个时间内进行实训，影响了教师和学生的积极性。同时，校外的实训基地数量存在严重不足等问题，学生和教师不能进行有实际意义的商务操作实践活动，影响了实践教学的进行和良好教学效果的取得。现阶段我国的教育程度还不能够很好地去解决这些问题。

（六）实践管理不合理

实践管理不够系统化，教学制度不够完善，没有统一地去评价和分析当前的问题，而且当前的教学质量也非常差，跟不上当今的社会需求，没有做到与时俱进。据不完全统计，相当数量的高校在实践教学的组织管理上存在着制度条理性不强，内容不健全，责任没有完全到位，没有制定出相应的阶段性的评价体系等问题。

（七）实践的考核不够统一和规范

实践考核没有建立统一的标准，也没有相应的考试制度，这就导致了当今不同阶段的教学要求不是很高，从而越来越多的人对实践教学不重视。这就需要我们能够很快去构建一套完整的体系框架，如对理论的教学要求赋予明确的考核方式，不断地进行整体的教学设计和单元教学的设计，并且让老师系统化地进行授课、教师之间对教学的互评等，而实践教学却只有部分要求，甚至有的学校没有任何要求。

（八）实践教学的时间安排不是很周密

实践教学在时间安排上不是很合理，一般学院都是拿出下午的一点儿时间进行随意安排，而且并没有给予充足的实践时间。在每个学期初，教研室在进行授课计划安排的过程中往往忽略了实训教学项目和内容的安排，在思想意识中没有把实践教学放在首位来考虑，总是先考虑理论教学，实践教学的地位没有得到应有的重视和提升，在进行完理论教学之后，只是根据剩余的时间进行实践教学。

特别是在实践中很难做到合理的安排，一般都是老师来给大家表演或者让班里比较优秀的同学给大家做做示范就过去了，这样没有起到学生动手操作的目的，导致学生觉得枯燥无聊，让学生对实践开始厌烦起来。

二、商务英语实践教学中存在问题的改进对策

（一）完善实践教学体系，实现商务英语实践教学过程的五个突破

由于缺乏对商务英语人才能力培养目标、核心技能要求的全面认识，目前的实践教学环节之间脱节，内容零散问题比较严重，因此，有必要将局部、零散的实践环节系统化、完整化、综合化。

我们所采取的实训课程，其主要目的是使学生学习的知识应用到实际工作中去。因此，我们要坚持学以致用，学习和工作相结合的原则。我们所制造的模拟环境必须做到这一原则，使学生的学习与岗位需求相结合，要坚持它的实用性和

系统性，使之与将来工作的要求紧密结合。在实践教学过程中要突破以下几点。

一是在教育理念上逐渐突破。教育应该以学生为根本，通过不断参加一些教育式方法和教学，让教师从管理层次变为辅助层次，不再是老师逼着学生去学习，应该让学生自主地去学习、去请教老师，全面参与到教育中，这样才能充分体现教书育人的理念。

二是要突破实践过程中的教学内容。在实践中，我们要在商务环境下完成工作任务，所策划的工作任务可以多样化，可以根据不同的职业安排不同的任务，每项任务都能提高学生的能力，我们要将老师的教和学生的学相结合，并让学生主动去做。

三是突破我们的实践教学方式。例如，让学生自己组建团队主动去学习。同学们组成一个团体，他们之间可以相互学习，通过互动的方式实现教学内容。通过室外扩大教学范围，让学生全方位参与进来，实现教学方式和教学空间上的多元转化。

四是实践教学目标上的突破。我们要将同学们所学的知识与他们的智力开发相结合，注重学生学习的方法和过程，还要将学生们的情感态度和价值观考虑进来，采用显性教学和隐性教学相结合的方法。注重三维目标的实现，即知识与技能、过程与方法、情感态度与价值观，体现显性教学和隐性教学相结合的原则。

五是实践教学链条上的突破。让学生全面参与到教学中，从而改变教学理念，采用多媒体等多种形式实现教学考核。

（二）全面实施实践教学体系

1. 实践教学与情境设置相结合

我们要坚持学习知识与工作相结合的原则，去创造这样一个仿真的模拟环境，如利用网络知识平台创造这种环境，让学生在这样一个仿真的商务活动空间中进行训练。商务专业知识具有商务文科类的特征，我们要以实践为中心，去培养学生知识学习技能，从而提高学生的实践能力。

2. 实践教学与竞赛活动相结合

在商务英语教学中，最主要的目标是让学生学会自主学习，提高他们的主动性和学习的兴趣，使他们找到学习的方法。我们可以组织一些专业性的知识竞赛，通过这样的竞赛，提高学生的自主学习能力，给他们足够的学习空间，调动他们的学习能动性，提高他们的兴趣，增强他们的创造性思维。我们也可以成立一些开放式的实验室，让学生在这里能够掌握实训技能。这样的开放式实验室给学生提供了一个良好的学习环境，有很多学生可以在这样的环境里进行实验操作，从而提高他们的技能。

3. 实践教学与岗位技能培训相结合

我们要了解一些成功的培训机构，学习他们的成功经验，在此将成功经验进行总结：他们主要是老师授课的课堂和实验与将来工作的企业相结合。简单地说，就是将学生、老师和工程技术人员有机的结合，将教学方法、科研成果和项目实施进行结合。

4. 实践教学理论教师队伍与实践教师队伍相结合

（1）实践是教师授课中重要的一部分，其不仅仅是为了同学的表达能力，也是对老师能力的一种提升，因为在实践中，老师真正充当了一名管理者和实践的策划分析者。理论教师与实践教师相结合，理论教师能进实训室指导学生实践，实践教师也能进入课堂讲授理论知识，进行理论教学。同时，不仅仅应该培育学生的能力还应该加强老师的能力，只有让老师的实践能力提升了，才能够更好地去引导学生、去提升自己的实践能力，让老师成为教师和实践的双面人才。这样的老师才是当今社会缺少的人才。

（2）在实践教学中，我们应该有明确的分工和相应的工作职责，参与的一些人员都应该按照这样的分工和职责进行相应的活动，努力去完成各种工作内容。

（三）商务英语实践教学应遵循的原则

1. 具有专业特色性原则

特色是每一个人生存和发展的根本。社会在不断地更新，我们必须跟上社会前进的步伐。教育也应该如此，我们要不断地革新教育的方法和内容，结合当前的社会背景进行有效的培育。

2. 将工作和学习结合原则

目前，工学结合的形式越来越流行，它主要是将工作需求与学习结合起来。国家的教育也越来越重视这一培养模式。将工学结合的思想与社会需求相结合。现在有很多高校，他们聘请一些比较有资历的外籍专家参与商务英语课程的编写和改进工作，使学生更能获得前沿的商务人才需求信息，从而得到全面的发展和培养。

3. 实用型原则

我们现在主张实践教学，那么，它的中心思想主要是使我们所学的语言与今后的专业岗位需求相结合。这样的一个教学体系，它的分工是明确的，它的层次是分明的。比如，我们的实验实训平台就有很多分工，它有一些技能训练平台，还有一些专业岗位技能训练和专业岗位实践等。

4. 工作过程导向原则

工作过程导向这种模式是现阶段高职学校的必然选择。根据当前的实践教学状况，可以把英语课堂改革分为 5 个方面：语言综合技能模块、商务技能模块、综合素质模块、实践技能模块、素质拓展模块。综合技能模块是基础，以“听说”技能练习为核心，其他课程如综合英语、翻译写作、听说等作为辅助课程。商务技能模块是他们融入信息社会的日常生活、学习、工作的切入点。构建一个合理、规范、标准的信息化环境，是实现教学治理信息化的前提条件，是培养和提高教学治理者信息素养的物质基础。

5. 混合型原则

混合型原则就是把原来的教育体制和当前的教育体制相互结合提取其中重要的，把一些没用的或者说是不重要的筛选掉。简单举例，就是淡化理论教学，把实践教学作为重点，让教育走出教室，让学生在实践中结合自己的实际情况找到理论中的真正含义，从而形成一体化教学。

6. 建立科学合理的培训机制原则

高校也可以根据自己的实际情况和教学管理人员各自的需求，充分利用学校的教师、设备等资源，一步步计划，从而对教学管理人员进行良好的培训。培训方式可以多样化，如各种课程专题培训、讲座、经验、活动交流、信息技术应用评估，甚至可以利用学校的网络资源为教学管理者提供各种形式的文化信息。

（四）商务英语实践教学规范化体系的建设

1. 加强各方面的教学实践

一般来说，我们要先加强对工作各方面的教学实践。我们要广泛地吸收先进管理经验进而完善各项管理制度，如飞行员培训课程的评估、实验室设备管理的评价、实验实训管理的评价、实验室工作环保卫生、评估信息和文件管理等各个方面。然后部门要建立规章制度，以确定实验的管理制度和管理的职责的评价。

2. 制定法规设施管理“条例”

一般来说，我们应该先制定相应的管理条例，然后针对不同类型的实验实训室，建立并实施对应的实验设备管理条例。

3. 先进的管理手段的实施

首先，使用计算机等现代化管理手段，建立一个数据收集系统，在合适的时间对实验信息进行记录。其次，做好统计、分析和归档工作，及时向上级有关部门提供实验实训室的准确数据。

（五）商务英语实践教学体系的监控措施

第一，检查实验内容和实训计划是否符合专业特色；

第二，检查实训课题能否提高学生的动手能力；

第三，检查老师做的课程是否目的明确；

第四，检查学生通过实验、实训教学是否达到要求，是否掌握了这种操作技能；

第五，通过检查实训计划内容，对科研成果和教学的过程进行检查，并作出有效评价；

第六，组织人员收集学生的反馈意见，发现问题及时调整并解决。

在我国，根据不同院校的实际情况，只有部分高职院校建立了一整套的商务流程的实践、实训体系，在日常教学过程中还没有真正把实践和实训教学放在首位，还在按照传统的教学方法只注重课堂理论知识的传授，没有把学生带出教室到企业去参与真正的商务实践活动，更没有建立一整套高职商务英语实践和实训的体系。主要还是运用语言学的理论和方法对商务英语语言现象进行分析和研究，探索语言特点和总结语言规律；以教学理论为基础，探索商务英语教学的新思路和新方法；同时研究国内外商务英语的变迁和发展现状、趋势，以及跨文化商务交际，以跨文化交际理论为基础，研究国际商务中的文化现象及导致国际商务各个领域中产生差异的文化因素等，这些并不完全符合高校商务英语的办学理念，必须改变商务英语教学以理论为主的思想，把实践和实训教学放在首位。

第三节　商务英语教学方法中的问题与对策

一、商务英语教学方法中存在的问题

（一）现行商务英语教学中教学方法滞后

我们所说的教学就是老师将知识传授给学生的过程。教学的好坏直接影响到学生对学习知识的接受程度。在现在很多商务英语教学模式中还是在沿用这种传统模式，还是以老师讲课为中心，即老师单向地向学生传授，这种方式对学生们的积极性调动比较差。这样的上课模式是死气沉沉的，学生没有太多的兴趣去学习，只是被动地去接受教师传授的信息。这种模式下教出来的学生，他们主动处理问题的能力和交流能力都很差，其很难适用于现代商务工作的人才需求，也很难适应社会需求。学生学习的主要是一些英语基础知识，缺乏对英语商务专业知识的了解。通常都是拿考取的证书和痛苦的考试月来衡量教育的效果。这样的教学方式只是将英语基础知识与商务简单结合起来，它不能使学生合理地利用一些自己所学的专业知识去处理问题。这种传统模式的教育，缺少对学生的创造力和自主解决问题能力的培养，对学生的实践动手能力培养度不够高，不能适应现代社会需求。

（二）教学方法类似普通大学英语，考核手段单一

教学方法对学生的学习效果是很重要的。洛克（John Locke）早就说过：“任

何东西都不能像良好的方法那样，给学生指明道路，帮助他前进。”我国现有的商务专业课程，其教学方法和教学内容同本科英语的语言专业知识和教学基本相同。商务英语学习的主要目的是让学生的语言实际应用能力和他们掌握的专业知识技能能够适应社会需求，所以学校应该以社会经济发展的需要去培养学生的专业知识技能，提高他们的交流能力和团队协作能力。正因为这种特殊要求，商务专业知识教学一定要有自己特殊的教学方法，要积极培养学生的实训能力，使学生既懂得商务专业知识，也能学习外语知识，成为多面发展的复合人才。

二、商务英语教学方法中存在问题的改进对策

（一）教学方法理念上的转变

商务英语教师要在理念上转变教学方法，利用现代化的科技和教学方法进行商务教育。比如，案例教学法、小组讨论法、辩论法等一些启发式的学习方式。主要目的是让学生作为主体自主地发现问题、解决问题，老师在其中主要起引导作用。老师的目的是引导学生来提高他们学习的兴趣和主动性。无论采取何种学习方法，都是为了培养学生的自主创新能力，提高他们的语言交流能力和团队协作能力，营造一种积极向上的学习环境，提高他们的专业知识技能。所以，学校要确保开展校内形式多样的技能竞赛、英语角的开设及英语晚会的定期举行，充分调动学生的学习积极性。

（二）教学方法的改进与提升

什么是教学方法？教学方法就是老师通过采取一些手段，将知识传递给学生的过程，采取的这些手段就是教学方法。洛克早就说过：“任何东西都不能像良好的方法那样，给学生指明道路，帮助他前进。”商务英语教学中，由于每个任务项目内容的不同，教学方法也会随之改变，在不同项目中可以结合使用以下几种方法。

1. 情景模拟教学法

可以设置具体的工作场景，学生进行角色表演，教师做指导，完成特定教学中的工作任务。商务英语课内实践的情境教学是我们的必然选择，同时情境教学这个教学方法是时代发展的必然结果，也是现代社会的特征。这足以证明我国新时代教育方法的变更，证明了我国教育方法的不断进步和创新。情景教学的最大贡献就是突破死板的教学模式、考虑学生的情绪、提高学生的逻辑思维与创新能力，解决了长期以来学生的动手能力不佳、创新能力不强、实际操作技能落后的现象。

（1）创设情境的意义

我们在教学过程中采用的模拟情景，其实就是在为教学设置了这样的一个场

景，让学生置身其中。这样的教学方式不是为了设置这样一个情景，而是将学生的活动和情景有机地结合在一起，通过学生的切身感受、实际动手操作和亲身体验去探究和发现一些问题，并主动解决这些问题，以提高学生的专业知识技能。

（2）根据情境进行角色表演的实证

对一个情境进行优化和变更，这样更能使学生在其中获得切身体会，因此，它具有极强的实践针对性和现实指导意义。据此，在商务英语的课堂实践教学中，我们采取了创设情境角色进行表演的模式。例如，在学习有关人力资源方面的部分内容——招聘与面试时，我们创设了情境。先改变了教室的常规布置，把课桌椅重新摆成圆桌式，按照董事会的会议模式进行布置，一部分同学充当董事——考官，另一部分同学充当被面试者——候选人。根据招聘的类型进行表演，然后进行角色互换，教师在一边做指导者。有了这样的情境，学生就仿佛真正在毕业招聘会上进行招聘一样，身临其境。在这样真实而又愉快的情境中，学生就体验了招聘这个商务流程。

（3）角色表演的注意事项

在角色扮演的意义上，我们将学生作为主体，让学生参与其中，靠自身去解决问题。在此过程中，学生可以注意到他们运用语言的能力，还会注意到情景和环境之间的交互方面。

英语角色扮演教学十分有利于培养学生运用英语的能力。实施英语角色扮演教学要在选材恰当的基础上做好精心设计和准备，要按一定步骤组织实施，真正达到预期的教学效果。在表演时，师生都要认真细致地观察和思考；表演结束后，师生共同讨论，对角色扮演过程进行总结和评价，这对提高角色扮演水平和教学效果十分重要。

2. 案例分析教学法

案例教学，起源于哈佛商学院。最开始是在 1908 年哈佛大学商学院开始使用的，后来案例教学的方法得到了普遍的沿用和扩张。目前，在很多教学方法中都使用了案例教学，其教学效果是非常可观的，已经达到了不可替代的地步。我国是在 20 世纪 80 年代逐渐使用案例教学法的，其主要是应用到一些应用性比较强的管理类、法学类、医学类等领域。然而，在教育领域中，这种方法还在逐步探讨中。

商务英语也有很多分支，它包括一些外贸英语、金融英语、国际商务英语等很多课程。然而，商务英语的最大特点就是英语基础知识、商务专业知识进行结合。这点对老师的要求比较高，老师既要英语基础知识比较强，还要对商务专业知识了解得比较透彻，这样才能更好地培育学生的语言能力和商务专业知识技能。案例法在商务英语教学中具有不可替代的作用，采用案例法可以使学生们在模拟场景中切身体会到真实的情景，使他们成为一个决策者，从而提高学生的知识技能。

（1）案例分析的来源及其意义

很多课程中都会用到案例分析，这样的教学方法在古希腊时就有应用，如有人就经常利用讲故事或者举例子方法来进行教学。案例分析，主要是针对课文上那些理论性比较强、比较难理解、比较抽象的东西来进行举例说明。我们一般采用的案例分析都是源于事实和最新的资料，并具有一些代表性的事件来作为案例。在商学院中，案例分析法的教学内容与实际关联性比较强，所以教学多数采用此种方法。采用案例分析法最直接有效的教学方式就是把学生作为一个主体，让他们自己做一个决策者来分析这个案例。这就相当于让学生进行模拟练习，有利于提高他们的实际应对能力。在案例分析时，一般会有比较多的讨论，这在课堂教学中占很大比例。

（2）案例分析的要求

现在案例分析法越来越普遍，在我国教学上的使用也越来越流行。如果我们将一个案例拿到手中，只是简单地将它们进行整理编排，而不对他们进行深层次的研究，这样的案例起不到真正的作用。只有通过案例进行分析，然后正确探讨并作出有效结论，才能从中得到一些真正的启发，才能学到知识，提升我们自身的能力。任何一件案例都可以挖掘到有效信息，只要用心，就一定能够找到真正的问题所在，从而正确处理问题。一个好的案例，包括的因素有很多，如它的真实性、它的代表性及它的有效性，我们所选择的每一个案例都应该有它的代表性。我们必须将这些案例进行分类，做到简明和科学。这些案例虽然有它们的独特性，但也有一定的共性，我们在进行整理的时候一定要正确对待。一个案例的涉及面是比较广泛的，我们在整理案例的过程中其实就是对自己的商务的知识总结和回顾的过程。

针对任何一个案例，我们不要把它当成一个事件或一个故事来看。我们要站在前人的肩膀上去走更成功、更远的道路，虽然成功是不容易取得的，但我们一定要在前人总结的经验中去继续挖掘深造。只有这样，我们的道路才能走得更稳、更长远。

（3）案例教学法与传统教学法的区别

第一，他们使用的教材是不相同的。与传统教学方法相比，案例教学是使用案例进行分享，而不是使用传统的教科书。案例分析不是进行理论描述，而且对一个真实场景进行描述。对于这个案例，学生要对场景进行分析和探讨并进行消化。案例的选择也很重要，它必须与教学的目的相结合。

第二，教学方法不同。案例教学的过程和传统教学不一样，不再是以老师的讲授为主，而是以学生为中心，分组进行讨论，并编写案例分析报告。

第三，它们教学的目的不同。传统教学的方法主要是以老师讲为主，使学生达到学习知识的目的，而案例分析法的教学目的是提高学生的思考探索及分辨能力，提高学生的沟通协作能力。案例分析是将学生放到一个现实情景中，让学生切身体会，这样有助于学生积累经验。哈佛教学更注重学生的能力，其认为学生学到的一些知识会随着时间而变化，然而他们得到的学习能力则会使他们受益终生。

（4）案例教学的基本环节

案例教学的模式是多种多样的，但它们都有几个共同环节。所有的案例分析都是按照这些环节进行的，分别包括：案例准备、案例分析与辩论、案例总结和撰写案例报告。

① 案例准备

案例的准备阶段。首先，老师要通过收集信息编写或者设计课程的内容，这些案例是与教学内容相关的。老师必须寻找真实的课题，不能随便编写。目前，我国的案例编写已经被教学内容和教学案例进行收编。老师在寻找这些案例的时候可以从网上下载或者可以从其他的国际贸易、国际金融的教材中进行选择。在进行案例分析之前，老师要把案例分发给同学，并要求同学阅读相关的国际公约和国际观念，让学生根据这些案例进行分析。

② 案例分析与辩论

案例分析过程要分以下几步：第一，老师将全班同学进行分组并组织讨论，在此过程中，老师应该让每个同学都进行参与和发言，并用英语表达他们自己的想法和见解。在此过程中，学生可以发表自己的看法，然后听取别人的见解，吸取别人的观点。每个小组进行讨论结束以后要拿出本组的意见，并派代表进行发言。在这个时候，老师充当的角色就是主持人，他主要的任务就是组织学生积极发言。老师一定要保障学生讨论的课题内容不能偏离正题。在此过程中，老师还必须学会调解讨论的气氛，使学生成为活动的主角。如果学生的观点不一样，他们可以继续展开讨论。如果学生的结论和观点是错误的，老师可以通过巧妙的方式引导他们，也可使用间接提问的方法，让学生意识到自己的问题出现在哪里，并进行修正。在整个讨论过程中都要用英语发言，并且在讨论过程中老师应该积极鼓励学生们发言，训练他们的口语表达能力和知识的应用能力。

③ 案例总结

案例总结多数是以小组讨论的结果为准，没有统一的答案。案例总结主要梳理这次小组讨论的思路、遇见的问题、解决的问题和运用到的知识等。老师还得对每个小组讨论的表现进行打分，记录到学生的成绩中，以此种方法来激励学生更好地进行下次讨论。

④ 撰写案例报告

小组讨论结束以后，要求学生对讨论结果进行总结报告，并且以书面英语的形式写出来。这样的一个案例报告就像一篇小论文。让同学们编写案例报告，不仅可以提高学生们的语言表达能力，也为今后的毕业论文奠定了基础。编写案例报告也需要有格式、书面内容、字体等要求，老师会对其进行打分。

简而言之，案例教学对商务教学是非常实用的。案例教学，也是与商务教学的内容和目标相符合的。因此，案例教学对商务教学来说具有一定的可行性和有效性。但是，案例教学法还需要不断实践、总结和完善。

3. 讨论、辩论法

在学生学习过程中或者是社会实践过程中，我们都需要用到一些讨论和辩论法。在这些讨论和辩论法中，我们可以利用自己所学的知识表达自己所要表达的内容，在这个过程中可以相互进行交流，然后自主地去解决问题，这同样可以提高我们自身的能力。

（1）讨论活动的目的和意义

讨论活动的目的和意义是：参与社会实践，融入社会生活，锻炼实践能力，丰富社会活动内容。在很多教学中都会采取课堂讨论的方法，这是一种有效的教学方法。课堂讨论，其实就是读者信息的交流，这种交流模式与老师授课的单向交流或者人与人之间的谈话交流是不相同的，它是多个讨论者在一起进行讨论和信息交流。一个好的讨论课堂，学生可以从不同的角度和思路进行讨论、交流。在交流过程中，同学们可以各抒己见，发表自己的看法，他们相互之间可以扬长避短、相互启发，从而加深所学知识印象。通过课堂交流可以锻炼他们的交流能力，提高他们的语言表达和解决问题的能力。课堂讨论是学生们锻炼语言组织能力、积极参与讨论的好方法。现在的教学越来越注重实践性，这就要求老师创造一个真实的场景，让学生置身其中，进行语言交流探讨，根据自己所学的知识来解决问题。

（2）讨论的功能

① 巩固和加深语言知识记忆的功能

讨论的学习方法主要就是把所学的知识和讨论结合起来，把学习与思考结合起来，从而对我们所学的知识起到巩固和加深的作用。我们如果想把自己所学的知识吸收成为自己的东西，必须先要理解它，然后讨论它，这是有助于我们消化的一个很好的手段。

② 培养能力功能

课堂讨论这种方式不仅能够加深学生对所学内容的印象，而且还能够培养学生的思维和语言表达能力。学生通过课堂讨论，可以充分表达自己的思想，然后接受别人的想法，彼此互助，有助于学生能力的提高。

③ 教学相长功能

在参加课堂讨论过程中能够进行自我表达，因此，这种参与讨论和解决问题的过程是学生学习知识的一个成长过程。对于一个教师来说，要能够掌控讨论的局面，能够对讨论中出现的问题进行解决，能够引领学生们进行讨论，这就要求教师们在进行策划讨论的时候做好充分的准备，要对学生讨论过程中出现的问题进行估计，面对这些问题前做好准备，这对老师来说也是一个成长的过程。因此，课堂讨论能够促进老师和学生的共同成长，是老师们发挥主导作用和学生得到学习的一个有效途径。

（3）讨论的类型

① 小组讨论

小组讨论的方式适合那种问题比较困难、比较小的而且中心思想比较多的问题，我们可以根据情况分成多人一组或者是两个人一组的小组进行讨论，这种方式可以使学生对以后面试的情况有初步了解，为面试打下良好的基础。

② 课堂讨论

课堂讨论就是在课堂上对老师授课过程中遇到的一些难题进行讨论。这种讨论方式是无形的，是大家集体发表意见的一种方式。课堂讨论这种方式在以后的工作和商务活动中会经常用到。课堂讨论方式远比老师独自授课的方式要好很多。大家可以通过这种方式来动脑思考，然后发表个人看法去积极主动地学习，这样能提高同学们的逻辑和语言表达能力。小组活动可以动员学生参与到课堂实践中。

③ 头脑风暴法

A. 头脑风暴法集体讨论的意义

我们会遇到许多问题，我们要想解决这些问题不是一个念头就能解决的，我们是需要经过不断摸索、不断思考，并且参与很多方案，最终找出最佳方案。在解决问题的过程中经常用到的一种方法，叫作头脑风暴法，这种方法就是把很多相关专业人士聚集在一起，大家以一个问题作为中心，各抒己见，发表自己的看法，然后每个人的看法都会被归纳下来，得出有效信息，最终获得最佳方案。

B. 头脑风暴法集体讨论的过程

☆组建一个小组，在这个小组中选择一个合适的人选作为主持人，再找一个记录人记录开会的所有信息，这个人也可以由主持人来担当。

☆在这个小组中，每个人都需要对这个问题进行了解，而且他们必须都发表自己的意见。

☆这个小组必须有活动的策划方案和他们活动的目标及组织原则。

☆确保在讨论结束以前不要评价或批评任何回答。

☆一旦集体讨论结束，马上检查记录结果并各抒己见，然后组长或主持人将他们的答案共享。记录员需要将所有的信息记录下来，组成会议记录发给大家，让每个人对会议内容都有所了解。

在课堂讨论的这种方法是学生运用自己所学的知识参与课堂活动，发表自己的意见，然后通过讨论使学生能够巩固自己所学到的知识并提高他们的技能的一种方法。

4. 模块整体法

主要包括理论教学方法的三个模块整体建构和实践教学方法的三个模块整体建构。

（1）理论教学方法的三个模块整体建构

首先，凸显“导”字。若把教师的角色定位于学生学习的指导者、导演者、导游者、导航者，那么，商务英语教学的目的就是让学生学习，在这个过程中是以学生为主导的。老师的主要目的是让学生明白他们需要学习什么，并且帮助学生安排他们的学习资料和学习环境。在老师的指导下，学生来学习并完成他们的学习任务和学习目标。教学活动中要把教师的有效指导和学生的自主学习结合起来。教师不再仅仅是知识的传授者，而是学习活动的设计者和管理者。

其次，强调“异”字。立足于个体差异的客观情况，我们就必须树立“尊重差异、追求个性、宽容另类”的现代教学理念，尊重学生个性，培养学生的创新精神。因此，商务英语教学强调学生学习的个性，有意识地为每个学生提供学习方法，使每个学生都能感受到探索的辛苦和胜利的喜悦。

最后，重点是“真实”。学生的学习不是以教材、课堂、班级为中心的，而是要在约定的时间，学习他们需要掌握的知识和技能。学生要在“准工作环境”中通过自己的实践，努力掌握各种技能。教师成为学生实践活动的鼓励者和合作者，学生问题的分析者和解答者，充分发挥其积极性和创造性，给学生创造大量实践机会，使学生在学习过程中感到自己的进步，在更多的实践活动中展示自己的能力，促进学生潜能的发挥，因此，在教学中应突出实践性。

（2）实践教学方法的三个模块整体建构

首先，凸显“指导”建构现场模块。语言是一切人类的表达形式，它无限多的用途可以缩成几种基本功能，即寒暄功能、指令功能、信息功能、疑问功能、表达功能、表情功能和言语行为功能，商务英语也不例外。商务英语专业的学生学习英语的主要目的是使用英语去从事各自的业务活动。在职场、社交、贸易、文化交流活动中，所涉及的涉外活动首先是口头活动，其次是业务中需要处理的商务文件，如商务广告、业务单据等。听、说、读、写、译等基本语言技能，能够使学生具备较强的语言交际能力。老师要以教学计划、教学大纲和教材为基本素材，对学生进行专业指导。指导方式采用以下 6 种。

① 面谈方式。教师扮演职业指导人员与学生进行谈话，从学生的基本情况、职业素质、心理状况和需求角度出发，教学形式要趋于生活化。

② 影视观摩法。通过电影、电视、录像等方式，介绍有关专题知识和案例。

③ 报告会法。即根据不同的咨询目标和课题举行专题报告会。报告会的内容包括就业形势与政策、创业、个性发展、择业方法、学习技巧等。

④ 集体座谈法。将学生分成组，就其共同关心的问题进行座谈，使大家相互启发和帮助，发现每个人基本语言技能的长处、短处，以便于教师进行具体指导。

⑤ 通讯联系法。通过电话或其他通信手段对学生进行咨询、帮助。

⑥ 跟踪服务法。对顶岗实习的学生定期回访，在试用期内及时协助调整。通过与用人单位经常保持联系，一方面可以促进被录用者的就业稳定，另一方面可以了解用人单位的新需求。

现场模块指导同时体现出涉外语言交际的典型性、实用性、思想性、时代感、可模拟性和可操作性。

其次，强调“不同”的建设工作环境模块。英语商务语言知识是非常丰富的，要求学生学习人文学、通俗经济学、管理学、金融和国际贸易的基本商务理论等方面的英语语言及文学、文化等方面的知识。在能力方面，要求学生掌握语言应用能力、商业实践和跨文化交际能力。学生的“异”主要表现在个性具有完整性和矛盾性，个性结构的确定性，个性结构具有复杂性和主导性，个性结构具有表层与深层的特征，个性具有独立性和联系性等几个方面。运用的具体教育内容如下。

①情感教育，提倡学生的自主性，使学生能以自己的思维来支配自己的行为，而不是盲目受客观环境支配，也不是盲目顺从他人意愿。

②实施有针对性的教育，发展学生的独特性。

③通过启发手段、审美教育及充分挖掘学生的创造性这 3 种手段，把商务英语知识涵盖面与学生的“异”结合在一起，建构如企业管理、银行职员、口语翻译、海关职员等职业环境模块。

另外，着眼于“实”建构反馈模块。在现代管理制度的基础上，构造具有激励性质的正反馈机制，将开环系统的商务英语知识转变为闭环系统，从而改善教与学系统功能，提高效率，增强竞争力。既可以满足特定的反应条件下的反应周期，如此不仅可以通过该系统使学生受益，还可以增加教师的利益。正反馈闭环管理系统理论认为，企业实施正反馈机制是构造一种新型生产关系，是把教学班模拟成股份公司，运用企业管理的教学方式。这种方式是能使学生素质和商务英语知识达到一定高度的产物，是一种投资回报率较高的系统内部广大员工投资到经营者的整体行为，是利益相关者共同治理的一种有效机制。正常实施正反馈机制，不仅可以使教师这个经营者获得新增利益，而且可以使学生投资者获得新增利益。实施正反馈机制，有利于形成系统内部自我激励和自我约束，可以有效解决商务英语知识涵盖面广、学起来吃力的问题，达到学习、就业可持续发展的目的。

我们的教学课本分为很多模块，由很多单元组成。小到一节课一个知识点，大到一个单元或一个章节，而且学习的知识是一环套一环的，从简单到困难。这样的教学模式更容易让学生进行学习，老师也可以通过不同的章节来掌握学生的学习度。

（3）传统职业教育课程模式和模块教学的不同（如表 6–1 所示）。

表 6–1　传统职业教育课程模式与模块教学课程模式的不同

传统职业驾驭课程模式	模块教学课程模式
专业划分根据内容	专业划分根据职业能力分析
教学目标抽象，研究学什么	教学目标具体，研究能做什么
教学方法以教师讲授演示为主	学生自主学习，老师帮助指导
教材内容陈旧，信息反馈不及时	教材及时更新，信息反馈及时
时间限定	学分管理
课程设置固定	课程设置灵活
教学考核以分数评价为主	教学考核以能力评价为主
教学内容刚性整体	教学内容进行专业模块组合
考虑群体需要	社会需要和个人兴趣结合

（三）改进提升评价体系

我们要对评价体系进行改革，在原先传统的用一张试卷来测评学生学习半年的成果方式的基础上，增加其他模式的测评，如知识考核、能力考核及岗位训练的考核模式。通过这些模式才能够有效地测评学生的综合学习能力。利用 A.L.Seaty 在 20 世纪 70 年代提出的一种定量与定性相结合的系统分析方法——AHP（Analytic Hierarchy Process），即“层次分析法”来评价学生的综合素质，把复杂系统的问题所包含的各种因素，通过划分相互联系的有序层次使之条理化，并根据定性的判断对同一层次元素间的相对重要性给出定量描述，再利用数学方法确定每一层次元素相对重要性权值，最后根据各个指标的数值及其权值，对学生作出综合评价，这样不仅可以考核学生掌握的理论知识程度，而且可以考核学生运用知识的能力。

方法是不断变化的，具体方法本身并没有好坏之分，主要在于不同的时间、地点、条件、对象、目的等是否合适。在具体的商务英语教学过程中，方法通常是不断变化的，教师同时要综合运用几种教学方法来传授一个重要的知识或技能，即使某种方法再好，如果我们经常使用，学生也会感到厌烦，难以取得良好的教学效果。因此，在商务英语教学过程中，教师要不断重新组织教学方法，在重新组织过程中创造新奇与变化。

总之，商务英语是一个实践性很强的专业，对学生的应用能力要求较高。对商务英语教学者来说，在商务英语教学过程中必须结合商务英语的特点，抛弃传统的教学模式，深化商务英语课程改革，创建具有商务英语特色，符合职业和工作岗位需求的教学模式；改进商务英语教材、教学方法；要加强商务英语教师的专业素质；注重培养和提高学生的实践技能。培养学生的英语语言，以满足未来职业需求的硬性条件。只有这样，才能体现商务英语教育的特点，培养出更多能适应岗位需求的商务英语人才。

第四节　商务英语教材建设中的问题与对策

一、教材及其重要性

（一）教材的界定

教材主要是向学生传授知识的一种材料，它主要是由信息、符号和媒介 3 部分组成。教材分为很多种，广义的教材指的是在课堂上老师和学生使用的课本，还有练习册、录音笔、录音带、电脑、复印的材料及广播电视节目等。总之，就是使学生学到东西，有利于学生学习的任何东西都称之为教材。

狭义的教材就是目前学校老师上课所用到的课本等或者有声读物音像或者练习册和活动册等。

（二）教材的组织编排

1. 教材的组织方法

第一，逻辑式组织。按照科学知识的逻辑顺序组织教材。

第二，心理式组织。这种方式主要是以学生为中心，从他们的兴趣爱好和能力出发，从学生的经验出发组织教材，使教材的内容越来越广泛、越来越丰富，这样能够提高学生的学习积极性，使他们愿意学习。

第三，折中式组织。这种方式主要是考虑到学科内容和学生需求两方面，使两方面折中。在不同的学习阶段，他们的折中程度是不一样的。

2. 教材的编排方式

材料的编排决定了一个年级中某门学科的教学内容的次序组成，或这门学科内容在几个年级中的排列次序。教材的编排方式一般有两种。

第一种，直线式排列。这种排列方式是对一科教材内容采取环环相扣、直线推进、不予重复的排列方式。也就是说，在教材的内容排列中，后面不重复前面已讲过的内容。

第二种，螺旋式排列。它针对学习者的接受能力，按照繁简、深浅、难易的程度，使一科教材内容的某些基本原理重复出现、逐步扩展、螺旋上升。

二、现行商务英语教材存在的问题

（一）缺乏适合的主教材

目前，很多商务英语专业的教材并不规范，国内出版的商务英语教材普遍内容陈旧、形式单一、缺乏操作性和实践性，因此，难以满足教师教学的需要和学生学习的需求。

国外的商务英语教材面向的是社会大众，因此，不能完全符合中国学生的需要，同时教材中缺乏真实的商务情境，如在国内很多院校使用的《剑桥商务英语》教材。商务英语最显著的特点是它在英国的商业环境中的应用，是对它特定的商业环境和商务英语的语言学习。

（二）缺乏相关的实训教材

在国内，商务英语教材如雨后春笋，但是内容没有进行完全更新，不能满足 21 世纪国际通用人才培养目标的需要。而且，目前出版的大部分教材理论性过强，没有相关的培养实践课程。因此，要想提高学生的社会商务活动实践能力，出版相应的实训教材势在必行。

三、商务英语教材存在问题的改进对策

（一）优选授课教材

如果想要更好地提高学生学习的质量，那就要先提升教材的质量。对商务英语的教材的要求更是严格，所以在挑选的过程中很是困难。我们要制定的商务英语教材，不但要培养学生的听、说、读、写能力，还要教授他们关于商务专业方面的知识。在商务英语授课中，老师可以根据一些实训教材，使学生能够掌握实际的商务技能，如果没有合适的教材，老师也可以用其他的实际案例作为背景资料来提高课程的教学效果。

（二）编写合适的教材

为了使商务英语专业的学生能够很好地与社会需求接轨，需要相关高校在教材编写中因地制宜，解决教材编写中存在的问题。教师要积极参与国内商务英语教材的开发建设工作，根据学生的需求，在充分吸收国外原版教材精华的基础上，结合商务英语的特殊性，对教材进行灵活编排。一般来说，商务英语书籍应该用真实的语料作为一种工具，从而覆盖相关的业务内容领域和开展业务活动的各个方面。

（三）加强专业技能培养的教材建设

教材的质量好坏直接关系到学习成绩。一本好的教材，对人才至关重要。因此，我们在选择教材时，一定要先根据教学理论体系的要求，选择那些与时代结合密切、实践性比较强，而且质量比较优的专业教材，然后再结合行业需求和学生的实际情况，找出一些行业里实践性比较强的案例作为教学资料。例如，《商务英语阅读》《商务英语写作》《商务英语函电》《外贸单证》《国际贸易实务》等，增强了教材的实用性和针对性。当然，社会在前进，科技在发展，再优秀的教材也将不可避免地会存在缺陷。因此，我们并不完全拘泥于教材，而是根据课程目标对教学内容进行必要的修改，如英语写作业务只强调备忘录、意向书、会议议程、会议记录、日志、规范性文件和其他内容，而不是通常的商业信函。另外，文件、信函、英语口语、听力、写作、应用、市场营销等方面的课程，我们要在与校外实践教学基地和外贸企业充分合作的前提下，根据职业综合能力要素及理论教学体系的要求，勾勒出每一门课程的实用技能要素，然后把职业技能目标层层分解到每堂课中，制定出《实践（实训）大纲》《考试大纲》和《实习指导书》，初步形成针对性、操作性强的实践教材体系。

第五节　建设商务英语师资队伍的对策

一、提高教师的专业水平

商务英语教学水平的高低在很大程度上取决于教师专业学习的水平，因此，解决教师的现有教育技能的问题是最重要的问题。应通过观摩学术专家的报告，深入企业专家交流，并对教师进行教育和课程改革等方面的技能培训，全面提高教师的教学能力和课程开发能力；通过企业实践鼓励教师考职业资格相关证书或参加培训和学习商业知识，提高教师的实际业务操作能力。

（一）加大培训力度

根据教师专业发展阶段性关注点的变化，制定培训内容。依托国家重点基础职业培训和大学教师培训基地，坚持以职业培训为主、脱产培训为辅的原则，加大培训力度。

（二）加强技能培训

教师必须有在企业里的工作经验，拥有企业管理、对外交流等方面的技能，培养灵活处理事情的能力，明确工作责任。对现有专业教师加强技能培训，技能考核，工厂培训，挂职顶岗、跟班研讨、导师带徒等方式与企业结合，积累实训教学需要的技能和实践经验。

二、提升教师的个人结构

（一）提高教师的专业学历层次

为不断提高教师素质，学校应对教师开展教学培训，为老师进一步开展学术研究提供机会。利用假期时间培训或者进修，学院应该分批分期派送专业教师进行专业知识转换、提升、改进与补充学习，或者在平时的教学过程中，利用休息时间到工商管理专业进行学习。在积累了一定专业知识的基础上，鼓励教师获取双学位证书，即商务英语专业教师既要有语言方面的学位证书，又要有商科专业方面的学位证书。另外，学院应该积极吸纳接收商务英语专业的毕业生来充实各个高校的商务英语教师队伍，把教师队伍由语言类占主要成分结构转变成科班出身的真正商务英语教师队伍，以提升专业教师的水平和能力。

（二）提高教师的专业科研水平

通过项目开发等活动，使理论教师得到实践锻炼。学院应该积极鼓励与支持教师的科学研究，从上到下形成一个良好的研究氛围，组建良好、和谐、向上的科研团队，使教师转变为在教学、科研、实践生产一体化的高技能人才。这样能提高教师的专业技能和自己的专业水平。

（三）提高教师的专业能力

教育教学指导能够使教师能力的提高有方向性，也能够使能力提高的效率增加。教师应该围绕着教学指导，设计出合理的提高方案，确定自己提升的方向，并有针对性地完成目标。为了提高教师能力，教师应该将理论与实际相结合，不要完全局限于书本中的内容，要结合平时学习的情况，把理论实践化。要勇于创新教学方法，结合理论知识，找到一个适合自己的方法，从而有效提高专业教师的技能。

三、提升教师的整体结构

（一）加快兼职教师队伍建设的步伐

要想让学生学习好，我们必须设置专门的课程结构，引进一些专家和教授来这里讲前沿的专业知识。还可以再引进一些有商务工作经验的经理或者是高端技术人才加入我们的教师队伍。这样的结合能增强理论和实践的共同发展，有利于对学生进行道德教育、创业教育及技能培养教育，从而取得更好的教学效果。

（二）加快按需设岗、因岗聘人的步伐

我们要根据市场需求对师资力量进行调整，使专业英语和商务英语达到一种平衡。现在商务英语的老师和课堂英语的老师必须学会角色转换，这种转换包括他们的教学方式和他们所掌握的知识及他们的心理素质。我们非常赞同老师继续深造，他们继续学习可以提高他们的自身素质，他们去钻研商务知识可以去考取很多证书，如国际商务师、经济师、翻译师等。鼓励在职教师利用各种机会下企业进行调研，接触行业的第一线信息。学校应做到能者上、庸者下，校内缺、校外请。教师队伍建设还必须处理相对稳定的关系和相应的变化，以保证专业教师有稳定的来源渠道和专业水平的提升。

（三）加快引入竞争机制的步伐

各个高校在用人制度上，应该打破职务聘任的“终身制”和教师职业的“身份制”，变“终身聘任”为“竞争上岗”，变教师“身份管理”为“岗位管理”，实行人事综合代理，结合国家教师资格认定工作，拓宽教师来源渠道，使社会上具有教师资格的人员能有机会通过聘任制到学校任教。

四、专业教师分层教学能力培养的策略

（一）转变专业教师的教育观念

1. 对学生和教材现状进行分析

教师应该从研究大纲、教材开始，分析学生实际，采取不同的教学方法和策略。因为每一届学生入学成绩的差距都是十分明显的，如果教师在教育学生的过程中使用相同的教材，并且对学生寄予共同的期望，对教学方式使用相同的教学手段，而且使用“一刀切”的教学模式，会埋没一些比较优异的同学，会阻断他们的个性发展，影响自我能力的提升。

2. 对学生的个性和特长进行分析

学生除成绩差异以外，非智力因素方面也存在较大差异，如兴趣爱好、动力、意志、性格、品质、态度等。教师要认识到学生的基础水平是不同的，他们的学习习惯、智力水平也是不一样的。老师要尊重他们的个性发展，使他们发挥自己的特长。

3. 对课堂教学效率和质量进行分析

只有提高教学课堂的效率和提升学生的思想才能体现专业课教师的能力。好的专业课教师会激发学生学习的兴趣，让学生积极学习，改变被动的学习思想，

使他们明确学习的目的。这样，学生们就能够很好地学习文化知识和掌握学习技能，提高课堂教学质量。

（二）提高专业课教师能力的重要方法和途径——实施分层教学

为了提高教师素质，建立实践教学技能，有以下教学策略可供借鉴。

1. 培养教师的模块教学能力

模块教学与传统的教学是不一样的，不分教学章节和授课的顺序。因此，既可以根据知识的结构、层次、相互关联程度来进行划分，又可以根据模块来确定教学目标，采用不同的教学方法来进行教学。我国新一轮的课程改革中，各个高校课程都采用了“模块课程”的形式。每个模块都有特定的主题，围绕主题设计目标、内容和评价体系。

首先，专业老师的第一任务就是将所学知识进行模块划分。专业课有很多相关知识分布在教材的不同章节中，老师需要根据这些关联性进行教学模块划分。

常规的教学模式是根据教学大纲来规划的，这使其有很多缺点。比如，教学目的不明确，教学形式过于死板。所以，我们要打破常规的教学大纲模式，形成模块化教学目标。学生的学习水平不同，我们的模块教学目标就应该也有所不同。目标应该具体到每一次活动、每一堂课、每一个人，并让它们有序分割，通过模块教学目标的设定过程使教师的教学能力得到提高。

最后一点是教师应该选择正确的教授方法。传统的一本教科书、一支粉笔的教学方式已经不能适应现代学生的需求，这就要求教师要有更合适的教学手段，对于不同基础的学生采用不同的教学方法和手段，以此来提高学生的学习能力。对于那些比较优秀的学生，要实施模块的总目标教学；对于其他学生，要通过模拟案例教学，完成模块具体目标。在教学手段方面，可以在传统教学基础上结合现代技术，如多媒体技术、音频、录音机等，这不仅有利于教师对不同的学生采取不同的教学方法，还有利于提高教师的教学能力。

2. 培养专业教师的动态分层与管理能力

教师在讲课过程中要对学生进行不断地观察分析，确定学生的学习对象和他们的基础水平。当学生的学习能力发生改变时，教师要对课程及时作出调整，具体包括以下几个方面。

首先，根据学生掌握知识的好坏进行层次划分。通过分析和观察，一般将学生分为 4 个层次。

第一层，学生学习态度端正，学习动机良好，学习成绩优秀，对专业课学习感兴趣。

第二层，学生学习态度较好，智力正常，反应比较灵活，但是自我控制能力较差，对专业课学习兴趣一般。

第三层，学生学习态度较好，但是智力非常一般，反应不灵活，虽然自我控制能力较好，对专业课学习有兴趣，但是学习成绩非常一般。

第四层，学生学习态度消极，孤立学习，机械记忆，反应较慢，智力相对偏低，对专业课学习没有兴趣，学习成绩很差。

其次，学生学习目标定位能力方面。针对上述 4 个层次的学生，教师要制定不同的目标，对不同层次的学生提出不同的要求。对于第一层的学生要求较高，既要掌握很强的相关专业知识，还要取得一些能代表能力的证书。对于第二层和第三层的学生要求稍低，只要选择适合自己的专业并学习好本专业，能够顺利毕业，找到工作即可。对于第四层基础比较薄弱的学生，只要掌握基本的专业技术知识，有一技之长，在社会上有立足之地即可。

再次，教师的动态管理能力方面。对于不同层次的学生的管理，教师可以根据他们学习的情况不定时地进行调整。比如，把这些不同层次的学生放在同一个起点上，在规定的时间内进行测试，看他们完成的情况。之后，再根据实际一周或半月重新调整这 4 个不同的层次。

专业老师采取这样的动态分层管理，可以调动学生的学习积极性，让每个学生都参与进来，既避免了机械地对学生进行界定，又能体现层次，更好地带动群体学习的积极性。

3. 培养专业教师的实践教学质量评价能力

在检验各个模块教学实施不同的教学目标的结果时，要突出考核的培养方向和不同教学目标的实现过程，进行全程考核，提高教师对学生的质量评价能力。

首先，教师考核方法的运用能力。教师通常采用传统的试卷考核，内容分为标准化和模拟表演及案例三部分。第一，基础知识主要用于第四层的学生；第二，课堂中对学生进行的案例分析评定，主要适用于第二层和第三层的学生；第三，对“虚拟公司”模拟经营效果的反馈进行评价，主要适用于第一层学生。专业教师通过运用不同考核方法来提高实践教学的质量评价能力。

其次，教师考试综合评价运用能力。考试综合评价运用能力应体现在教师对学生的具体考核中，可以采用平时考核、模块考核、综合考核相结合的方法。平时考核是通过平时授课，对不同层次的学生回答问题、参与模拟案例的积极性及效果的记录，根据其达到的目标进行考核；模块考核是对不同层次的学生学习具体教学模块效果的评价；考核是在模块考核的基础上对专业课程学习效果的整体评价。无论哪个部分、哪个环节，考核的标准均应符合既定的模块教学目标和学生分层的特点，通过不同形式和内容对学生进行科学的考核，提高教师的综合评价运用能力。

在评价体系方面，改革传统的知识记忆型人才的评价机制，建立与人才培养规格相适应的知识、能力、岗位技术人才评价机制，注重学生的能力培养。考试不仅考核学生掌握知识的程度（理论知识），而且注重考核学生运用知识的能力，其动手能力或操作技能一般要占学生总成绩的 40% ～ 80%。

（三）加强师资培养

为了不断提高教师队伍的素质，学校应对教师进行有计划、有目的的培训和培养，为教师提供进修学习的机会、从事实际翻译工作的锻炼机会及现代教育技术的培训机会，全面提高教师的教育能力、科研能力和实际应用能力。实践教学能否有效实施，关键在指导教师的专业素质。高校要建立一支教育观念新、专业理论功底深、实践指导能力强的教师队伍。同时，鼓励教师学习与商务英语专业有关的非英语专业课程，提高其专业知识的运用能力，弥补英语教师不懂商务知识的缺陷，还可以聘请非英语专业的老师进行商务知识或国际贸易知识讲座，或为学生开设与商务英语专业有关的企业管理、国际贸易、商务信函等课程，解决学生对专业知识理解难的问题。一方面，要立足校内师资，利用企业和社会资源，为教师提供多种提升自身素质的途径。采取在职进修、顶岗锻炼、考取相关行业职业资格证书等方式，让教师参与外贸企业商务工作的具体操作流程和实践活动，提高实践指导能力。另一方面，建立一支高水平的兼职教师队伍，从行业聘请既有丰富经验又有相关理论水平的人员担任实践教学指导教师。这样，既可以弥补实践技能操作教师的不足，保证专业教学水准，又可以加强专业与社会的联系，通过兼职教师收集、反映用人单位信息，及时调整课程结构，以达到专业建设要求。

总之，商务英语专业建设应该从社会需求出发，根据需求分析理论，培养具有创新精神和创新能力的高级专门人才，科学合理地设置专业课程，以职业能力为核心，构建实践教学目标体系，采用多元化的方式构建评价体系，加快教师队伍建设的步伐，从而构建商务英语服务经济人才培养竞争力的优势，为我国培养更多应用型的商务英语人才作出贡献。

第七章　教育转型背景下商务英语的创新教学

第一节　商务英语专业的发展机遇与路径

一、商务英语在中国的发展史及其启示

商务英语的历史可以追溯到 1699 ～ 1747 年，当时是在广东口岸和上海口岸非常流行的一种洋泾浜英语（Chinese Pidgin English）。因为中国人和英国人要进行交易，必须有一门两者都能听懂的语言进行交流，才最终形成了这样一种混合语。这种英语主要将汉语的语法和英语的词汇结合起来，再用英语的语音发出来，是英国人发明出来专门适用于中国商人语言习惯的语言。

商务英语的第一所大学是对外经济贸易大学。目前，在很多本科院校和高等职业院校都开办了这门课程。虽然它在中国的发展历史很短，但具有深厚的历史积淀。在汉朝，中国和东亚、中亚及欧洲等很多国家就进行了商务交往。在唐朝，还出现了专门管理海外航运贸易的机构，这就使得中国的物质文化和外国有了更好的交流。在元朝，中国与中亚等国的商务贸易交往更加频繁。明朝和清朝，丝绸之路贸易发展迅速。英语成为当时一切国际商贸和外交活动不可或缺的商务交际语言之一。

在近代，随着一些港口和城市如天津、广州、武汉、上海等地的开放，其使用的语言和写作皆是英语。另外，洋务运动兴起，清朝与西方国家进行谈判咨询的语言主要是英语。在 19 世纪中叶，洋务学堂几乎与洋务企业同时建立，京师同文馆、湖北广方言堂、上海广方言馆、福建船政学堂都结合中国当时当地的社会经济发展培养专门的双语型技能人才。可见，英语在中国近现代历史中扮演着促进贸易、经济、社会、外交及文化交流的重要使者的角色。而商务英语的出现及其教育的发展也都顺应了中国当时当地的社会经济发展中出现的新的历史机遇。

二、商务英语专业发展的优势

商务英语专业在我国自设立以来已有20多年的发展历史，曾经迸发出蓬勃的发展生机，从其发展起源、社会认可度、教学体系上来看都有其自身无可比拟的优势。

（一）历史发展优势

在英语语言教学理论体系中，商务英语，即English for Business Purposes（EBP）或通俗称为Business English（BE），归属于20世纪50年代兴起的专门用途英语（English for Specific Purposes，ESP）范畴。随着第二次世界大战后英语国家政治经济力量的增强，英语在国际贸易中日益成为一门重要的国际性工具语言，由此引发商务英语教学在世界范围内的迅速发展，英美等主要英语国家纷纷开设Business English或Professional English课程，为从事国际商务的人士培训商务环境下的英语交际技能。商务英语教学实践除遵循一般教育学、心理学、英语语言学（尤其是应用语言学）等规律之外，还必须服从于特定的商务需求。因此，有别于通用英语（English for General Purposes，EGP）教学，商务英语教学具有很强的目的性和实用性。正因如此，商务英语正日益成长为英语教学的一个重要分支学科，并显示出其独立的理论与实践价值。

（二）社会认可度的优势

据不完全统计，在近1130所高职院校中，有半数院校都开设了商务英语专业。以北京市为例，共有独立设置的高职院校24所，其中11所院校开设商务英语专业。商务英语是在语言类课程和商务类课程的基础上发展起来的一个综合性专业，具有交叉性和复合性的学科特点。基于这一特点，该专业的毕业生不仅具有扎实的英语语言基础和熟练的听、说、读、写、译综合技能，而且能够解决经贸、金融、管理等方面的商务工作问题，符合社会在经济迅猛发展及贸易全球化背景下对复合型商务人才的需求。在我国，经过20多年的发展建设，商务英语专业已经成为高职院校外语类专业中最受欢迎的专业，也是招生人数最多的热门专业之一。

（三）教学体系的优势

国外的商务英语起步于20世纪60年代末70年代初。随着英语在世界贸易中统治地位的确立，各培训机构编写了适合各种国情及人群的教材，为商务英语专业在我国职业院校中的成功开办从教材上提供了充分的选择余地。在我国，很多学者和教育工作者致力于商务英语教学研究，提出了许多教学理论，形成了较为成熟、实用的教学模式和方法。此外，随着科学技术的迅猛发展和提高，CAI（Computer Aided Instruction）计算机辅助教学早已融入语言教学中，人机对话学习软件、外贸技能实操软件等许多针对教学需要开发的教辅软件，为学生建立了一个动态教学环境，大大提高了课堂教学效率。可以说，我国商务英语教学已具备较为完善的教学体系。

三、商务英语发展的劣势

（一）外部环境的劣势

一方面，毕业生庞大的就业需求与社会提供的有限就业岗位之间存在着结构性矛盾，这也是导致近年来商务英语专业毕业生就业率低、失业量大的外部经济因素之一。另一方面，随着科学技术的迅猛发展，越来越多的语言智能学习工具、网络学习平台涌入消费市场，人们的外语学习方式变得更为多元化，更为便利，越来越多的人能够在工作和生活中熟练使用英语。

此外，随着近年来高校扩招，毕业生人数连年攀升，为了在激烈的市场竞争中脱颖而出，国际商务、国际贸易等专业的学生都在自觉地提高自己的英语水平，同时，来自相关专业的竞争力增大，使得人才市场对商务英语专业毕业生的需求大大减少。

（二）商务英语专业自身的劣势

2001年中国加入世界贸易组织后，随着国际交往、交流的加强，社会对于复合型、应用型外语人才的需求呈现出高速增长的趋势。商务英语专业被列入全国高职高专的招生目录后，各高职院校纷纷开设了商务英语专业。然而，我国高职商务英语专业的办学实践历史较短，部分高职院校在课程设置上照搬本科英语专业课程设置的基本框架，重理论、轻实践，偏离了以市场为导向的人才培养目标，真正意义上的高职英语模式仍有待研究。

四、商务英语专业发展面临的机遇

回到当代，当全球化时代的到来使全世界各国人民更为密切、更为广泛地互相交往时，英语早已成为名副其实的全球使用的最为普遍的第一外语。伴随着我国经济、贸易、科学技术的不断发展，通晓国际标准和高超技术技能的专门人才的全新发展机遇，拥有英语作为流利的语言工具，同时熟练掌握丰富的国际贸易及商务知识，能够更好地服务于区域经济一体化发展的现代服务性人才需求量必将激增。

（一）国家重视高等职业教育的发展

2011年，为贯彻落实《国家中长期教育改革和发展规划纲要（2010～2020年）》关于建设现代职业教育体系的要求，教育部先后发布《关于推进中等和高等职业教育协调发展的指导意见》《关于推进高等职业教育改革创新引领职业教育科学发展的若干意见》等重要文件，提出高等职业教育要以提高质量为核心，以增强特色为重点，以合作办学、合作育人、合作就业、合作发展为主线，努力建设中国特色、世界水准的高等职业教育。中央财政投入20亿元，实施全国高等职业学校提升专业服务能力项目，以点带面，在示范建设的良好基础上普遍提高专业的社会服务能力，高等职业教育进入全面质量提升的历史新阶段。国家大力发展高等职业教育，对于高职商务英语专业来说，这无疑是一个发展契机。

（二）经济发展需要商务英语人才

随着经济的快速发展，我国已经成长为制造业大国和贸易大国，正在向世界经济大国迈进。虽然世界经济在金融危机的影响下发展速度放缓，但我国对外贸易仍然保持着强劲的发展势头。我国产业结构的优化与调整，迫切需要造就规模宏大的技术型、技能型人才队伍。中国在迈向世界经济大国的道路上，需要更多“会外语、懂商务”的技能型人才。

《中国教育改革与发展纲要》指出：“发展职业教育要与当地经济发展的需要相适应。”始终把为地方经济和社会发展服务放在第一位，是地方院校办学的基本宗旨，是学院赖以生存和发展的指南，也是确定办学指导思想和专业定位的基本出发点。

无论从商务英语专业所面临的机遇还是自身所有的优势来看，其发展前景还是很好的，摆脱黄牌榜单是必然趋势。那么，在高新技术日新月异的今天，如何让商务英语专业重新焕发生机呢？科学技术的进步，反映了社会的发展；社会的发展，又促使专业建设进行改革。要学会使用科学技术这把双刃剑，必须充分发挥高科技为专业发展带来的促进作用。

五、商务英语专业发展的方法和路径

（一）教师实践能力的提升是商务英语专业发展的保障

高校教师的特点在于其不仅要掌握本专业领域的知识与技能，同时还要提升自己在本专业职业领域的实践操作能力。教师专业实践能力的提升可以充分发挥校企合作的积极作用。商务英语专业在发展中应实现教师参与校企合作的长效机制，通过“请进来，走出去”的方式为专业教师学习商务沟通与实践提供有利的条件，增长教师的见识和胆识。学校可邀请行业专家、岗位能手与专业教师一同参与课程改革和教学过程，同时注重团队协作，进一步强化商务英语专业教师之间的交流与分享，形成有效的团队合力。另外，教师岗位技能的提升还需要教师实现自身发展和专业课程的共同发展。商务英语专业的发展始终要与社会经济发展和革新同步。教师只有参与到课程改革中，跟上技术的革新和市场的需求，才能在自我完善的同时完善专业的发展；只有拥有开阔的视野和思维，才能拥有抓住稍纵即逝的发展机会的智慧和魄力。

（二）提升学生英语基础水平是商务英语专业发展的重点

没有高校商务英语专业学生知识和技能水平的整体提升，商务英语专业的教学改革、专业发展和建设就无从谈起。寻求商务英语专业的发展需要理性思维，需要回归原点。虽然商务英语专业的课程设置中包含大量的商务、财经类知识，课程中也要求在更接近真实商务环境的场景或企业当中去完成实践，但是商务英语专业的教学也应回归外语教学的一般规律性，即教育教学过程中本着从语言学习和训练的根本，通过量和时间的积累来完成语言学习的渐进性过程。否则欲速则不达，其他类学科知识学习尚且不能让学生融会贯通，也失去了商务英语专业人才培养的特色，即能够脱离母语思维去完成工作或把英语作为工作语言的根本需求。

（三）企业积极参与校企合作是提升商务英语专业发展的动力

行业、企业是职业教育改革和发展的主体，也是专业发展的生力军。商务英语专业校企合作中企业参与度普遍不高，主要原因在于：专业岗位技能范围泛泛，合作企业范围相对不集中；合作企业的就业准入制度不力，实习学生不能留在本企业就业等。根据职业教育社会伙伴关系理论，社会伙伴关系建立的最基本动因是满足各成员的需求。在校企合作中，通过让企业代表进入教育机构董事会和理事会参与管理、让企业专业人才担任兼职教师参与教学活动、完善企业用人准入机制、鼓励企业参与学生实习期间的认可度评价等，可以实现校企合作中企业的需求和企业利益最大化。

（四）探索商务英语教育及发展政策是商务英语专业发展的源泉

在外语教育发展的进程中，语言教育政策和规划的选择在城市乃至国家的社会、经济发展中都起着极其重要的作用。商务英语专业的发展能否充满生机活力，在很大程度上取决于政府对商务英语专业国家标准的制定和高校外语教育政策的改进和实施。实现政府整体引导，促进现代职教体系框架下的商务英语专业协调发展；建立商务英语专业建设国家及“一带一路”沿线国家之间的教育培训框架；保障商务英语专业办学经费合理分配和有效使用等。

回顾历史，商务英语的出现及发展都顺应了中国社会经济发展中出现的新的历史机遇，展望未来，商务英语专业发展方兴未艾，面临国家现代教育体系框架下的专业发展转折点，充分利用学科的开放性和包容性，拓展高校商务英语专业发展新方向，抓住机遇、面对挫折、迎接挑战，更好地促进商务英语专业和我国外语教育的长效发展。通过学校、行业、企业、政府并举，才能不负历史使命，以商务英语发展为起点服务好我国当前经济社会发展。

第二节　商务英语教育的供给侧改革创新战略

推进供给侧结构性改革已成为我国“十三五”时期经济发展的“衣领子”和“牛鼻子”。作为与经济发展紧密结合、承担高级技能人才“供应”任务的高等职业教育，如何进行供给侧改革亟待深入研讨。在课程教学方面，高校英语课程正从通用英语（EGP）向职业用途英语（EOP）转向，体现“做中学”的教学理念。然而，高校大多关注专业学科的发展，英语作为基础学科的地位正在动摇。高校教育和英语教学该如何适应新形势，实现新突破，适应“互联网 +”和大众创业时代学生学习特点和个性化学习新需求，优化英语课堂教学，为经济供给侧改革提供高素质技能人才，这是高校教育需要直面和解决的新课题。

一、供给侧结构性改革的经济学理论内涵

“供给侧改革”已经成为现阶段我国经济改革的总体思路。从经济学理论看，供给侧与需求侧是经济发展的“一体两面”，劳动力、土地、资本、创新等要素构成了“供给侧”，而通常说的“三驾马车”（投资、消费、出口）构成了“需求侧”。供给侧结构性改革就是聚焦供给侧，从制度、机制、技术等层面进行结构性调整。它可以用“供给侧 + 结构性 + 改革”的公式加以理解，也就是把提高供给质量作为出发点，采用改革的办法推进经济结构调整，将扭曲的资源要素配置予以矫正，强调供给的有效性，突出供给结构与需求结构的灵活适应和相互匹配，提高全要素生产效率，满足市场需求的变化，促进经济社会的和谐健康发展。

供给侧结构性改革的目的是调整经济结构，优化配置资源要素，提高经济增长的质量和效益。也就是要充分利用市场的调节作用，使制度性交易成本降低，让投资和供给的有效性提高，其核心是放松管制和释放活力。供给侧结构性改革的提出有深刻的历史和现实背景，也有其内在逻辑性，它是在国内外经济发展遇到前所未有的阻力、挑战和困难的新形势下所选择的重要应对策略。近年来，经济发展出现问题的原因，主要是结构性而不是周期性，经济结构问题尤其是创新能力问题成为经济持续发展的关键因素。因此，结构性和供应方面的改革体现了“转型是目标、创新是手段、改革是安全”的逻辑关系。中国共产党明确表示创新、协调、绿色、开放和共享五大发展理念，通过优化创新资源配置在调整需求结构、扩大需求总量的基础上，注重强化供给侧结构性改革，引导创造新的供给，以促进经济健康持续发展。可以认为，供给侧结构性改革是针对我国经济领

域“供需错位”“供需不匹配”导致的诸多问题而开出的一剂良药，它不仅适用于经济领域，也适用于高教领域。

二、助推商务英语专业供给侧改革的意义

人类发展进入21世纪，创新驱动发展战略已经成为经济增长的新方式，其实质是科技创新，加快社会产业结构调整变化和经济发展方式的改变，目标是促进社会经济长期协调和可持续发展的整体战略调整。显然，创新的内容实际上包含理论、结构、机制、管理、知识、技术等多方面的创新。创新是加快经济发展方式转变中最基础的支柱，是我国发展战略的核心。

商务英语专业的改革实践，必须将学（人才培养）、研（创新能力、技术、成果）和产（实体经济、社会生产）三者有机统一起来，这是推行创新驱动发展战略的根本需求，目的是能够依据市场运行的规律，全面优化现有教育资源的配置。另外，还需完善政府部门的引导和协调作用，集聚经济发展创新之动能，使创新驱动、知识驱动和人才驱动转变为推动我国经济发展的主驱动力，最终通过创新型国家建设，打造人力资源强国。

高等教育之供给侧结构性改革需要建立起和谐的管理体制，形成合理的学科专业布局、办学方式灵活、办学规模适度、办学质量与水平能切合我国市场经济体制改革与发展之所需的高等教育体系。作为专业人才培养、科技创新和社会服务的供应商，与提高全要素生产率、促进经济增长之间的关系密不可分。需要政府作出较高的顶层设计和政策引导，优化配置高等教育资源。高校则要科学定位，主动参与经济和社会发展过程，以提升科技创新、人才培养和社会服务能力。高校必须找准融入经济社会经济发展的切入点，民办高校应根据区域经济发展的迫切需要培养商务英语创新型应用人才，促进产业局部结构升级和调整的技术创新，主动适应中国的政策改革方面的目标，全面融入我国经济转型升级与国家的创新驱动战略。

教育供给侧改革的重心在于提升教育质量和对创新性的培养，而这必然需要依靠新的教育环境与教育服务模式来为之提供强有力的支撑。通识教育是教育的核心部分，其倡导着力培养学生的批判思维能力，为每个人的终身学习打下基础。通识教育的核心是学者所提倡的自由精神、公民责任、远大志向。商务英语专业改革必须减少必修课设置，加大各类选修课的开设，借以拓宽学生的知识面。

高校商务英语改革进行供给侧改革，目标是能有效提高教育供给端的质量和绩效，并能符合学生的个性发展需求，帮助学生既能实现个人价值，又能实现良好的社会价值，成为社会经济发展的香饽饽。比如，丰富现有教育环境，营造良好的教育服务模式，全方位实现供给侧结构改革，突破当前单一化培养模式、整齐划一的

课程资源配置、缺乏弹性的考试评价体系。通过教育供给侧改革，实现教育目标，发现每个学生的天性，并加以保护，助其成长。

从社会层面的意义而言，教育的产出就是培养人才；从经济意义方面而言，教育就是培养生产力。不可否认，教育必须严格遵循“需求原则”，在高等教育的发展和改革过程中，需求是支点。而需求有显性和隐形两种：显性需求主要通过毕业生就业率等指标数据来体现，隐形需求则表现在社会人才储备和新的科学技术的研发上。高等教育要注重与现实生产力发展水平相一致的显性需求，更要关注能革新现实生产力、代表未来生产力的隐形需求。显而易见，教育明显具备发展生产力和构建上层结构的双重属性。

三、经济供给侧改革对高等职业教育的启示

（一）高等教育人才培养供需现状

经济改革必然引领教育改革，教育结构、理念和方式的变化与产业结构的变化相辅相成。进入21世纪以来，高校连年扩招，学生总量保持高速增长状态，毕业生人数持续增加，2016年突破750万人，大学生就业难问题已成为新常态。另外，社会上多年持续呈现企业“用工荒”，人才供需不匹配。有学者认为，我国高等教育存在“优化组合”“职教疲软”“产能过剩”和“提高质量”4个方面的问题。也就是说，高等教育同样存在“供需错位”“供需不匹配”的问题，高等教育人才“供给”质量堪忧、毕业生就业与企业“用工荒”的双重压力，呼唤着高等教育的“供给侧”改革，呼唤着高素质复合型技能人才培养的“精准有效供给”。

（二）高校教育“供给侧”改革启示

高校面对不断变化的社会经济环境，应采取什么对策来迎接严峻的挑战，破解自身发展中的困难和问题？借鉴经济学供给侧结构性改革的理论，应该从以下两方面进行结构性改革。

1.明确商务英语专业办学思想，培养创新型人才

各类高等院校均需要努力贯彻以绿色开放、资源共享为手段，技术创新、协调发展为目标的发展理念，保持高校人才培养的规模与质量均能与国家宏观发展需求相统一，大力推进经济快速发展，实现整体生产力快速提升。对于商务英语专业而言，则要将体现当今国际先进生产力发展的知识与技能作为学科建设与专业改革的根本落脚点。同时，要重视科研，把专业知识与专业技能的创新作为一项重要任务，从而发挥高等教育推动生产力发展、服务社会的基本职能。创新精神要体现在求新和求异两个方面：求新是引导学生对新事物所具有的强烈好奇心和敏感性，具有创新知识的求知欲望；求异是对日常所见的事情能提出疑问。对高校而言，求新与求异精神是科技创新的不竭动力和源泉。

商务英语专业要以实现学生知识、能力和素质协调发展为目标，在教学计划中搭建基础教育、专业教育、通识教育和实践创新平台，基础教育平台重在公共基础课、学科基础课，旨在加强学生的基本理论和知识、基本技能和方法、科学和人文精神培养，为大学生的职业发展奠定坚实的基础。专业教育平台主要是以专业为主的各类选修课，旨在培养学生扎实的专业知识和创新精神、通识教育平台主要是人文、艺术、经管、科技类选修课，目的是通过不同学科门类相互渗透，培养学生多样化的思维方式，提升学生的综合素质；实践创新平台包括实践环节、创新活动、第二课堂等模块，旨在加强对学生创新能力的培养。总之，在人才培养过程中，坚持“立足华中，融入河南，辐射全国、面向全球”办学定位，打造“知行合一、重在创新”的实践型办学特色，推动人才培养质量和效益的提升。

第一，创新人才培养方式，突出人才培养特色要求。国内有学者指出，联合国教科文组织将创业教育称作是教育的“第三本护照”，把学术教育和职业教育置于同一高度。创业教育要传授创业的知识和技能，指导学生运用企业家的思维方式分析和解决创新与创业问题。民办高校可以通过创业教育的方式，推动其商务英语专业走创业发展之路，这就使得创业教育被赋予了更加重大的功能和职责。创业教育和创业活动充分联动，拓展其功能范围，成为创新创业教育必要的途径。在此过程中，需要关注教学内容的选择，加强实践教学，将创业与实训有机结合并渗入到日常教学中。

某事物的特色是其生存与发展的本质属性，高等教育若不能做到与时俱进则必将失去其发展特色，这样培养出来的学生将是一些缺乏创新意识与创新能力的平庸之才。而在创新型人才的培养方面，商务英语专业肩负着十分重要的历史使命。学校不仅需要为学生潜力的发挥营造出一种兼容并蓄的环境，尊重和保护每个学生的个性发展，从而在商务英语专业中培养出更多的创新型人才。

第二，遵循多元智能理论，促进学生个性化发展。多元智能理论提出人的智能是多元的，智能的发展与培养必须通过主体的互动来实现。该理论提倡积极的学生观、因材施教的教学观和学生考核多样化的评价观。主张通过各种渠道、采取多种形式，在多种情况下，对学生进行考查和评价，使评价成为促进学生发展的有效手段。多元智能理论强调以人为本，重点是尊重人、重视人、发展人。学生观、教育观和评价观的转变是该理论的中心要求。倡导“爱生”理念，应重新树立起“学校里没有差生”的学生观；重新构建教育方法及理论；注重教学的过程，植入多元化教学元素及手段，打破“一考定终身”的制度，重建教学质量的评价标准。

高校教师的职责是依据人才培养方案、教学大纲和课程计划，结合学生的个性特点和学习风格，运用适当的教学模式，导入多样化的情境教学，从而引导学生智力与能力的共同发展。在日常教学活动中，教师要打破传统定势，针对授课内容，实施不同的教学方式，对重要的知识点进行多方位的诠释，提高实际教学效果。另外，教师还可以采用分组教学的形式，允许学生以小组为单位，选择自己喜欢的方式或任务来合作完成教学，激发每位同学的潜能，以特色化和个性化辅导，促进良好教学效果的实现。

2. 提供丰富、多元、可选择的创新性教育资源

要将主要工作目标定位于培养高层次应用型人才，以推动产业的转型升级和公共服务水平的发展，走产教结合、校企合作之路，采用试点单位引领与示范的方式，创建具有鲜明办学特色的教育，使地方高等教育更好地推动产业转型升级、技术改革进步及提高社会管理创新能力。

商务英语专业开展供给侧结构性改革，致力于为学生提供丰富、多元和可选择的创新性教育资源。教育的理念、方针和价值观，往往成为人生理想和追求的现实体现。同时，教育也是一种期待，具体表现为教育者对受教育者的成才的殷切期盼，社会对高校人才成长与发展的期待。而期待本身就是对理想的憧憬：教育就是对理想的追求。此外，与教育之产业属性密切关联的是工业经济的发展、知识经济的展现及教育内容、教育模式的转变。商务英语专业的教育应该使学生充分享有和利用大学为之提供的创新性教育资源，让学生可以自主选择。比如，提供设备完善和技术先进的跨境电商交易实验室、商务英语综合技能实验室和商务谈判实验室，为触发学生创新精神和培育创新能力提供物质及硬件保障；创办英语自主学习中心，为学生提升语言表达能力和听力水平提供优质的学习资源。这样做的目的在于灵活配置教育资源，实现教育效果的最大化。

第一，充分利用网络资源，开展专题教学。教师除了可以将传统教材作为主要教学内容以外，还可以尽量发掘网络资源。辅助教材内容的网络教学资源，除了能加深学生对教材内容的理解、帮助学生拓展知识面和开阔视野外，还可以培养学生搜集、处理各类信息的能力。同时，教师可以在教学过程中给学生分配课程论文的任务，从而在一定程度上开发学生创新性研究的潜力。此外，教师还可辅以专题内容让学生进行公开展示，这有利于提升学生的口语表达技能。

第二，充分利用环境资源，开展体验性教学。环境资源包含与环境相关的自然资源、人文资源等。教学过程中必须重视对环境资源的利用，既要有效推动学生认知水平的发展，又要带给学生更高层次的情感体验。在进行创新性教育时，教师应该思考在以教材为重点教学内容的基础上，如何利用好环境资源，通过体验性教学，促进学生情感的丰富。在教学实践过程中，要加强对学生探究过程的指导，引导学生利用现代化信息技术资源进行体验式学习，有效解决在探究中所遇到的各种问题。在考查过程中，关注学生对信息的搜集、筛选、利用的能力是否得以发展，考核学生提出问题、分析问题、解决问题的能力是否得到锻炼和提升。

第三，创设商务教学情景和激发学生的创新意识。创设适当的教学情景，调动学生主动学习的精神、积极发挥创新、领导和解决问题的能力，采用留学、访学、假期游学、研修班、联合培养等项目，营造优质的学习资源；商务英语专业教学活动中，提供给学生必要的商务专业知识技能指导，并给予少量的资金支持，尽量给本科生走出校园的机会，多参加各类活动、学科竞赛、实习实践等，丰富学生阅历，开阔国际视野。由此激发学生不断追求创新的思维，探究新理念和新产品的研发，有效提升商务英语专业人才素质。

四、英语课程教学供给侧改革创新探讨

发挥英语课程的工具性和人文性特色优势，优化课程教学，重点培养学生适应经济供给侧改革发展需要的职业英语应用能力，强化职业素质、工匠精神的养成教育。

第一，注重强化教学反思，促进教师能力的提升。教育质量的提高关键在于教师。在经济供给侧改革和教育创新发展的时代背景下，教师必须重视教学反思与变革，着力提升自身素质。教师要创造条件深入行业锻炼，在实际岗位工作环境中，体验社会对英语的现实需求，丰富教学内容，反思教学行为，促进自身的转型发展。教学反思不但可以提高教师的课堂教学效果，还能有效激发教师的专业自信和教学动力。在当今这个经济全球化的信息时代，英语教师要强化资源整合意识，构建教研合作共同体，加强沟通与交流，重视职场学习，把握经济社会发展趋势，提升职教能力，推动高职教育的供给侧改革，切实提升高职人才供给质量，实现人才供需的有效匹配。

第二，转变课程教学理念，注重学生职业素质的养成。学生最大的困难是找不到合适的学习方法。作为教学主体的英语教师，不是要如何选择学生，而是要用科学的人才观和质量观培养学生。因此，英语教师要转变教学理念，重点培养学生的语言运用能力，提升自身职业素质，为职业生存和未来发展奠定基础。

第三，优化课堂教学模式，确保课程教学的有效供给。首先，要重构英语课程体系。将 EGP 与 EOP（通用英语和职业用途英语）有机整合，构建有利于职业精神养成和语言技能提升的特色课程体系，确保课程内容的有效供给，着力提升学生的语言运用能力。其次，要构建“生本”英语课堂。要综合考量学生的语言认知水平、学习基础和能力、情感体验以及个性化学习需求，采用模块化教学设计，使学生能够积极参与课堂教学互动，从而培养学生的思辨能力和创新精神。最后，要优化课堂生态环境。运用现代信息技术手段，采用多模态新型教学方式，着力改善课堂教学环境，提升课堂吸引力，激发学生的学习兴趣。

第四，完善教学考评机制，凸显工匠精神的养成教育。作为未来工匠培育主

体的高职院校，应顺应时代发展，切实改变以往“功利化、程序化”（对教师）或“应试化、分数化”（对学生）、缺乏师生“人文关怀”的考评机制。强化教师自身素质和对学生工匠精神培育等定性考核，弱化教师教学课时数、论文著作数和科研项目数等定量考核。对学生的考核则要建立多维的形成性考评体系，注重对其综合素质、实践能力的全面综合考量，不唯分数，只求实效。可结合智慧校园建设，构建英语课程教学管理大数据平台，将平时考核、期中考核和期末考核相结合，注重考核评价的科学性、及时性、动态性和过程性。

第三节　以就业为导向的商务英语创新教学改革

商务英语专业往往侧重于对学生英语技能的培养，而当前我国商贸企业所需要的人才，不仅要掌握丰富的专业知识与技能，还要对商务礼仪等方面的内容有一定的了解，这就是所谓的专业性复合型人才。因此，商务英语教学活动的开展不仅要具有较强的针对性，还要有多样性，在制定人才培养目标的过程中坚持以学生就业为导向，以此来确保学生毕业之后能够全面适应工作岗位需求。

一、就业导向下商务英语课程体系优化

目前，在国际贸易高速发展的带动下，相关职业岗位也逐渐呈现出了复杂性、多样性等特点，且对从业者的综合素养也提出了更高的要求。为了培养商务英语专业学生的职业素养，必须重视商务英语课程体系的优化，积极进行模块化设置。在此过程中，以学生未来就业所需的综合素质为重要依据，以社会、就业岗位未来发展需求为重要指导，从而真正培养出专业性较强的复合型商务英语人才。

（一）基础能力

英语基础能力是学生综合应用英语知识及开展各项国际商务活动的重要前提。商务英语专业的学生要学习听、说、习作及翻译等课程，还要掌握语言技能，能够用英语交际。学生英语语言技能越高，综合运用英语知识开展各种商务活动的能力也就越高。除了一系列基本语言技能之外，对学生综合语言能力的培养也应有一定的专业倾向。

（二）商务知识和能力

这一模块的设置注重的是商务、金融、营销等一系列课程，还要开展校外实习活动，从而培养学生的商务操作能力。商务英语专业的毕业生不仅要掌握丰富的英语知识，还要对我国及国外的外贸方针政策、法律法规有一定了解，对进出口贸易的基本原理、基本业务知识进行准确把握，并具备具体业务能力。

（三）其他公共职业能力

这一模块的设置主要是注重选修类课程，其目的是培养学生良好的职业道德品质和跨文化交际能力。

首先，培养学生的跨文化意识。培养学生的跨文化意识，可以进一步拓展学生的学习视野，使学生对外国文化、习俗及行事准则有更全面的了解，并在学习中以开放、主动的心态去了解异国文化，突破盲从、偏见等局限。

其次，培养学生的心理调适能力。在跨文化背景下，授课中应注重培养学生的心理调适能力，使学生能够对人际关系作出更好的维系，使各种文化冲突得到有效化解。

最后，培养学生的跨文化运用能力。不同国家在文化、教育、政治等方面存在一定差异，各国人的价值理念也各不相同。这就需要国际商务从业人员掌握全面的跨文化交际知识。通过设置该课程，使学生了解文化对整个交际过程、策略可能带来的影响，避免出现运用失误。这样，学生才能更好地运用各种交际策略进行沟通交流，从而在国际化的商务环境中出色地完成交际任务。

二、就业导向下商务英语教学策略改革

（一）注重商务英语教学的职业倾向性

商务英语作为专用英语的关键组成部分，与普通英语相比有一定差异，因此，商务英语教学注重职业倾向性的体现，教学内容更有针对性。因此，商务英语教师不仅要阅读丰富的书籍，做好备课工作，还应该注重自身商务英语水平的提升。

另外，学校应创造更多机会，让教师深入各大企业进行锻炼学习，使其获得更多参与国际商务工作的机会。教师也可以通过实地考察，对国际商务领域中英语的应用情况进行更深入的了解。只有这样，教师才能对商务英语专业倾向性有更深刻的体会，积累更丰富的直接体验，并在此基础上进一步优化课堂教学环节。学校还应该积极引进拥有丰富工作经验的国际商务英语人才，负责专业主干课程的教学，不断增强课堂教学的针对性、实效性。

（二）重视案例教学策略的运用

案例教学活动的开展能够将理论知识教学、技能实践教学有机整合，有助于培养学生的专业能力。同时，相比于枯燥单一的理论教学，案例教学活动的开展不仅可以激发学生的学习热情，也能使学生对今后从事的工作有所向往，从而引导其全身心地投入学习、探究活动中。

对于商务英语专业来讲，运用案例教学法可以为学生提供更丰富的英语知识，也能够获得更理想的课堂教学效果。通过为学生详细解析案例、拓展一系列商务知识，学生能更全面、更深刻地理解相关知识，并进一步优化英语知识结构。另

外，商务英语教师也可以针对当前职业岗位的具体需求，营造与之相适应的职业情境，运用多媒体、实训室创设各种商业活动案例，为学生布置相应的学习、训练任务，进一步锻炼学生的技能，不断提高学生对工作环境的适应能力。

（三）强化校企合作

在我国经济、社会高速发展的背景下，传统枯燥、单一的教育模式已经无法适应复合型人才培养的需求。作为高等教育的关键环节，教学实习活动的开展不仅可以进一步锻炼、提高学生的实际动手能力，也能够帮助其更好地掌握所学知识。目前，我国大部分高校都未针对商务英语专业创建内部实习基地，而且即使拥有良好的实训、实践条件，也很难发挥出社会、企业在教育方面的功能，因此，各高校应加强对校企合作的重视。从培养学生职业素养、综合能力层面来讲，企业实训基地发挥的作用是不容忽视的，再加上其处于正常运作状态，设置的实训内容与学生未来要面对的工作内容非常相似，同时实训基地也能够为学生的实训锻炼提供更丰富的设备与材料。

另外，为了更好地培养商务英语专业学生的工作环境适应能力，各高校应积极实施顶岗实习的训练机制。这种实际岗位训练有复杂性、真实性等特点，是校内组织的各类实训活动所无法比拟的，这对进一步锻炼、提高学生的实践工作能力有着重要意义。同时，在此背景下，学生也可以进一步锻炼、提高自身的商务英语综合应用能力，在与企业专业人士交流中，也可以积累工作经验，提高职业综合素质。

三、就业导向下的商务英语听说能力的强化

为了使学生更好地就业，满足社会的需求，商务英语专业教学必须朝着就业的方向发展，把就业作为目标，才能突出英语的实用性，让商务英语能够更好地在市场上得到应用，这样才能保证人才的有效培养。

（一）以就业为目标的商务英语的重要性

当今，大学生一般凭借证书来证明自己符合就业岗位要求，但是很多学生为了取得相应的证书，只注重考试成绩的高低。为了能取得高分做大量的模拟题，不重视商务英语的听、说课程。再加上学校开设的听说课程教学时间不足，学生又没有相应的实践机会，毕业以后就业情况往往不尽如人意。为了能够让商务英语专业的毕业生更好地就业，应增加实训课程。还要与时俱进，进行培训活动，老教师最好是在社会上具有一定影响力的商务英语从业人员，这样才能使学生更好地了解当今社会对人才的需求，让他们明白听、说能力对商务英语的重要性，培训以后可以给他们设立或者寻找相应的外贸岗位，让他们通过这些岗位的锻炼提高就业能力。

（二）以就业为目标的商务英语教学策略

第一，以就业为导向调动学生听说技能训练的积极性。在商务英语听说课程

教学中，要做到真正的因材施教，运用多种教学方法，调动学生学习的积极性，使学生掌握英语听说技能。比如，教师可利用多媒体语音室让学生看一些当前领头人物事迹、一些视频教学等。学生可以听到他们标准的发音，看到他们的面部表情，这样可以调动他们进行技能训练的积极性，还可以把自己说英语的录音与播放的语音进行对比，找到自己发音或者说话语气的不足之处，久而久之，他们就能提升英语技能，提高就业能力。

第二，商务英语教学应注重培养学生的英语听说能力，让学生练习用英语对话，才能保证商务英语专业学生更好地就业。要让学生在听说训练中了解岗位要求，在课堂上，教师可以让学生进行情景对话，互相扮演领导和员工的角色。

第三，根据用工需求继续增加培训课程和听说教学内容。

商务英语就是用于社会交流和贸易的一种工具，商务英语教学应该关注现阶段社会、经济的发展状况，在教学中融入一些当今比较流行的语言，或者当今交易贸易不可缺少的行为方式、行为习惯。为了能够使学生扩展商务英语知识，要让学生从网上搜索一些商务专业的网站，购买一些相关的报纸等。

为了提高学生的商务英语能力，应该每学期定时安排听说训练或者比赛，让学生参与进来。这样，才能调动学生的积极性，让他们体验到学习商务英语的乐趣，如举办英文演讲、话剧等多种多样的以英语口语为主的活动锻炼学生的英语听说能力。

综上所述，商务英语教师在设计、组织各项教学活动过程中，应始终坚持以学生就业为导向，对当前的教学模式、课程体系作出全面分析，并针对其中存在的不足之处作出科学调整与完善，不断加强校企合作，为学生提供更多的实践学习、锻炼的机会，培养学生的综合职业素养，使其在毕业后能够全面适应社会、岗位发展需求，真正实现预期教育改革目标。

第四节　经济及教育转型发展背景下商务英语应用型人才的培养

一、经济及教育转型下商务英语的人才培养背景

（一）在经济转型阶段缺乏商务英语应用型人才

目前，在我国经济转型和产业升级阶段，需要大量创新型和应用型人才。尤其是近年来我国与世界各国的交往越来越频繁、贸易越来越多，商务英语就变得越来越重要，商务英语人才在市场上明显缺乏，培养商务英语人才显得极为迫切。

（二）高校的发展满足就业岗位的需求

目前，我国的高等教育，研究型大学和高等职业院校的系统（专业）人员培训都比较少。企业需要大量应用型人才，但是高校培育出来的学生不能很快地融入工作中，不能适应就业岗位要求，导致当前中国大学毕业生就业率偏低。在现阶段，为了让大学生更好地适应社会、融入社会，2016 年教育部提出本科教育高校应该向着注重技术和就业的方向发展，并结合当地的经济结构和社会发展进行人才培训，让他们不再毕业就失业。

二、国内和国外的企业人才培养调查

商务英语是和商业贸易结合起来的语言，它不仅仅是一种交流的工具，而且其内容涉及商务活动的方方面面。

在国外，英语教学和商业研究得到高度重视。例如，日本、韩国、泰国和拉丁美洲国家许多大学都开设了商务英语课程。商务英语已经形成了一个独立的学科体系。国外学者做了系统的调查，出版了一批商务英语方面的学术专著和论文。

在中国，大学商务英语教学经历了不同的历史阶段，并不断发展。例如，上海外国语大学、广东外国语大学等知名高校已经积累了丰富的培养人才的经验，吸引了大量学生，就业率是比较高的。高校商务英语专业为国家的经济发展培养了一大批拥有坚实基础的商务英语人才，学生掌握了相关的专业知识，了解了国际商业惯例，有利于快速适应就业岗位要求。

三、地方院校商务英语专业人才培养现状

《高等学校商务英语专业本科教学国家质量标准》（以下简称《国标》）明确指出："商务英语专业旨在培养英语基本功扎实，具有国际视野和人文素养，掌握语言学、经济学、管理学、法学、国际商法等相关基础理论与知识，熟悉国际商务的通行规则和惯例，具备英语应用能力、商务实践能力、跨文化交际能力、思辨与创新能力、自主学习能力，能从事国际商务工作的复合型、应用型人才。"《国标》进一步修订了《高等学校商务英语专业本科教学要求（试行）》（以下简称《教学要求》）的培养目标，为不同院校商务英语专业的人才培养定位确定了基点。

在近年的高校扩招过程中，商务英语作为热门专业备受青睐。众多地方高校的外国语学院都开设了商务英语专业。但由于专业发展的时间相对较短，对照《国标》及《教学要求》的规定，商务英语专业在人才培养方案和课程设置、教学、考评模式等方面仍存在如下不足：第一，商务英语专业人才培养定位模糊，特色不足，同质化现象比较严重。以至于人才培养的硬件、软件两方面都难以满足其人才培养目标的要求，致使教师教得吃力，学生学得费力，以至于学习收效不大。第二，语言

类课程设置“高大全”，包罗万象，课程设置不是围绕专业核心课程进行拓展，围绕专业实用课程进行教学练用。商务类课程设计不足，课程内容局限于语言类，实用性欠缺。第三，教学过程中重语言、轻能力，重商务、轻文化，重引入、轻实践，注重理论教学，轻视实训、实操。考评以笔试为主，忽视实践活动，商务英语实践训练严重不足，实训、实践平台欠缺。因为实训、实践不足，学生学无所用，不会用，用不上。第四，商务英语的院际合作及校企协作严重不足，缺乏来自企业一线的真正的专业教学指导，学生所学成了纸上谈兵。第五，较少提供未来素质培养的途径等。一些高校商务英语专业人才培养目标、课程设置、教学内容、教学方法手段、教学模式等与社会需求之间存在一定的差距。如何结合地方经济特色、高校转型现状及学生就业需求这些因素培养应用型商务英语人才，是地方高校转型期英语商务人才培养必须思考、研究并解决的问题。

四、地方院校商务英语专业人才培养策略

（一）准确定位人才培养目标，采用多种方式培养应用型人才

《国标》确定了商务英语及商务英语专业的人才培养目标内涵。仲伟合认为，开办商务英语专业的院校应在《国标》的基础上，根据各自的教师特点、区域经济、市场需求等，制订适应自己学校实际情况的人才培养方案。

在区域经济结构调整、转变、升级和发展的背景下，“中国农谷经济”“长江经济带”等新的经济模式，增加了商务英语人才的就业机会。地方院校的人才培养需要了解当地的经济发展、行业对人才素质、技能等方面的具体要求，满足当地经济发展对人才的需求。高校和地方院校的人才培养应结合区域经济特点，并考虑地方院校的转型和变革的现状，培养应用型商务英语人才。在确定人才培养目标的基础上，实施“专业联合 + 校企合作 + 产学研创一体 + 全面考评”的育人方案。

商务英语专业可以充分利用校内资源，建立校内专业联合及国际合作的协同育人机制，如一些专业的课程共享、外院和国际学院的课程、师资共享等，实行资源共享，促进校际课程互选、学分互认。实施学校和企业协同育人，用人单位参与商务英语教学、培训、实践指导、技术技能练习等。通过专业联合、校企协同育人及灵活运用各种教学方法，提高人才培养质量，提高其服务经济社会的能力，增加学生的就业机会。

商务英语专业并不是简单地在英语课程中加入商务的内容，而是英语专业本科主干课程和商务专业本科主干课程的有机结合，一方面，强调英语语言技能的专业训练；另一方面，强调商务课程的全英教学。转型发展的大学的技能、技术应用型人才的培养应建立需求导向的课程调整机制，课程设置前深入企业，实地

调研商贸情况及相关市场对人才规格的需求，实施商务英语专业的毕业生就业和重点产业人才供需年度报告制度，通过这些举措，及时反馈社会信息，针对经济社会的需要，对现有课程作出调整，充实、创新培养内容，使课程设置具有前瞻性和实用性，使学生的学习内容紧贴市场需求。通过模块设计方法，对商务英语专业课程进行五大模块设计，包括英语语言知识和技能模块；商务知识模块；商务英语技能模块；交际策略模块；人文素养模块。在新型经济模式下转型发展的大学要以服务新产业、新技术、新业态为突破口。培养服务产业转型升级、技术转移、应用特色鲜明的人才，要不断更新课程设置，适应“一带一路”倡议的商务专业课程，如“互联网+”、大数据+商贸、物流、报关、结汇等系列课程，创新培养内容，构建较为合理、实用的模块化课程体系，从理论和实践方面更新商务英语专业的学习内容，弥补现有课程设置及实践课程的不足，进一步完善商务英语专业课程设置体系。

（二）改革教学方法，创新教学模式

在“互联网+”的背景下，商务英语教学应紧跟“互联网+教育”的发展趋势，充分利用“互联网+教育”平台，改革教学方法，创新教学方式，充分利用数字技术资源优势，通过将信息技术和英语课堂教学有机整合的互联网平台，打造新课堂环境和教学模式，打造内容、平台、服务一体化的混合教学模式。

1.“浸泡式”教学

充分利用现代信息技术，以市场需要和学生兴趣为中心，用多媒体和网络信息技术模拟真实的工作环境、业务情景，为学生提供浓厚的职业氛围，使学生讲英语的技能和基本的商务技能通过实训得到强化。通过一流的“浸泡式”教学，培养既精通英语又掌握商务知识的应用型人才。

2.“翻转课堂”教学

充分利用英语学科小班授课的优势，采用“微课”“慕课”等教学模式，引导学生探索、讨论和参与。利用现代信息化平台实施“翻转课堂”教学，鼓励学生自主学习、培养学生学习与思考的能力。

3.产业或“双师型”教师指导教学

依托高校教师教学改革的核心，聘请产业教师或“双师型”教师进课堂，引进从事商务和外侨活动的专业人员为学生做前沿的、实用的行业指导，培训商务英语专业学生的专业技能。

通过“浸泡式”教学、“翻转课堂”教学和产业教师进课堂等教学活动，实现个别指导、差异化、个性化教学，使商务英语教学模块化，实现教学创新，培养学生的专业技能。

（三）校企协同，加强实训、实习，培养学生的商务实践能力

商务英语专业有明显的应用性质，要求培养商务英语专业学生的专业技能和应用能力。文秋芳将实践教育板块明确列在英语类专业课程设置的共同框架中，以便能够让学生将所学知识进行综合运用。仲伟合提出，应该把实践教学的目标和任务落实到各个实践教学环节中。这些观点进一步强调了商务英语专业的应用属性。

学生商务英语应用能力不高是地方高校普遍存在的现象，商务英语教学可以使用不同的教学方式，使学生学到许多方面的专业知识。还要规范课程的时间和内容设置，加强实训，培养学生的商务实践技能。在职业培训课程中培养学生的专业素养和专业技能，并提供实习机会，使学生在实践中充分利用自己所学的知识和技能。还要加强学校与企业之间的合作，开辟企业实践教学平台，探索校企合作的灵活的教学模式，加强实践教学。充分利用当地外资、外贸、商务公司及农谷经济和“爱飞客”平台，进行校企合作。校企合作培养以商务活动、真实的企业项目作为教学内容，为学生提供真实的企业环境、真实的企业导师、真实的企业运营。教学过程中突出专业特色，着眼学生的实际发展需求，学用结合，以用促学，学以致用，实现理论、技能及实践教学一体化。通过企业轮岗实习完成各种语言技能和商务技能模块的训练，摆脱英语知识与专业知识的脱节情况，重理论、轻实践的尴尬局面，有效解决高校专业人才培养目标与企业人才需求的错位问题，提高专业与产业、专业与就业的契合度。

通过实训、企业实习实践活动等多种实践平台，开展技术、技能型人才一体化培养模式，做到知识与能力并重，产学研结合，培养学生的学习能力、实践能力、创新意识及可持续发展能力。

（四）将创新创业引入课堂，进行创新创业教育实验

高校商务英语专业应充分利用政策优势，使创新创业教育内容融入各学科，或专门开设创新创业教育课程，大胆进行创新创业教育实践。商务英语教学应该借助“全民创业，万众创新”的政策，对商务英语供给侧结构性改革进行大胆探索，并开拓区域性的跨境电商产业园区运营管理模式。在服务企业研发，提升教师创新、创业教学能力的同时，教师在创新创业课堂教学中可以运用相关创业案例进行教学，向学生直观、生动地展示创业成功者的成功之路，让学生学习行业前沿和市场最新的知识、技能，了解并掌握创业方法和规律，具备创新、创业的基本知识、基本素质、能力和品质，培养学生良好的创新、创业意识和创业精神，使学生树立全新的就业观念，启发学生的创业思路，拓展其创业视野。

此外，学校还应激励教师制订个性化的培养计划，充分利用已有的创业平台带领学生创新创业。同时，学校还应创建更多的大学生创业园平台，鼓励、支持学

生结合自身特点和所学专业进行自主创新创业实践，支持学生跨校组建创新创业团队，培养学生的实践创新能力。

（五）改革考评机制，实行“过程＋结果”的综合评价

个性化的培养计划及学生结合自身特点和所学专业进行自主创业对传统的考评方式提出了挑战，转型发展的商务英语教学应改革考核内容和方式，尝试非标准答案考试，实现学分制管理，建立创新创业学分积累与转换机制，允许将学生开展创新实验、发表论文、获得专利、自主创业等情况折算为学分。建立学生创新创业档案和成绩档案，对创新创业成绩突出的学生在评优评先、奖助学金、研究生推免等方面予以倾斜。将理论学习、技能实训、实习、创新、创业全部纳入考核范围，实施综合评价，将标准化考核和档案评价相结合，引入动态评价机制，既重视考核结果，又重视技能实训、实习等实践学习过程，实现考核、评价全面化、动态化。

新型经济模式的出现成了商务英语人才培养模式改革的推动力。将人才培养与经济社会的发展需求紧密结合，以“立足基层，研究基层，服务基层”为指导思想，实施校企协同合作、产学研创一体化、考核评价全面化的育人措施，创新培养商务英语专业学生应用能力，培养社会急需人才，凸显地方院校商务英语专业人才培养特色，避免同质化竞争，形成新的竞争优势。这不仅有助于解决企业的“用工荒”问题，而且有助于提升就业率，有助于高校教育结构优化，促进地方高校成功向应用技术类型转型。

第八章　教育转型背景下商务英语的创新教学模式设计

第一节　商务英语之趣味谜题设计

在进行学科知识教学时，教师可以进行一些谜题训练设计，以提高学生各方面的语言能力。这些谜题训练与课文中的概念相关，既可以是口语形式也可以是书面形式。

设置有意义的活动，结合课本知识并锻炼听、说、读、写技能，将课堂上学习的知识与现实生活中遇到的问题关联起来，并能应用这些知识解决问题，这会给学生带来极大的成就感。这一系列有意义的活动通常被称为“现实问题”，因为它们代表着学生生活的真实世界。对于英语专业学生而言，真实的、有意义的问题尤为重要，因为他们学会了将文字和语言与周遭熟悉的事物一一对应起来。当他们有机会体验所学知识之后，他们学到的知识就不再是抽象的文字。在商务英语课堂上，现实谜题的设计以趣味性、互动性为主要特征，通常需要学生突破思维界限或进行团队合作来完成，在技能训练方面则兼顾了理解题干的预读能力、解题讨论中的口语能力和答题的写作能力。

本节以语言知识训练为主进行趣味谜题设计。这些趣味谜题既可以用于课程开始阶段作为预热练习，也可以放在课程中间阶段作为课堂气氛调节剂。

一、词汇教学谜题

简介：单词搜索是常见的单词谜题，简单级别的玩法是教师提供隐藏在图形中的所有单词列表，让学生寻找其中的单词；困难级别的玩法是不提供单词列表，仅提供词汇类型。此谜题适用于单词复习环节，在找出所有单词后，还可让学生写出单词对应的非中文。若题目难度较大，可以让学生结伴练习。

谜面：In the following rectangular grid of letters，there are 21 business-related words hidden.They could be lined up in lateral, vertical or diagonal way. Could you find them all and mark them?

E	T	E	V	N	H	E	S	M	H	F	O	D	L	D
N	R	L	V	P	O	E	V	O	L	R	X	E	A	L
K	L	U	A	A	S	I	M	L	N	K	E	A	N	O
F	R	R	T	I	L	O	T	E	A	C	F	L	O	H
G	G	O	M	C	G	U	V	A	N	H	R	E	I	E
B	U	E	W	E	U	E	A	A	L	E	Z	R	T	S
P	R	I	N	R	K	R	M	T	L	F	T	S	A	A
P	N	I	D	A	E	R	T	O	I	U	N	H	N	E
Y	S	Y	E	E	O	P	C	S	R	O	J	I	I	L
E	H	R	T	F	L	A	A	N	A	U	N	P	T	E
Q	B	Q	R	P	T	I	O	P	S	R	O	W	L	U
I	Q	E	S	E	Z	V	N	I	T	K	F	Y	U	N
J	P	S	D	A	E	H	R	E	V	O	X	N	M	E
R	E	S	T	R	U	C	T	U	R	E	G	U	I	V
A	W	Z	L	O	G	I	S	T	I	C	S	C	W	Z

谜底：The 21 words are：

BREAKEVEN	BRIEF	DEALERSHIP
EVALUATION	GRAPH	GUIDELINE
HALVE	HOMOGENISE	INFLATION
INFRASTRUCTURE	LEASEHOLD	LOGISTICS
MULTINATIONAL	OVERHEADS	PAPERWORK
PERFORMANCE	PREMISES	RELOCATE
RESTRUCTURE	TURNOVER	VENUE

E	T	E	V	N	H	E	S	M	H	F	O	D	L	D
N	R	L	V	P	O	E	V	O	L	R	X	E	A	L
K	L	U	A	A	S	I	M	L	N	K	E	A	N	O
F	R	R	T	I	L	O	T	E	A	C	F	L	O	H
G	G	O	M	C	G	U	V	A	N	H	R	E	I	E
B	U	E	W	E	U	E	A	A	L	E	Z	R	T	S
P	R	I	N	R	K	R	M	T	L	F	T	S	A	A
P	N	I	D	A	E	R	T	O	I	U	N	H	N	E
Y	S	Y	E	E	O	P	C	S	R	O	J	I	I	L
E	H	R	T	F	L	A	A	N	A	U	N	P	T	E
Q	B	Q	R	P	T	I	O	P	S	R	O	W	L	U
I	Q	E	S	E	Z	V	N	I	T	K	F	Y	U	N
J	P	S	D	A	E	H	R	E	V	O	X	N	M	E
R	E	S	T	R	U	C	T	U	R	E	G	U	I	V
A	W	Z	L	O	G	I	S	T	I	C	S	C	W	Z

二、阅读教学谜题

数“f”（How many “f” is?）——from Businessballs.com

谜面：Show the box below to people and ask them to read the words and count the number of times the letter f（or F）appears. Most people get it wrong. It’s not a trick question —— the trick is the way that the mind works in identifying letters.

> How many“f”s?
> FINE POINT
> It is easy to miss the finer Points in life. Folk are frequently guilty of falling into this trap.
> Finished files are the result of years of scientific study combined with the experience of years.

Finished files are the result of years of scientific study combined with the experience of years.

People commonly fail to see the last but one “f” , did you?

And if you found that one too easy, try the next one. Again, how times does the letter “f”(or “F”) appear in the following item?

谜底：第一张图 8 个 “f”（常常被误数为 7 个），第二张图 6 个 “f”（可能被误数为 3 个）。

训练要点：可使用该谜题揭示一个道理——人们有时会被大脑的固定认知误导。该谜题也可用于以下科目——注意力、精确度、假设性、创造力或横向思维能力训练（解题方式可以变为利用某种工具达成既定目标，如利用电脑文字处理软件中的“寻找”功能定位“f”的位置）。

三、智力谜题

神秘团（Dingbats—The pictures give you clues to the word or phrase!）

简介：Dingbats 这个词在有道上的释义为“深奥图案字体”“神秘图案”，作为语言谜题的 Dingbats 是巧妙地将姓名、短语或者谚语隐藏在一幅幅图画中，这些图画将被翻转、被颠倒、被平移、被打乱顺序。解谜者需要利用大小、位置或方向上的提示，辨认出每幅图片上的单词或词组。有时，图片上会同时呈现图片、文字和数字的组合，这些都会帮助解谜者找到答案。以下是一些 Dingbats 的示例，教师们也可以尝试组合文字、数字与图形，来制作自己的 Dingbats。

谜面：

谜底：左，ONCE UPON A TIME；中，YOU’RE UNDER ARREST；右，FORGIVE ME。在具体游戏过程中，一部分人很容易把右边的题解答为 GIVE ME FIVE，可以借此机会锻炼、检测学生的观察能力和联想能力。

第二节　商务英语之口语教学设计

教师通过给学生布置练习和应用任务，让他们将所学知识应用于实践。教师通过精心设计应用型任务，使学生的听、说、读、写四项技能得到运用。练习和应用阶段对学生的学科语言发展尤为重要。应鼓励教师将基础语言知识训练任务、学科语言知识掌握任务及高阶语言发展任务等多种形式融入教学。

教师通过练习环节引导学生独立应用新知的过程，需要将以下 4 个方面考虑在内：每次仅提供少量有意义的材料，训练时间不宜过长，以提升学生关注力和学习动力，新知识集中时间练习，旧知识分散时间练习，并提供特定性反馈。在商务口语教学中，介绍商务语境中的语言用法新知，应分专题，有重点，并结合文化介绍和语言应用，尽量设置真实的商务语境，进行分阶段的口语强化训练，这将有助于提升学生独立应用知识的能力。

设置活动帮助学生应用学科及语言知识，学生掌握新语言时，应用新信息的能力至关重要，因为讨论并使用新知识的行为，是把抽象的概念变得具体。应用活动可以有多种形式：将信息归纳为图表以便复习，按要求从多角度解决实际问题，对现实问题进行辩论，对理论进行课堂讨论并形成文字报告等。在商务口语教学中，可以进行多项学科性口语训练，并可以分步骤进行教学——在对概念知识和文化背景进行讲授之后，可以先组织学生对概念进行讨论辨析，就现实案例进行分析解决，然后对流程性较强的如演讲、会议等的用语规划出流程图表，最后采用角色扮演等方式演练真实商务场景中的口语表达。

根据以上特点，在商务英语口语教学设计中宜吸引学生开展多种类型的练习及应用活动，以巩固学科知识，提升语言应用能力。商务口语交际有多种形式，既可以通过电话进行，也可以面对面进行。口语交际可能发生在以下几种场景中：私下讨论、餐桌交谈、电梯闲话、电话交流、过道偶遇、员工聚会、上级训话、与客户沟通、正式会议、面试、培训、演讲、会议、座谈、商务谈判等。

尽管大多数人会认为口语交流比书面交流更容易，因为口语中的语言更随意，但在商务环境下，如果说出的话未能经过思考，那么，传达的信息可能因不全面而收不到应有的效果。因此，在商务口语教学中，语言的传授技巧是重点。本节选取了几个具有代表意义的商务口语环境：普通交际、电话沟通、演讲、会议及谈判作为切入点，将分别对不同内容的教学设计一一进行介绍。

一、交际技巧教学

（一）交际的定义及教学原则

本节中的“交际”对应的英文是“socialize”或“communicate”，指参与社交活动，与人交流。在交际教学中，教师可以遵循以下原则：

· 了解学生的真实需求，尤其是他们所面对的交际情景。

· 通过需求分析了解他们的具体需求。

· 善用角色扮演，一方面可了解学生水平，另一方面可作为训练。

· 把学生自身的经验作为案例材料。

· 对高水平班级可以进行拔高训练，如未经准备的即时对话。

· 控制角色扮演活动的时间长短，留出时间用于反馈。

· 有条件时可以用录像的方式给出反馈。

· 强调所讲的内容不是最重要的，而讲话方式更重要（包括语调，使用的缩略语等）。

· 提供多种形式的范式及反馈（如视频、音频或文字版对话范式等）。

· 尽量贴近“真实生活”（可以邀请以英语为母语的嘉宾教师，将学生带入语境中，或者参观外企等）。

· 在讲授技巧之前了解学生已知的技巧。

· 提醒学生注意“语域”问题（正式用语与非正式用语的区别）及其重要性。强化此方面的训练环节。

（二）教学重难点

交际技巧中的教学难点主要集中在特定的场景中，以下是让学生们感到头痛的一些情境：

· They forget someone’s name.

· They want the other person to call them by their first name.

· They are late for a meeting.

· They want to make the correct response to bad news, showing interest, responding to a suggestion, request, invitation, asking for permission, etc.

· They don’t wish to express a preference (e. g. “Would you prefer red or white wine?”).

· They have to/ want to leave someone who will not stop talking.

· They have to make polite conversation at a party for longer than the first five minutes that are covered in books!

在确定学生需要掌握的技巧之后，教师可以输入以下语言范式：

· Sorry, I' m hopeless with names! I know your face—please remind me.

· Call me Peter.

· Sorry, I' m late. / Peter sends his apologies that...

· Oh, dear! / I' m sorry for your loss. / Please accept my condolence.

· I don' t mind. I' m happy to have what you are having.

· Excuse me, I just spot a person I haven' t seen for years.

· Make small talks just don' t touch the TABOOS—health, politics, etc.

(三)教学步骤和教学内容

在实际操作中，有两套步骤可以进行交际英语的教学。教师需要谨记，预先了解学生的背景（如他们的工作经历及英语水平），才能制定出更有效的教学方案。

方法一

·教师定义“交际英语”；

·必要时教师进行需求分析；

·让学生提供他们认为困难的交际场景进行训练 / 根据上述情况为学生设定场景进行训练；

·让学生在不同场景中进行角色扮演（有条件时进行录像）；

·教师提供反馈；

·教师提供正确的语言范式 / 学生进行限制性句式训练。

方法二

·教师进行语言输入；

·学生进行限制性句式训练；

·学生进行限制性角色扮演；

·学生进行自由角色扮演；

·教师提供反馈。

(四)任务设计及材料

1.Welcoming Visitors 任务设计

任务一：Role Play — Making a Dialogue Based on the Following Chart

Visitor	Receptionist
Introduce yourself. Say you have an appointment with Sandra Bates. Decline-ask if you can use a phone.	Welcome visitor. Explain that SB will be here shortly. Offer a drink/refreshments. Say yes/Offer fax as well.

续 表

Decline-you only need the phone. Thank him/her. (a few minutes later) Thank assistant. Ask how far it is to station. Accept offer-suggest a time.	Show the visitor to the phone. Reply-offer any other help. Two miles-ten minutes by taxi. Offer to get one. Promise to do that-say that SB is free now. Offer to take him/her to SB's office.

任务一所展示的是一个公司内部的例行接待程序。从接待方面而言，该程序由迎接、提供信息、闲聊和提供帮助组成；从被接待方面而言，该程序由抵达、自我介绍、说明来意和请求协助组成。因此，对话双方各有一套可遵循的语言模式，教师可以在提供对话范式后，让学生进行限制性角色扮演，也可以选择在学生进行自由表演之后录像（有条件的情况下），并给出反馈。

任务二：Role Play — A Drunken Night

The Client You went out to dinner with your supplier last night, You had a very pleasant evening, but you had a little too much to drink and overslept. It is now the next morning and you are 20 minutes late for a meeting with your supplier. You don't feel terrific. **The Supplier** You took your client out for dinner last night. It was a very enjoyable evening, but he drank a little too much. It is now the next morning. You are waiting for him and he is 20 minutes late.

任务二展示的场景可能没有学生经历过。面对这种尴尬的交际局面，他们的应对策略应该包括：为某事致歉、接受道歉、询问某人情况、感谢某人款待、表示过得很愉快，等等，除了语句之外，还需要有正确的语气。教师可以预先提供部分常用语句以供参考。

2. Small Talk 任务设计

任务：Question Quandary

The following are questions to be asked in a small talk with your client met for the first time. Decide which of the questions are APPROPRIATE, which are INAPPROPRIATE.

Are you married? Do you have any children? Do you like your job? Have you been to this part of the world before? How long will you be here? How much do you earn?	What does that involve? What do you do exactly? What do you plan to do while you are here? What do you think of it so far? What line are you in?

续 表

How old are you? I hear your company's about to go bankrupt. Is that right? Is this your first visit? What are your qualifications?	What's your position? What's your problem? When did you graduate? Where are you staying? Which department are you in? Which university did you graduate from?

KEYS:

Appropriate Questions	Inappropriate Questions
How long will you be here? What line are you in? Which department are you in? What do you do exactly? What does that involve? Have you been to this part of the world before? Is this your first visit? Where are you staying? What do you think of it so far? What do you plan to do while you are here?	How old are you? Are you married? What's your problem? What's your position? How much do you earn? Do you have any children? What are your qualifications? Which university did you graduate from? When did you graduate? Do you like your job? I hear your company's about to go bankrupt. Is that right?

在任务中，学生要区分哪些问题适合用于初次见面场景中，哪些不适合。分界线在于是否符合社交礼仪（Protocol）及社交禁忌（Taboo）。安全无害的问题一般是与说话者的自身利益、隐私、身份、经历、好恶非紧密相关的问题；反之则为不恰当问题。不恰当的提问，即使是隐晦地涉及对方的禁忌，也会被视为不礼貌，可能被拒绝回答，并会为双方的关系带来不利影响。经过实践发现，在学生完成任务之后，教师进行点评时输入社交礼仪的信息，效果要好于任务前输入。

二、电话技巧教学

（一）商务电话的特性、功能及教学目的

电话是商务沟通中最重要的工具，没有之一。一句老话可以印证这一点——“时间就是金钱”。一个快速的决策可以带来巨大的改变。即使与电邮相比，电话的优势仍然存在。电话的优势不仅在于用口头语言沟通起来更具亲切感，更有利于搭建人际关系，更在于可以得到即时的回复。这些优势是电邮或其他沟通方式无法企及的。

而电话沟通的劣势也是显而易见的。由于电话双方无法见面，因此，得不到任何视觉辅助和肢体语言的提示。当这些帮助说话者降低相互理解与沟通难度的

策略被屏蔽之后，如何进行有效互动、如何使与人沟通的过程变得愉快，这些将是商务英语电话教学中需要解决的主要问题。

商务电话的功能可以概括为以下几点：传递信息、索要信息、确认信息、安排任务、劝说销售、谈判协商、提供协助及投诉服务。商务英语电话教学的目的是通过训练，帮助学生提升商务电话中的职业性技巧，包括礼貌用语和常规用语。在训练电话技巧的同时，教师要注意给出优缺点反馈。

（二）教学重难点

重难点之一：改变通话习惯。

多数人在接听电话时习惯使用“Hello”，这种习惯既显得不够热情，同时致电者不得不追问接听者的身份，通话效率会受到影响。教师要帮助学生改变不良的通话习惯，在通话时使用热情的口吻，表现出对通话的兴趣。可以尝试用以下话语开始愉快的电话交谈：“How nice to hear from you.”“It's nice to hear your voice tor a change.”“This is a nice surprise. Thank you. ”下面的表格可以作为改变通话习惯的基本范式。

Instead of	**Say**
Hello.	Good morning，Mr. Tay's office. Maggie speaking.
I'll call you back soon.	I'll call you back within the next 30 minutes.
You've got the wrong department.	I'm sorry，you've been put through to Sales. You need Purchasing. I'll transfer you.
What do you want me to do about it?	How can I help you，Mrs. Lim?
No problem.	You're welcome. My pleasure.
That's impossible.	I'll do my best to help you with this.
Who is this?	May I have your name please? Who's calling please?
I don't know.	I'm not sure，but I'll try to find out for you.
The only thing I can do is...	The best thing I can do is...
Sorry to keep you waiting.	Thank you for holding.

重难点之二：电话常用语练习。

教师要将常用电话用语分类教授，并让学生采用角色扮演、角色互换等方式巩固知识。以下是部分常用语分类。

Introducing yourself This is Ken. Ken speaking.	**Asking who is on the telephone** Excuse me，who is this? Can I ask who is calling，please?
Asking for someone Can I have extension 321? Could/Can/May I speak to...? Is Jack in（the office）?	**Connecting Someone** I'll put you through. Can you hold the line? Can you hold on a moment?
How to reply when someone is not available I'm afraid...is not available at the moment. The line is busy... Mr. Jackson isn't in... Mr. Jackson is out at the moment...	**Taking a message** Could/Can/May I take a message? Could/Can/May I tell him who is calling? Would you like to leave a message?

重难点之三：学习正确的电话交流方式，关注以下电话技巧要点：

·使用热情的语气进行通话，要知道很多努力因为话不投机的一次电话而告吹。

·用电话发展人脉，促进理解并建立联系。

·在通话时保持友好自然的态度，尽量使用非正式用语。

·通话时可以变换语调和音高以表现专注。

·使用对方的姓名和友好表达方式以表现对致电方的兴趣。

·避免使用表现力弱、无用的表达方式，那些方式令人沮丧且会给人留下不好的印象。

·尽力在每一次通话中留下积极的印象。

·给每位致电者完全的关注，不要插话，也不要敲键盘。

·给对方思考的时间，不要不停地说话。

·时常关注自己的电话礼仪，并随时作出适当调整。

（三）教学步骤和教学内容

从教学实践而言，商务英语电话教学可以从 4 个步骤着手：目的准备、电话流程、礼节训练、语言准备。

步骤一：目的准备阶段，主要是让学习者明确每个商务电话的目的，并对可能发生的情景做好准备。目的类别参见上文商务电话功能。

步骤二：电话流程阶段，也就是商务电话的各个环节。致电者电话环节大致包括：问候—自我介绍—说明通话目的—主要通话内容—反馈要求—结束通话。致电者，在通话前应该做好笔记，计划好要说的话、要提出的问题和希望获得的反馈；在通话中要首先表明身份，询问对方是否方便通话，并仔细倾听，说话不要太快，注意语气停顿；在结束通话前可以总结要点，并感谢对方合作。

接听者电话环节大致包括：确认身份—主要通话内容—回复致电方要求—结束

通话。致电者要熟悉环节，明确目的，善用通话技巧（组织技巧和语言技巧）。接听者，通话开始时要记得礼貌地致以问候；通话中要注意语气停顿，仔细倾听；通话结束时要向对方致谢。

在进行本教学步骤时，角色扮演可以作为主要的教学方式，但要注意使用得当，以下是用角色扮演辅助商务英语电话教学的一些要点：

· 给学生准备的时间。在学生接受角色任务时，给他们一定的时间去准备他们的对白。他们可以借此机会组织语言，并有效使用以前学过的知识。

· 背对背练习。由于受教室环境的限制而无法提供真实电话时，可以让学生背对背坐好以模拟真实生活中无法看到对方的情景。

· 进行录像。有可能的情况下可以录下对话，以便学生稍后进行自我评价。在一对一教学的情况下还可以协助教师给出反馈。

· 给出反馈。在角色扮演过程中，教师应观察整个对话过程，并对常见的语言错误进行记录，在表演结束后给出评价。其中一种方法是将所有错误的语句写在黑板上，让学生找出问题所在，也可以写出部分正确的、优秀的句子帮助学生增强信心。

步骤三：礼节训练阶段，主要训练学生使用语气的技巧，以有效达到电话沟通的目的。在通话双方不见面的情况下，信息传递的质量很大程度上取决于语气，如表达的清晰程度、有效的反馈、恰当的语调及适时提供后续协助。

电话礼节中的 Do：

· 降低对话干扰 / 噪音。单词发音要清晰，在有标点符号处暂停，每次表达一个观点。

· 等待反馈。敏锐察觉听者的困惑迹象。

· 必要时进行重复。如果对方没听懂，可以选择简单的表达方式进行重复，不要提高音量重复同样的话语。

· 不要以高人一等的语气说话。不要逐字逐句地说，也不要责怪对方听不懂。沟通不畅时可以问“我是不是讲得太快了”，而不要说“你是不是觉得太难了”。

· 使用客观准确的语言。不要把 fantastic 或者 fabulous 这类形容词挂在嘴边，这样会显得不真实且过分夸张。

· 让别人把话说完。如果抢了对方的话，可能会漏掉对方话语中的重点，也显得不够尊重人。

以下是电话礼节中的 Don’t，常常会让对方感到反感，要注意规避这些行为：

· 接电话时语气生硬。由于对方来电打断了自己的工作，所以说话时暗示自己遭到了打扰，而语气生硬。

· 语言过于正式呆板。这会让对方敬而远之，希望尽快挂断电话。

· 说话中没有停顿。不带喘气地不停地说，既没给自己思考的时间，也没给对方思考的时间。

· 边吃边讲电话。使得说话语音含混不清，对方会很快意识到你不想多说。

· 边讲电话边敲键盘。会让对方很快没了通话的兴趣。

步骤四：语言准备阶段，这个步骤相对明晰，主要包括语法、词汇、发音等的正确使用。

在教学中，主要教学内容集中于关键性的沟通技能，还有对学生优缺点的反馈上。确定好教学步骤之后，可以根据需求设定具体教学内容。为了更贴近实际需求，本章选取其中比较具有代表性的 4 种功能进行任务设计展示：role play，language training，telephone manners，solving problems。

（四）任务设计及材料

1. Telephone Manners 任务设计

Sound More Friendly and Polite

Add words from the first phrase in bold to complete the second friendly and polite phrase.

1. What's your name?	Sorry, could I have your ________ ?
2. Who do you want to speak to?	Who would you like ________ ?
3. She's in a meeting.	I'm afraid ________ ?
4. He's talking to someone.	One moment. He's just ________ ?
5. Do you want to wait?	Would ________ like ________ hold?
6. What's it about?	Can I ask ________ it's in connection with?
7. Wait! I need to find a pen.	Sorry, I'm just looking for ________ .

此项任务用于训练学生如何礼貌表达。通过练习，大多数学生会知道如何说话更礼貌，但不常使用这些表达方式。这也许是文化差异的一种表现，西方人在商务交流中常常使用更委婉的表达方式，而大多数学生的表达显得较为生硬直接。这种情况在跨文化语境中可能被认为对对方缺乏礼貌和尊重，因此，对电话礼仪的表达方式进行训练和复习是非常有必要的。

2. Solving Problems 任务设计

Types of Questions

Group the following questions according to 6 groups—making questions sound polite（M），open questions（O），closed questions（C），leading questions（L），probing questions（P），and reflective questions（R）.

Explanations：Closed questions—these questions are seeking a Yes/No answer;

Leading questions —these questions force an answer in a certain direction;

Probing questions —these questions are seeking further information;

Reflective questions—these questions support the answerer; they show you have been listening.

1. Could you expand on that, please? ( )
2. Could you tell me why we have to do it? / Why do we have to do it? ( )
3. Don't you think we should leave? ( )
4. Do you mind telling me whether you re ready? ( )
5. Do you think you'll finish on time? ( )
6. Have you finished? ( )
7. How is this going to work? ( )
8. I would like to know where we can contact you. ( )
9. If I understand you correctly, you are saying... ? ( )
10. So you think we should... ? ( )
11. We've been talking too long, haven't we? ( )
12. What exactly do you mean by... ? ( )
13. Why do we need to invest? ( )
14. Would you mind telling me whether we have to leave? / Do we have to leave? ( )

此项任务对用电话解决问题过程中常用的提问方式及其功能进行了汇总，学生可以全面了解这些提问方式。在任务进行过程中，学生会意识到解决问题的过程实际上是一种善意沟通、平复对方情绪、以共同找到合理解决方案的过程。You-attitude 在这种语境中显得尤为重要，任何粗暴、不加考虑、直接拒绝的语句或语气都有可能导致矛盾升级，协商破裂。

三、演讲技巧教学

（一）演讲的定义、原则及教学目的

演讲是一个将个人的观点或想法表达出来，与听众进行沟通的机会。其形式可以是正式的或非正式的，即兴的或有准备的，其听众可以是一个人或一群人。在商务英语环境中，演讲的对象多为上司、新进员工、客户、同事及供应商；演讲的场合可能是媒体见面会、产品上市会、培训课、小组讨论、研讨会等。一场有效的演讲应遵循以下 5 个原则。

· 结构清晰原则：演讲须有清晰的开头、正文和结尾。

· 多媒体原则：多媒体视觉工具会有助于听众理解和记忆。

· 双向沟通原则：若听众有机会积极参与，则沟通更有效。

· 文化敏感原则：记住并留意听众因文化而产生的敏感话题。

· 记忆原则：人们对最初和最后听到的信息记忆力最佳。

在商务英语课堂上，演讲教学目的如下：

· 有效地组织演讲的语言和结构。

· 提升演讲技巧，以助于对听众产生更大的影响。

· 学习演讲的恰当表达。

· 练习演讲，并获得优缺点反馈。

· 复习演讲设计及熟悉视觉工具的使用。

（二）教学重难点

重难点一：对听众的了解

演讲的场合多变，演讲既可能是严格规定时间的大会发言，也可能是时间安排松散的培训讲授。而在所有情况下，演讲者都需要面对特定的听众。因此，演讲者对听众的情况进行了解是演讲准备阶段的重要组成部分，以下列举了一些需要了解的情况：

· 听众的人数有多少？

· 听众的年龄段怎样？

· 听众的语言、文化、计算水平如何？

· 听众的性别分布情况如何？

· 听众从事什么类型的工作？

· 听众对演讲者将要讲述的话题是否感兴趣？

· 听众是因何原因来参与演讲的？

重难点二：演讲的肢体语言

肢体语言可以帮助演讲者提升演讲水平，也可以破坏演讲。以下是演讲肢体语言注意事项。

· 保持与听众的眼神交流：扫视听众时目光在每个听众的脸上停留一秒钟，然后移至下一位听众。不要将注意力仅仅集中于一至两名听众。

· 不要面对投影或者屏幕说话：永远保持脸朝听众。

· 适当的时候微笑，但不要笑得过多。

· 使用手部动作强调要点。

· 尽量保持在同一个位置：不要常常走来走去，保持美观的站立姿势。

· 避免一些言谈举止上的怪癖，如下意识地不断重复某种语言或动作、摇晃身体、玩弄马克笔等。

· 不要将手插在口袋里。

重难点三：演讲中的指示性句式

Before I begin I' d like to thank...for giving me the chance to talk to you today.
I' m going to talk to you this morning about...
I' ve divided my presentation into three main parts，First...， second...and finally...

续 表

Let's start by looking at...
Okay, that's all I want to say about...
Any questions so far?
Let's move on to...
If you take a look at this next slide, you will see that...
Before going on, I'd just like to mention...
So, to come back to my main point, ...
Finally, I'd like to deal with the question of...
So, to sum up, I have talked about...
Right, let's stop there.
If you have any questions, I'd be pleased to answer them.

重难点四：演讲中的视觉工具描述句式

Now I'd like to show you this graph. It shows...
On the left-hand vertical axis you can see...while the horizontal axis shows...The three lines show...
What we can see here is a sharp/slight/rapid/steady/dramatic/marked increase (decrease/recover/deterioration) ...
Have a look at this. As you can see, ...
I'd like to point out...
Let me show you something...
To give you the background to this...

重难点五：演讲中的图表变化趋势描述句式

The market advances/gains/rises.
The market declines/falls/loses.
The market booms/is excited/becomes active/brisk.
The market slumps/becomes dull/breaks down.
The market is on the up grade/on an upward trend/tends upward.

续　表

The market is on the down grade/tends downward/takes downward.
The market declines/drops/sags.
The market jumps/advances/soars.

重难点六：回答听众提问

有的演讲者倾向于在演讲结束时接受提问，有的倾向于在演讲中接受提问。

· 把提问环节留在最后可能更有助于掌控时间，因为思维不会常常被提问打断。

· 说话时直面提问者，必要时重复对方的问题以便全部听众能听清。

· 回答问题时可以扫视全场，不要仅看着提问者个人。

· 将提问环节看作契机而非威胁。

一些常用的短语如下：

That's a fair point. I know that...But I think that...
That's confidential. I'm afraid I'm not at liberty to tell you.
That's not really my field. But I can put you in touch with...who is working on...
The questioner would like to know...Is that right?
Well, I think that goes beyond the scope of today's presentation. Today I want to concentrate on...not...
I'm afraid we've run out of time. But if you'd like to come and discuss that with me now, I'll try and give you an answer.
Sorry, I didn't catch the question—could you repeat what the questioner said?

（三）教学步骤和教学内容

演讲教学可以按照时间划分成 3 个阶段：准备阶段、进行阶段和结束阶段。以下是 3 个阶段中分别需要注意的事项。

演讲准备阶段注意事项：

· 了解听众：人数、身份、参加原因、对演讲话题的了解程度。

· 了解演讲场地和设备：房间情况、座椅安排、设备情况等。

· 设计演讲内容及大纲，但不要逐字写下演讲内容。

· 在纸上而不是卡片上进行标注。

· 记住演讲的前五句话。

· 准备视觉工具：图片、图表、投影、幻灯片等。

· 找朋友或同事当听众彩排演讲（多次训练直到非常熟悉内容）。

演讲进行阶段注意事项：

· 准时开始，不必等候迟到者。

· 计划好每个要点花的时间并按计划执行。

· 不要在某一个点上过度延伸铺开。

· 不要跑题（讲述与题目无关的事情），除非你有特定目的。

· 准时结束，不要超时。如果没有时间讲完所有要点和回答提问，会使演讲大打折扣。

· 让坐在房间后部的人能听到演讲，但不要喊叫。不要询问后面的听众是否能听清，应在开始前检查音量。

· 必要时使用麦克风，但不要将麦克风过于靠近嘴。

· 无论是否使用麦克风，都以平常的语音说话。演讲时不要一直保持同一个音调，要变换语调。

演讲结束阶段注意事项：

· 重复要点。

· 在陈述观点时尽量使用不同的词汇和不同的描述方式。

· 结论要简短且重点突出。

· 使用一个有力的结尾。用一个短句或者容易记忆的表达方式结束。

· 用一个连接词或句子来提示听众演讲已进入结束环节。

· 考虑好总结观点的方式。

· 结束时给出明确的行动呼吁，便于听众在演讲结束后采取行动。

从教学内容上讲，演讲稿本身的语言组织和使用是关键。演讲从结构上可分为介绍、主题和结束及提问。

介绍部分主要涉及自我介绍和演讲主题介绍、演讲大纲及各部分简介、说明提问环节设置在演讲中还是演讲后。正式演讲在开头时通常要对邀请者致谢，也可以感谢现场重要来宾的到来。演讲的开头部分要能迅速吸引听众的注意力。其功能类似于报刊的标题，一语中的，吸睛程度高。通常的开场方式为讲笑话、列举令人吃惊的数据或者事实、设置困难或者对听众提问等。引起听众共鸣后，演讲者可以用清晰明了的语言引出演讲主题和观点。

主题部分作为演讲的核心部分，要能阐发观点，说服听众。可以引用事实，提供权威信息，使用逻辑性论述，并举例验证观点。让听众明确他们会听到几个要点，并在要点转换及切换至视觉工具时，用明确的提示语来引导听众。视觉工具如投影、幻灯片、白板、活动挂图、视频片段、图片及表图、模型及样品等，有助于提升事实或数据展示的效力，令听众产生兴趣，并能更好地说明观点。就演讲者自身而言，视觉工具可以帮助其记忆演讲中的细节，提升演讲者的专业形象。

结束部分可以用简短的语言对演讲内容进行总结。因为听众对演讲开头和结尾的记忆最为深刻，因此，这两个部分是传递最重要信息的关键部分。演讲结束阶段来临时，要用提示语如“in conclusion”“to sum up”等来提醒听众。听众一旦意识到演讲快要结束，就会更加集中注意力，此时正是再次解释主要观点的绝佳时机。听众提问环节是演讲的重要组成部分，听众的提问表明了他们对演讲内容的思考。演讲者在回答听众提问时要保持专业性、自制力和对全局的掌控。对于一些难以回答的问题，演讲者可以仔细思考，预先准备答案。回答问题时要首先对提问提出赞许，听不清时可以要求提问者重复问题，回答时面对全体听众而非提问者个人，问题过多时要注意控制时间。

（四）任务设计及材料

1. Cause，effect and purpose 任务设计

A Presentation

Present the graph below. Don' t worry about quoting precise dates and figures, out pay particular attention to the language of cause, effect and purpose. The graph has labels to help you.（Useful expressions: thanks to, brought about, gave rise to, can be traced back to, accounts for, owing to, resulted in, is attributable to）

本项任务是一个较为复杂的演讲口语训练，难度在于该公司日常运作中的各种事件导致销量变化，训练的重点是如何合理地运用因果关系的描述用语（见图 8–1）。学生可能会因为其中曲折过多而产生为难的感觉，此时教师可以降低对数据描述准确性的要求，让学生将描述中心放在如何使用不同的因果关系表达法来陈述事实上。

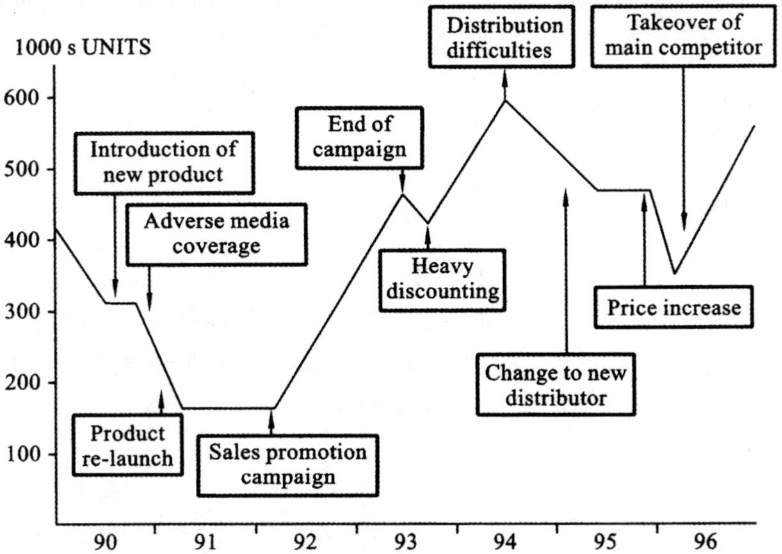

图 8–1 某公司由于各种原因导致销量变化图

2. Dealing with Questions 任务设计

任务一：Matching

Match the problem person with one or more techniques. What else could you do?

Problem Person（Somebody who...）	**Techniques**
1. ...whispers during your talk.	a.Redirect the question back to the questioner.
2. ...interrupts with an irrelevant question.	b.Thank them and ask the group to comment.
3. ...challenges you on a factual point.	c.Say they might be right and you will check later.
4. ...asks a difficult question at the end.	d.Say you' ll deal with that point later.
	e.Ignore them.

任务一的训练重点是处理演讲过程中的突发状况。与以前的语言训练相比，此项练习更类似于情绪控制和现场反应。这一系列预设的状况及其对应的应急处理策略可以使演讲者做好心理准备。除了以上列举的状况以外，教师还可以让学生进行头脑风暴，来补充其他突发状况和应对策略。

任务二：Complete the Table with the Five Techniques in the Box.

1.（　）let me check I understand. Are you asking...?/Well，it all depends what you mean by.../Could you be a little more specific?

2.（　）That' s a very interesting questing. Could I ask you what you own View is?/You must have thought quite a lot about this. What do you think?

3.（　）Anyone like to comment on that?/Has anyone else had a similar problem?

4.（　）That' s a good question，but I' m afraid it' s not really my field .Mr. Hamad，can you help me to answer that?/As if，I think you know more about this.

5.（　）OK，we only have a few minutes left. Is there one last question?/I' m afraid that' s all we have time for. Thank you all very much for your attention.

a.Redirect to another person

b.Redirect to the questioner

c.Redirect to the group

d.Clarify

e.Control the timing

任务二是练习演讲过程中提问环节的一些常用句型。其实那些知道答案的问题是不需要长时间准备的，需要准备的是如何应对那些不恰当、不扣题、非善意、不清晰或者无法回答的问题。这些技巧可以帮助演讲者在保持优雅的同时，合理地避免尴尬。教师可以使用模拟训练来帮助学生熟悉技巧的使用。

四、会议技巧教学

（一）会议的特性、类型及教学目的

会议是指一群人聚集在一起为了一个特定的目的而进行的受控制的讨论。在商务环境中会议的频率较高，一个高效的会议可以成为加速沟通进程的有力工具。会议让一群人同时获得面对面交流的机会，它为分享信息、提出建议、作出决策和获取即时反馈提供了契机。会议的目的通常分为以下几种：协调安排事宜、传播提供信息、获取协助、报告动态/经验、提出观点/不满、建立协作、鼓舞士气。

从商务会议组织形式上来划分，会议可以分为正式会议和非正式会议。正式会议指写入公司章程的、须有法定人数参加方能生效的会议，应有正式的会议记录，包括年度大会、法定会议、董事会议等；非正式会议不受上述规定限制，可采用头脑风暴或讨论等形式，不一定需要会议记录，包括管理层会议、部门会议、工作小组会议等。从商务会议的功能性来划分，会议可以分为简介会、集体讨论会、决策会、问题解决会、委员会会议、公司会议等。

商务会议的教学目的主要为以下几点：

· 培养会议技巧，提高会议进程效率；

· 提升掌控会议及参与会议的技能；

· 训练在会议上发言；

· 学习掌控会议和参与会议的恰当表达；

· 模拟会议练习并获得优缺点反馈。

学生在进行商务会议培训时的关注要点是会议进程要素、语言要素、模拟训练及反馈。

（二）教学重难点

重难点一：设置典型的会议场景

在设置会议场景时要考虑几个问题：谁是主持人？是否需要主持人？主持人的任务是什么？需要与会者作出哪些贡献？会议的目的（讨论、头脑风暴、解决问题、分配任务、做决策、通知信息或者其他）是什么？会议是否正式？是否有严格的议程和时间限制？是否进行会议纪要？谁负责会议纪要？教师在进行会议场景设计时要贴近职业人士的现实需求，常见的正式及非正式会议场景如下：

· 头脑风暴场景——几个人聚在一起集思广益。

· 业绩评价场景——老板向某位员工评述后者近期的表现。

· 商谈场景——两位同事在走廊中交谈。

· 进度审核场景——小组成员聚集在一起讨论某项目的进展情况。

· 简介会场景——一个人向几个人介绍关于某个新项目的情况。

重难点二：主持人常用语

Opening/ Ending the meeting	Inviting people to speak
It's about time we got started. Let's begin, shall we? Shall we make a start? / Let's make a start. Let's get down to business./Let's get started. Let's finish here. I think that's everything. I think that brings us to an end. So, to sum up what we've decided...	Would you like to open the discussion, Greta? Perhaps you'd like to get the ball rolling, Greta. Greta, would you like to kick off? What about you, Keith? What do you think about this, Keith? What are your feelings on this, Keith? What are your views on this, Keith? What's the general feeling on this?

重难点三：参与者常用语

Agreeing	Disagreeing
You are perfectly right. I couldn't agree more. Precisely/exactly/absolutely. You may be right there. That's true, I suppose. I suppose so.	That's not really how I see it./I don't really agree. I can't really go along/agree with you there. I'm afraid that's out of the question. I take your point about..., but... I understand /see / know what you mean, but... I hear where you1 re coming from on this, but...

Checking understanding	Interrupting	Making positive suggestion
Are you saying that...? Are you suggesting that...? Are implying that...? If I understand correctly, ...If I follow you... Do you mean that...? Is your point that...?	Could I come in here? Sorry to interrupt you, but... If I can just stop you for a moment... I apologize for interrupting but... Could I make a point here? Could I just comment on that?	I suggest that we... Let's... Why don't we...? Couldn't we...? What about if you...?

重难点四：会议议程

会议议程通常在开会前发放给各位参会者，以通知会议目的、时间及地点。大多数议程是非正式的，可以通过电邮传送，内容包括会议日期、时间、地点及主要议题。而在正式会议的议程中，每一项议程标有编号并附有相关信息，这些议程会被保留在公司档案中。在正式会议中，会议主持人的议程可能会略有不同，她/他的议程中可能包括少量附加的注释以助其主持会议，由于其中变化不大，此处不做详细介绍。以下是一个正式会议议程模板，会议议程是由一系列会议议题组成的。模板中议题的前三项和后两项是常见议题，属于各类会议中都有的普通事项；其他几项为特殊事项，是本次会议中特有的。

Monthly Review Meeting—Agenda

Date : 4 August

Time : 10 : 00

Venue : Conference Room 2

Participants : SP IM JK BH RA

1. Apologies for absence
2. Minutes of last meeting
3. Matters arising
4. Review of 2nd quarter sales
5. Sales projections for next quarter
6. Any other business（AOB）
7. Date of next meeting

重难点五：会议纪要

会议纪要作为会议的记录，对于参会和缺席的人员都很有必要。会议纪要在开头显著位置记录开会时间、地点、参与人员及主题，在正文中记录各项讨论内容及相应决策或行动要点、相关负责人员。会议纪要通常采用和议程相同的抬头。英文会议纪要在记录过程中使用以过去时态和第三人称为特征的间接引语。

（三）教学步骤和教学内容

商务英语教师在准备进行会议教学时可以思考以下几个问题：

· 教师要考虑哪些因素，以帮助将要参加英语会议的学习者？

——在商务会议教学准备阶段，主要考虑的因素包括学生需求、语言层次、有无工作经验、跨文化因素、肢体语言及会议的功能（决策会或是情况通报会）等。

· 如何确定学习者的需求范畴？

——有两种方式可以了解学习者的需求：一是使用前面第二章介绍的需求分析法；其二是列出教学菜单让学习者选择。

· 会议具有的哪些特征会影响教师选择的教学材料？

——会议具有的一些典型特征是教师在教学中要留意的：会议目的、功能性用语、主持人的任务、主持技巧、会议礼仪、权力关系等。

· 为何英语会议对非英语母语人士来说具有挑战性？

——对通用语 / 发音模式的理解存在困难；

——对所需词汇掌握不够充分；

——不擅长使用功能性用语 / 修复策略；

——不擅长使用恰当的反应性语言。

对于商务人士而言，高效的会议是帮助公司、部门提升决策效率，通告情况，交换意见及解决问题的绝好方式。作为会议的参与者，有很多方式可以帮助我们提升参会的效率。

· 了解会议目的，个人在会议中的任务及预期要做的工作。

· 提前阅读所有的文字材料。对自己要提出的建议和意见进行记录。做好幕后工作，与会上演讲的听众交换意见，获得他人在关键问题上的意见，以便在会上积极参与讨论。

· 会议期间不要默然静坐，要体现作为会议成员的意义，发表意见，并积极参与会议。

· 不要打断正在说话的人，给每个人发表意见的机会。在恰当的时候，对前面发言者提出表扬后给出自己的观点。如果不同意某一观点，尽量提出建设性意见。

· 关注会议其他成员的表现并注意倾听。观察他们的肢体语言、手势、眼神交流、动作、微表情及在会议桌上所有独特细微的变化。

会议主持人是会议的组织者和主导者，他 / 她的任务完成度会时刻影响会议的进程。主持人的主持步骤及主要任务如下：

· 获得参会所有人的注意，欢迎并感谢与会所有人，宣布会议开始；

· 提供会议背景材料，交代会议的目的；

· 欢迎新成员，接受请假致歉；

· 对上次会议记录进行回顾检查，并总结上次会议以来已完成的事项；

· 确认每个人都有一份会议议程和相关文件，介绍会议议程；

· 宣布会议的各项规定（开始 / 结束时间、茶歇时间、与会者任务、需要作出的决策等）；

· 介绍大会发言人；

· 引导会议讨论，确保所有与会者都能参与会议；

· 确保进行每项议程，保证会议按既定目标进行（时间、相关性、决策），必要时作出解释；

·有必要时作出总结，宣布下次会议的时间和地点；

·感谢与会者，宣布会议结束。

会议主持人是会议的组织者和计时者，他/她应该合理分配会议议题时间，保证与会者积极参与，确保讨论切题，按计划作出决议。主持人用到的常规性语言包括会议开场语、邀请与会者发言、发起投票、会议总结语等。

会议参与者的主要任务是积极参与会议流程，对会议作出应有的贡献（发言或提供建议，参与决策），并按照会议程序监督会议议定程序。会议参与者的常规性语言包括表明观点（赞成、反对）、打断对方发言、确认信息等。

会议纪要员的主要任务是记录会议时间、地点、参与者及与会者的发言、讨论要点、达成的意见和将要采取的行动，并在合理的时间内分发会议纪要。

（四）任务设计材料

Meeting Simulation

Use the following agenda as the scenario to do a simulated meeting.

Inter-Departmental Liaison Committee Meeting

Agenda

Item One—Environmental Friendly Office

Your company has decided to take part in a national survey to determine how environmentally friendly the nation's top companies are.Before the environmental audit, you want to improve the current situation.What can be done?You already have some ideas, you would like some more.

Proposed measures :

· Incentives to encourage staff to use public transport ;

· Reduction of building temperature by 5℃ ;

· Recycling bins for waste materials.

Item Two—Japanese Visitors

A group of twenty visitors from the Japanese Ministry of Industry is visiting your company. They are in your area to look at the feasibility of setting up a new car plant. Inward investment is desperately needed in your region. Plan the one day visit for the Japanese group. Try to include a mix of business and culture.

Item Three —A Mission Statement

As part of an ongoing public relations drive, you have decided to create a new mission statement which will represent your company's values through to the year 2000.Decide what this mission statement should be, the values that it represents and how best to communicate it to your employees and your customers.

Item Four—Business Gifts

It is clear that staff who have direct contact with the customer have been accepting rather large business gifts, for example, cases of nigh quality single mall Scotch whisky. It is clear that the company needs to establish clearer guidelines on what is and what is not acceptable.

续 表

Item Five—Training Budget Due to rather poor results last year, the training budget has had to be reduced. You need to establish the relative priorities of technical, management and language training. Consider the relative merits and allocate the budget on a percentage basis. **Item Six—Internet** Your company made the Internet and World Wide Web available to its employees last month. However, the costs are proving to be enormous. Employees are spending both work time and free time on the Internet, running up large bills and reducing their efficiency at work. You need to consider the pros and cons of your first decision and perhaps establish new guidelines.

此任务将一个会议记录作为素材，任务执行者在开会前需要进行角色分工，如主持人、记录员、营销部、公关部、人力资源部、信息部等，然后各个角色扮演者要认真研究会议记录，找出自己部门的主要论点和角色任务。在进行会议再现时，主持人要注意引导会议议程，适时形成决议，分派任务，记录员则要根据会议进程作出忠实记录。此任务可以运用到词汇、句法和技巧要点，是一项综合性较强的任务。

五、谈判技巧教学

（一）谈判的定义、类型及教学目的

谈判是一种特殊类型的会议，其间谈判各方（通常是双方）需要取得对方的同意，谈判结果才有效。谈判是与对方协商以获得我方所需的过程。谈判过程中有冲突也有妥协，有强弱不均也有双赢策略。谈判实际是一种特殊形式的会议。谈判桌上使用的部分语言类似会议用语，而由于谈判被划分为各种特定类型，适用于这些谈判场合的谈判语言则具有更为鲜明的特点。

按谈判结果划分，谈判可以分为 3 种类型：双赢谈判、有输赢谈判和独立利益谈判。双赢谈判即寻找双方利益共同点，以求同存异的探讨为主；有输赢谈判即谈判双方利益和目的相反或存在矛盾，各自维护己方权益，故而一方获利也被视为另一方受损；独立利益即谈判中双方无共同利益，各方主要考虑获得对自己最优的谈判结果。

按谈判方式划分，谈判也可以分为 3 种类型：艰苦型谈判、平和型谈判及原则型谈判。艰苦型谈判中各方试图不让步或者作出极小让步而达到己方目的，目的是“击败”对方，这种谈判方式常导致有输赢的谈判结果；平和型谈判中双方试图通过作出让步以达成协议，平和型谈判者不愿意伤害谈判对手的感情，因而常常很快提出建议，并迅速表示同意；原则型谈判的焦点在于发觉各方立场中的利益，原则型谈判者对事不对人，关注双方获益及协议达成，让谈判双方获得各

自的谈判成就，即双赢的谈判结果。

商务谈判教学需要达到以下目的：依据进程拓展谈判技能；提升谈判技巧；培养在谈判中陈述信息的能力；学习谈判中的恰当表达方式；进行谈判实训，并获得优劣势反馈。

（二）教学重难点

重难点一：谈判用语

1. 试探法

善用试探法可以协助谈判进程（试探法指询问正确的问题并仔细听取回答）。以下为部分试探问题示例：

- What is the situation on production at your plant at the moment?
- What sort of quantities are you looking for?
- What are we looking at in the way of discount?
- What did you have in mind regarding specifications?
- What were you thinking of in terms of delivery dates?
- How important to you is the currency for payment?

2. 发盘与还盘

在一系列的一方发盘与另一方还盘中，双方为达成符合共同利益的协议而努力。以下是一些发盘常用语：

- If you offer more flexible payment conditions，then we will be able to...
- As long as engine performance improves by ten per cent，then we can agree to...
- On condition that you deliver 20 engines by May，then we could consider...
- Supposing that you provide good technical support，then we may offer...
- Provided that you supply documentation in Portuguese，then we might offer to...
- Providing that this contract works OK，then we will be able to...

3. 交易细节检查

在交易达成后，有必要检查各项细节以避免误解。以下是一些表达方式：

- Let me just go/run over（repeat and summarize）the mam points.
- On A，we agreed that...
- As far as B is concerned（in relation to B），we agreed...
- We still have the question of C to settle（decide and agree on）.
- And there's still the outstanding（remaining undecided）issue of D.
- We'll send you a written proposal.
- We'll draw up（write）a contract based on those points.
- I think that covers everything.

重难点二：谈判策略

1. 僵局处理

在谈判出现双方各不相让的局面时，则谈判陷入僵局无法往下进行，以下是一些处理策略。

· 仔细倾听对方的解释，表现尊敬，避免不必要的对峙，不要陷入争执；克制己方的反击冲动，保持冷静，冷处理对方的攻击性语言。

· 和对方一起处理僵局。接受对方的批评，使用对峙性较弱的方式重新解说。

· 强调共同点：针对双方容易达成协议的领域，强调对双方的利益，并说明达不成协议对双方造成的损失。

· 总结当前已取得的进展，向另一方确认已经达成一致的要点，确定己方没有改变心意。

· 提出新的双赢选择，或者表示愿意有条件地作出让步，以获得更少利益来换取对方的妥协。

· 准确定位谈判障碍或症结，即让谈判陷入困难的问题，找出解决方式。

· 将问题暂时延后，先进行另一个议题，然后回归原议题，或者暂时休会，方便双方重新考虑各自的立场。

· 改变谈判地点，更换谈判者，或引入谈判第三方作为调解者。

Persuading

It would be to your advantage to...

It might be in your interest to...

We can reassure you on that point totally.

It' s the best offer around.You won' t find a better one.

Bargaining

We would agree on one condition.

If you agree to..., we can...

If you threaten us, we' ll withdraw the offer.

If you stopped picketing, then I think we could make a counter-offer.

We might put a better offer on the table, provided that you stop the strike.

I' d go along with that on condition that you returned to work.

That seems a good compromise, as long as there is no industrial action of any kind.

Unless your members return to normal working tomorrow, we'll withdraw our offer.

2. 有效的提问

提问的目的是寻找答案或建立信任。以上两种情况都需要使用得体的语言，可以使用开放性和间接性问题。开放性问题使用 how、when、why、which、who 等引导词，可以帮助提问者获得更多信息；间接性问题更有礼貌，有助于建立信任。以下是一组封闭性提问与开放性提问，直接性问题与间接性问题的对比。

Asking the Right Questions		
Closed Questions Is that important to you? Who told you that? Who is the boss? Will you pay our price?	Vs.	**Open Questions** Why is that so important to you? Where does your information come from? Do you have key managers in your company? What can you offer us?
Direct Questions What is your budget for this project? What do you mean...? What is your aim?	Vs.	**Indirect Questions** Can you give me an idea of your...? Could you tell me...? How do you think we can achieve this goal?

（三）教学步骤和教学内容

就一个完整的谈判而言，可以分为以下几个阶段：会面及闲聊、同意议程、陈述并找准立场、讨价还价、阐明立场、达成一致、总结协议。在以上述谈判阶段为基础的教学活动中，教师要对参与谈判双方的人员进行协调安排，安排合适的发言人、决策者以及对等的谈判双方，并对学习者的语言（包括语法、词汇和发音）提出要求，以获得预期的谈判成果——谈判各方达成一致意见，明确所有条款，各项条款均可执行。基于以上对谈判阶段、人员、结果和语言的各项要求，教学设计可参考以下步骤。

· 建立兴趣：将教学主题个性化，使用吸引眼球的导入方式。

· 展示常用语，如词语搭配或功能性用语。

· 提供以上语言的练习和训练。

· 创设活动或搭建平台以帮助学习者表演，如角色扮演、模仿表演或同伴练习。

· 计划好如何有效地进行角色扮演及分配角色，留出足够的时间让学习者内化所有信息。

· 进行角色扮演，但要限定时间；确定教师在任务中的作用——尽量保持在后台，让学习者更多地练习口语；尽量多地提供口语练习机会。

· 观察学习者的表演，留意他们的语言表达和沟通技巧，记下小错误。

· 提供反馈（反馈前考虑清楚重点，是流畅性还是准确性，或两者都是），非反馈重点的部分可不反馈。

基于以上教学步骤，教学主要内容可以分为谈判流程、谈判技巧、谈判用语、角色扮演 4 个方面。谈判要经过一系列阶段，即流程，理解这些流程有助于准备好用语。以下为谈判详细流程列表（From Managing Strategic Relationships by Greenhalgh）。

· 做好准备：确定重点，制定目标，提前思考如何与对方合作。

· 建立关系：了解对方，理解双方的异同点，建立责任感，为达成双赢局面而努力。

· 收集信息：了解所需事实、对方情况和需求、潜在解决方案的可行性及如果双方未能达成一致可能出现什么情况。

· 使用信息：在此阶段，谈判者汇集资料，作出陈述，争取己方所期望的谈判结果和解决方式，并最大化阐述己方的需求。

· 出价：从一方的初始、理想出发点慢慢向实际结果移动的过程。出价是双方各自公开出价，然后在出价基础上向中间立场微调的过程。

· 完成交易：此阶段的目标是对上阶段达成的协议建立承诺，谈判双方要确认他们已达成交易，并乐意或至少能够接受该结果。

· 履行协议：决定在双方握手成交、签订协议后各需要做些什么。双方常会发现协议中存在漏洞，要点缺失，或出现情况有变，产生新问题等情况。在早期阶段中不存在的问题在此阶段突显出来，则交易需要重开，问题需要由仲裁机构或法庭解决。

在谈判技巧方面，谈判者可以遵循 SMART 的原则：S（Specific），准确说明所希望获取的目标；M（Measureable），了解已经获取了多少；A（Achievable），在既定情况下选择切实可行的目标；R（Relevant），为双方找到共同兴趣点；T（Timed），制定一个合理的截止期限。在谈判的不同阶段，谈判者可以留意以下各项技巧要点。

1. 准备阶段

· 计划：确定做好了适当准备。准备得越不充分就越容易陷入被动，且越难以获得令人满意的结果。

· 调查：尽量多地找到对手及其公司的资料。善用公司图书馆或熟人资源，准备好各种数据、计算结果及其他材料，以了解市场整体情况及己方立论的背景。

· 目标：目光放长远，制定一系列目标，使自己更具灵活度，在谈判中也可以有多种选择。目的是寻找双赢的解决方式，并为未来交易打下基础。

· 底线：决定坚守的底线是什么及为什么。了解底线将有助于更自信、更自如地谈判。

· 策略：仔细筹划谈判策略，将谈判对手的个性及职位考虑在内，同时考虑自己的优劣势。

·开场白：准备好开场演讲，理清思路，明确目标。

2. 谈判技巧

·融洽：第一次见面时，无论是否认识，都要与对手建立融洽的关系。进行一些闲聊有助于打破僵局和建立联系。

·界限：进入讨价还价阶段前，尽早确定谈判的主题和目标，并理清共同点和潜在分歧。

·倾听：仔细倾听谈判的所有内容，避免误解并展现出合作的姿态。

·态度：要有建设性而非破坏性的态度——尊敬、礼貌、有技巧地对待对手，尽量避免出现对抗气氛。良好的态度有助于营造和谐的氛围，带来富有成效的谈判结果。

·方式：将目标牢记在心，保持冷静。这有助于关注核心要点。全程应尽力避免制造新的争端，尽量使用少数几个理由说服对方，并常常重复这些理由。

·灵活：做好迎接各种其他方案的准备，尽量使用创造性的意见解决问题。做好让步和妥协的准备，避免陷入僵局。

·回顾：谈判中，定期总结并回顾所获得的进展。这会给双方一个机会去核对理解有无偏差。

·一致：达成一致后，干净迅速地完成交易。按照同意的数额进行确认，并确认后续行动。

·确认：在谈判期间，写一封信跟踪确认已同意的要点，并澄清未解决事宜。

3. 语言准备

·简洁：保持语言简明扼要。从容不迫地使用常用的简单词句，因为用艰涩的词语会让一个困难的谈判变得更加艰难。

·清晰：有不懂的地方不要怕问问题，以避免任何可能威胁到成功谈判的误解。

在商务谈判角色扮演方面，最为理想的状态是该活动能够提供尽可能多的背景知识。设置的场景应能反映真实的商务情境，若有可能，让有工作经验的学习者检验一下场景的真实性。教师要给予学习者足够的准备时间，并确保他们理解场景和各自的角色。在准备过程中，可以告知一方的同学“另外那边准备得相当认真呢”，这是个不错的激发斗志的方法。

与有工作经验的人进行一对一谈判训练的时候，必须遵循以下几个要点：

（1）教师要求学习者解释谈判背景；

（2）教师参与一方的角色扮演，学习者作为谈判的另一方；

（3）讨论和点评谈判策略和谈判用语；

（4）教师与学习者交换角色，再次进行角色扮演；

（5）讨论和点评谈判策略和谈判用语；

（6）重复（2）的步骤。

（四）任务设计及材料

Role Play

Partner A You are the chief purchaser for your company.You are interested in ordering a quantity of desks from a new supplier.Here is a summary of your aims： · You need 20 executive desks and 3 super executive desks within 30 days. · You need 50 standard desks within 60 days. · You wish to have a 10% discount（it is a large order，after all）.20% would be better. · You do not wish to pay for delivery and assembly. · You want 30 days' credit.
Partner B You are a salesman for a company that produces office furniture.A new customer has asked you to visit them and discuss a possible large order.Here is a summary of your company's terms of payment and delivery： · Your standard delivery terms are 60 days.This can be changed to 30 days，but this increases the price to the customer by 10%. · Your standard payment terms are 50% on order，and 50% on delivery. · You give discounts on large orders as follows：100 items—3%；200 items—5%；300 items—7%. · Catalogue prices include delivery，but not assembly（3% extra）.

这是一个典型的角色扮演任务。任务中，谈判双方都有特定的目标，但具体哪项目标具有最高优先级是灵活可变的。双方不可能获得列表上所有的利益，因此，他们必须在谈判中达成某种妥协，作出一些让步。这种角色扮演任务的优势是容易搭建情境。多数商务英语学习者不会有情境理解方面的困难，他们会对情况进行探究并找出解决方案。然而，角色扮演毕竟不是真实的，列举的信息缺乏实际支撑，会使得参与者难以获得更深入的信息和细节。他们往往需要编出一部分未能提供的信息，这也许是表演过程中比较麻烦的事情。

六、对学习者的反馈与评价

有观察才能有反馈，商务口语课程中教师对学习者的观察尤为重要。因为观察不仅可以作为协助理解和了解进步的工具，还有助于观察者获取信息，提高评价的有效性。从类型上来说，有 4 种观察方式。

· 为职业发展所做的观察：可以采用同行观察、在职 / 入职前辅导的形式。

· 为培训所做的观察：专注于技术熟练的行业者行为（学习者既可以是观察

者，也可以是被观察者），在观察前设定关注要点。

· 为评价所做的观察：为了进行评价，观察以作出判断（内部评估、课程评价、员工发展策略、由国家行为体或个人进行的外部观察）。

· 为研究所做的观察：建立公共理论（作为硕士 / 博士学位论文）。

在口语类型的课程中，对学习者的反馈和评价集中于准确性、流畅性和有效性三方面。经过不断的练习和反馈，语言能力才能逐渐得到提升。教师给予学习者的反馈主要包括优势和不足两个方面。传统的以测试为主的反馈主要反映的是语言的准确性，而商务英语对学习者的要求除了准确性以外，还有在一般性交流（如交际和电话）中的流畅度和专业性交流（如口头报告、会议和谈判）中的有效性。

准确性的反馈比较直接，因为语言的使用形式无非正确与错误两种。在分等级的测试评价中，正确率也以可计入考量。以下是 BEC 商务英语口语考试评分标准中关于准确性的评价等级。

· 3 分：尽管有错误，但基本上能把意思表达清楚。所采用的句子结构规范，但处理复杂句子的结构比较困难。对熟悉的话题，语汇虽然丰富，但表达有欠缺。

· 2 分：有的意思表达不清。所采用的句子结构多为基本句式，且有语法及用词错误，对熟悉的话题有一定描述能力。

· 1 分：表达令人费解，基本句子结构出现错误，缺乏商务交流的词汇。

流畅性的评价较为复杂，教师需要对不同程度的流畅性设定一系列的可测参数（measurable parameter），以协助这一过程。一般认为流畅性主要包括语速、停顿数量及长短句搭配情况。而听者的评价主观程度、被评价者习惯使用的语速等都有可能影响对流畅度的评价。关于可测参数，以下是 BEC 商务英语口语考试的评分标准中关于流利程度的评价等级。

· 3 分：听者感觉不错。虽然有停顿，但比较流利，能组织语言，用较长的句子表达意思，只是有些句子不够完整。

· 2 分：听者需要有耐心。虽然有停顿，但基本流利，句子比较短。

· 1 分：听者需要非常有耐心，经常中断且间隔较长。

对有效性的评价更多集中于专业性交流中。早期的有效性评价标准包括以下 3 个方面：

· 沟通的效果；

· 使用媒介的多样性；

· 沟通的简洁程度。

后期这些评价标准转化为程序性、行为性和语言性三大标准用以指导口头汇报、会议和谈判这类专业性交流。这三大标准也成为课程设计的基础。

总而言之，教师提供给学习者的反馈应该是建设性的（非谴责性、批评性建议）、平衡的（有优点也有缺点）、透明的（学习者应该了解评价标准）、合理的（设定目标合理，能够达到）。同时，评价的标准不仅限于教师使用，也适用于学习者自我评价或者同伴互评。就反馈的时机而言，任务结束后立刻进行反馈的效果要好过延时反馈；就反馈的形式而言，书面的反馈效果要好于口头反馈。要注意的是，反馈的内容不可过长过多，反馈的重点要突出。

商务口语课堂上，教师在进行反馈时要遵循以下要点：

· 在表演任务进行前与学习者商定重点关注的错误；

· 在设计任务前决定是否应该改正错误（如考虑任务是以流畅度还是准确性为主要目标，在一定范围内不提出反馈意见）；

· 在教师进行反馈前邀请学生评价任务表现；

· 鼓励同学相互纠正，若学习者来自同一公司，留意公司内上下级关系；

· 偶尔提供延迟反馈，也可以使用文字反馈或录像后反馈；

· 每次都要指出任务表演中的优点；

· 在给出评价时要展示充分的自信，学生会更为信服；

· 有机会尽量录下任务表演；

· 在反馈和纠正环节结束时提出下一步的教学要求。

living Positive Feedback	Making Suggestions for Further development
I liked the way you... You did...very well. It was great how you... ...was particularly good. It was interesting useful/because... I was impressed by the way...	Why don't you try... Perhaps you could/I'd like to see you... It might be a good idea to.../One suggestion is to... I'd suggest.../How about... It might help to.../It'd be better to... I'd have done...differently.I'd have probably...

第三节　商务英语之写作教学设计

听、说、读、写四项技能在语言认知发展中相互关联和影响，因此，训练某一项技能也会促进其他技能的发展。而核心词汇的发展则关系到学习者的学科知识进展程度。

在教学活动中，教师应给学习者提供各种不同的学习体验，如对阅读材料中的核心问题进行口头讨论，与同伴合作进行篇章结构分析，引导学习者使用连接词，让学习者有机会倾听并对同伴观点进行反馈，围绕所学知识进行写作等，让他们综合性地使用听、说、读、写各项技能。在商务写作教学中，可以设计综合性语言技能训练，以阅读训练开启写作模板分析，以口语训练讨论体裁及重难点，以听力训练辨析常见表述失误等，充分激发学习者多维度的语言技能和思维能力，从而取得更佳的教学效果。

阅读材料、考试题目中都涉及大量较难的词汇，加上英语学习者对词汇的学习较晚、理解较慢，因此，教师应精心选择包含关键性词汇的材料，并使用多种方式帮助学习者扩大其核心词汇库。在商务写作教学中，词汇教学也是不可或缺的环节之一。商务写作更注重文本的功能性，不同文体中的词汇侧重点各不相同，如邮件侧重各种敬语、商务报告侧重衔接词、备忘录侧重简洁表达、求职信侧重动词的用法、会议记录侧重间接引语等。教师在商务写作教学设计中宜引入融合各项语言技能的活动，辅以核心词汇的强化训练，以提升学习者在模拟商务情景中独立解决问题的能力。

商务写作时间和空间的限制，为学习者之间的沟通交流搭建了一座桥梁。它给学习者带来的挑战不同于口语。一方面，写作比口语容易，因为它不像口语那样需要自发性、实时性的反馈，写作是有充分的时间来考虑其内容和目的的；另一方面，口语比写作更随意，写作需要斟酌词句，因此，需要掌握更多的语言技能。就商务写作而言，学习者不仅需要掌握内容设计和篇章结构技能，还需要熟悉如何关联段落、语句，以及正确地拼写、使用标点、选择词语等。

一、函件写作技巧教学

（一）函件的特征、类型及教学目的

本节所指的函件包含商务信函和电子邮件两种类型，它们同属函件范畴，在写作中使用的语域和格式一致，不同点在于传递方式：一个通过网络传递，另一个通过现实中的邮政系统传速。在现实使用中，少量电邮可能更倾向于口语化。函件通常具有互动性，因为写作者常常预期收到回复。这一特征使得函件不同于其他类型的商务写作文体，如合同、报告、会议记录等，这类文件都不需要回复。函件具有多种类型，包括从非正式的电邮到正式的法律合同，乃至解决各类问题的商务函件，如询盘、发盘、订货、致谢、发货、支付、延期、投诉、贷款、求职、保险、安排等。

函件教学的主要目的：提升学习者的写作技巧，熟悉函件的写作风格，练习函件写作并获得优劣势反馈，尤其要注重语言的精准使用及有效的沟通技巧方面。

（二）教学重难点

重难点一：信函格式及注意要点

· 函件使用齐头式格式，并全文使用开放式标点；

· 在函件的每一个组成部分及段落间使用空行进行分隔；

·函件中最大的空当留作写信者签名使用；

·将函件事由字母大写并加粗，以突显其重要性；

·按照四部分构成法行文，包含开头、细节、行动和结尾；

·确保函件核心部分的信息逻辑性完整，过渡自然，若有必要，可调整结构；

·在开头和结尾处留心用语；

·在函件续页的信头部分书写适当标题；

·仔细核对自己的函件，考虑行文结构是否恰当；

·把自己当成读者阅读函件全文，自问读者收到函件后感受如何。

重难点二：电邮中的礼节规范

·简洁、完整地书写电邮事由部分，包括时间、地点、事件等；

·除非有必要，否则不要将邮件抄送给每一个人；

·将邮件发送给多个互相不认识的收件人时，使用密件抄送；

·在第一封邮件中，使用“Ms / Mrs / Mr”称呼对方，如果已相熟，可使用对方的名字作为称呼；

·邮件能够回复的尽量不要重新另写一封邮件，保留原始信息可保持邮件发展的延续性；

·邮件尽量简短，不要超过一屏，免除读者向下翻页的困扰，因为习惯在手机或其他移动设备上阅读邮件的人常常忽略过长信息；

·如果需要对方提供信息或帮助，邮件中要写明；

·复杂信息使用电话或面对面沟通的方式传递，不要使用邮件；

·不要在邮件中使用大写字母，会增加阅读困难；

·按照个人的常规书写习惯使用标点符号，不要过度使用感叹号；

·笑脸符号适合在私人电邮中使用，不适合公务电邮；

·不要在邮件中写下不敢在公众场合当面说出或者只敢写在贺卡背面的话语；

·不要在办公地点发出私人邮件，因为只要是从办公室发出的，无论内容如何，都会被认为是公司正式邮件；

·邮件发出前，进行拼写检查，并再次核对信息。

难点三：电邮的开头和结尾

开头常用语及功能	
Dear Mr/Mrs/Ms...	正式称呼，可用于第一次通信的函件中
Dear John	正式程度稍弱，之前已有过通信或对方已使用名字的称呼你
Hi/Hello Mary	非正式称呼，常用于同事间。在英国和美国，有时也用于第一次通信中

结尾常用语及功能	
Yours sincerely	非常正式，电邮中较少使用
Regards/Best wishes	最常用的结尾方式，可用于正式或非正式电邮中
Bye/All the best/Best	友好、非正式的结尾
James/mary	名或者姓名缩写常用于相熟的同事之间

重难点四：函件常用语

1. 礼貌用语
Could you please send me... Can you please send me... I would like to order... I want to order... Please send me your current price list... Please give us your rates... We would be grateful if you could send us... We would also appreciate some information on...
2. 讨论最后期限及采取行动
Have you coordinated your team & their results yet? I've already contacted my team and they have just finished their sales figures. Have you sent in your registration for the conference yet? Sorry, I haven't written the report yet. I've already sent the registration form. We've just received the order. Did you send in your registration yet? You'll have it on your desk by 4 May. Sorry, but I haven't sent it yet. I'll do it straight away.
3. 时间介词短语
On days of the week : on Sunday/Friday, on the weekend At definite times, holiday periods : at 5 o'clock, at 2.30 p.m., at midnight, at the end of the week/month, at the weekend, at Easter/Christmas, at the moment In time periods : in the morning/afternoon, in June/August, in five minutes, in the first/third quarter By deadlines : by Friday/4 p.m./next month (at the latest)

重难点五：电邮常见图标及常用缩写

Inbox——收件箱，内含待读邮件；

Subject——主题，是关于什么的邮件；

CC——抄送，将邮件复制给某人；

bcc——密送，收件人相互间不知对方收悉此邮件；

Fwd——转发，将自己收到的邮件转给其他人；

Delete——删除，去除不需要的邮件；

reply——回复，回复对方的邮件；

reply to all——全部回复，向发件人及所有收到发件人邮件的人进行回复；

attach——增加附件，即在发出邮件时附上的一个文件；

contact information——联系信息，可以自动附加到邮件结尾处，内容包括作者的姓名、电话等；

Address book——地址簿，可储存收件人电邮地址。

（三）教学步骤和教学内容

教师在进行函件教学设计时需要考虑3个问题：教学内容、写作方法和关注重点。教学内容主要包括功能性语句、格式及语域、文体惯例及常用话语；写作方法可以考虑在过程写作法、体裁写作法及上述两者相结合的方法间选择；成功的函件写作中有4个关注重点：准确、清晰、有效性和客户至上。准确是指了解写作目的及公司需求，达到读者和客户的预期，并保证写作中无错误；清晰是指使用平实的语言，阐述事件时尽量语言简明，结构安排恰当，重点突出；有效性是指正确用词，使用合理排版使函件一目了然，使用恰当文体风格展现个人和公司风貌，优秀的函件能为公司带来机遇；客户至上是指站在客户立场写作，强调客户利益，尽量使用积极主动的用语，避免造成隔阂的用语，避免行话。

从函件形式上来划分，可分为正式函件、中性函件和非正式函件。正式函件是较为老式的函件，提出观点时礼貌谨慎，使用常规固定表达和复杂词汇，语言不带个人感情色彩，非常重视语法和标点的使用。中性函件是职业性沟通中最为常见的函件形式，写作者与读者都以工作效率至上，常用短句和缩写式，语言浅显、清晰、直接，更富有人情味。非正式函件是友人通信中最常见的形式。函件有时极短，内容包括个人近况及趣闻等。此形式类似口语中的演讲，用词接近日常用语及口语表达，读者也不太会介意语法问题。

完整的函件格式一般包括信头、参考行、封内地址、日期、称呼、事由、正文、结尾敬语、签名和职务、附件等。函件多采取齐头式排版，即信页中各部分内容全都与左边缘齐平，包括日期、封内地址、称呼、段落的开头、结尾敬语和签名等，从上至下成一直线，段落间和各部分间空一行。齐头式排列显得函件外观整洁，同时打字也更快捷。齐头式在行文中常采用开放式标点，即除了信的正文，其他地方的标点全部省略；在写日期时，日期后面不加序数词；写姓名和缩写时，中间不加句号和缩写符，每行之间不要用逗号；在开头称呼和结尾敬语中没有标点符号。

函件的正文可以大致分为 4 个部分，也叫 four-point plan：开头（opening or introduction）、细节（details）、行动（action）、结尾（close）。邮件的开头在第一自然段，可以提及之前的会面或沟通，如收到的函件等。如若不然，则需介绍函件的主题及所要讨论的内容。细节是函件的主体，即列举关键事实和数据的部分。在此部分，写作者以符合逻辑的方式提供信息，在必要的地方分隔段落，确保将全部要点以逻辑的方式呈现。行动是写作者告诉读者希望其收到信息后采取何种行动，或是在提出所有要点之后告知读者自己将要采取的行动的部分。

（四）任务设计及材料

Email/Snail Mail Style Guide

Answer the following questions with brief words.

1. Your letter begins with “Dear Sir” —How do you sign off?（Yours faithfully）
2. Emails often have no addressee—simply a message.True/False?（True）
3. In a first email，your contact has signed off an email with her first name—How do you sign off your reply?（Using your first name，too）
4. Never begin an email with “Dear Mr Smith”. Agree/Disagree?（Disagree）
5. Your letter starts with “Dear Mr Smith” —How do you end it?（Yours sincerely）
6. In a letter，there is always a comma after “Dear Mr Smith” .True/False?（False）
7. You must always indent the first line of your letter.（No）
8. You are writing to a female contact for the first time.Which title do you use in the first line of the envelope?（“Ms” or “Mrs” —if you are sure she is married. Never “Miss”！）
9. You are not sure if your new contact is male or female—How do you begin your letter?（“Dear Sir or Madam”）
10. You are including an important document with your letter.What do you write at the bottom of the letter to indicate you have done this?（encl.）
11. Documents are very often sent electronically with an email.They are sent as an ____?（attachment）
12. Which of these would you NOT use as an email sign off? Love，Best regards，Cheers，Hugs and Kisses，Carole，Best，See you，Regards...（All are possible—depending on “where your relationship is” right now）

这是一个认知培养型任务，在一系列的问题中融入了函件中称呼、标点、附件、格式、结尾敬语、首尾对应关系等综合性内容。任务可以采取同伴讨论或小组讨论后回答的形式。学生在回答这些问题的时候，可能会遇到举棋不定的地方，教师可以抓住机会强化正确的文体风格，辅以例子说明效果会更好。这一教学方式效果优于单调地列举函件文体风格要素。

二、报告写作技巧教学

（一）报告的定义、类型及教学目的

报告是向读者告知某项调查结果的文件（调查类型包括研究、技术检验、来访、可行性报告等）。报告广泛适用于经营管理的各个领域，可用于对政策的宣布、解释或建议。报告有助于采取某种做法，制定某项举措，引进全新方式或开发全新经营模式。

按功能划分，报告可以分为常规报告和特殊报告。常规报告包括销售代表客户回访报告、部门经理日常工作报告、设备及维护报告、进度报告、安全报告和事故报告等；特殊报告包括指定信息的报告、调研后的指定主题报告、关于政策调整的报告和市场调查报告等。按格式划分，报告可以分为正式报告和非正式报告。正式报告常由委员会或一群人经仔细调研后共同起草；非正式报告则既可以采取正式报告的格式，也可以采取备忘录的格式撰写。除此之外，还有一种特殊形式的报告称为 Proposal（建议书）。建议书的目的在于提出观点，说服读者，通常包含分析问题、提出解决途径、建议具体解决方法等几个部分。

报告教学的主要目的：提升学习者的写作技巧，熟悉报告的写作风格，练习报告写作并获得优劣势反馈，尤其注重语言的精准使用及有效的沟通技巧方面。

（二）教学重难点

重难点一：报告写作要点

· 摆出事实：报告要将经过调查研究而得到的一系列事实铺陈出来，便于让相关人员在此基础上作出决策。因此，报告要完整陈述相关事实，不可遗漏，并删除无关事实。

· 客观陈述：除非有特殊要求，否则报告中不要掺杂个人喜好和观点，作者要把自己当作一台照相机，忠实地记录收集到的事实。

· 注意逻辑：将调查结果部分分列小标题，使用数字顺序隔开。材料的分类取决于写作要求和报告主题。

· 保持连贯：确保同一系列的所有句子遵循同样的语法形式。同样，确保在通篇报告中使用一致的空格形式，且大小标题有序排列。对这一细节的关注能使报告结构清晰，印象深刻。

· 简明扼要：避免长篇大论的解释，写作始终紧扣主题。检查所有信息的准确性和所有说理的有效性。

· 清晰明了：使用简单易读的方式进行写作和排版，这会让读者更易于理解报告内容。

重难点二：正式报告格式

AURORA HOLDINGS

REPORT ON COMPLAINTS ABOUT POOR SERVICE AND FOOD PROVIDED IN THE STAFF RESTAURANT

TERMS OF REFERENCE

To investigate complaints about poor service and food provided in the staff restaurant and to make recommendations, as requested by Mr Michael Lee, Administration Director, on 14 April, 20XX.

PROCEDURE

1.An interview was held with Mrs Alice Newton, Restaurant Manageress, on 15 April.

2.Interviews were held with a cross-section of staff (48) who used the restaurant between 15 and 20 April.

FINDINGS

1. INTERVIEW WITH RESTAUTANT MANAGERESS

1.1 STAFFING

Mrs Newton has 3 full-time assistants. The youngest, Miss Lily Ng.attends day-release classes at Southpoint College on Monday.Wednesday and Friday each week. She works 1400 ~ 1700 on those days.

1.2 EQUIPMENT

A schedule of current equipment and their year of purchases is attached.No problems were reported.However Mrs Newton said that additional equipment would be useful.

microwave oven ; slow cooker ; rice cooker.

2. INTERVIEWS WITH STAFF

20 staff from the 1200 ~ 1300 lunch sitting were interviewed, and 28 from the 1300 ~ 1400 sitting.

2.1 CHOICE

The food available is shown on the attached schedule. 60% of the staff interviewed said they would prefer some cold meals to be provided.They said they may make alternative lunch arrangements if the variety did not improve.

2.2 QUEUEING

70% of staff took lunch from 1200 to 1300 hours as opposed to 30% from 1300 to 1400. This resulted in large queues forming at the first lunch sitting.

CONCLUSIONS

1. There are insufficient assistants to cope with the preparation of food in the morning and with the popular first lunch sitting.

2. The present equipment is insufficient.

3. The selection of meals is not wide enough to clear for staff requirements.

续 表

4. The ratio of staff to each sitting is not balanced. **RECOMMENDATIONS** 1. A new assistant should be recruited to work 900 ～ 1400 hours on Monday, Wednesday and Friday. 2. Mrs Newton should be asked to look into prices and availability of the new equipment required. 3. Mrs Newton should be asked to devise some new dishes which also include cold choices. 4. The number of staff attending each sitting should be reviewed so that a more even balance can be achieved. TAN LAY HONG (Miss) Business Administration Officer ML/tlh 24 April 20 × ×

重难点三：报告写作常用句式

Introduction	**Findings**
The report/proposal aims/set out to... The aim/purpose of this report/proposal is to... The report is based on...	It was found that... The disparity clearly showed... The following points summarize our key findings. The key findings are outlined below.
Conclusions	**Recommendations**
It was decided/agreed/felt that... It is clear that... No conclusions were reached regarding ...	It is suggested/ proposed/ recommended that... We (strongly) recommend that... It is essential to... It would be advisable to...
Adding ideas	**Contrasting ideas**
Furthermore, ... Moreover, ... In addition, ...	However, ... Although... Despite/In spite of... ...while/whereas...
Making comparisons	**Linking cause and effect**
Both/ Neither... Like/Unlike...	Because of/As a result of/Due to/Owing to... This means... ...leads to/ results in...

（三）教学步骤和教学内容

在报告写作前、写作时和写作后，学习者可以进行一系列计划、核对和反思活动。在写作前，学习者可以仔细阅读报告撰写要求，了解事件全貌及相关背景材料，知晓报告阅读者身份，斟酌如何恰当行文，是否需要分析事件及如何提出建议。在写作时，学习者先要写出报告提纲，行文时要常思考如何提升报告的有效性，区分好必要内容、可选内容及非必要内容。在写作后，检查行文逻辑和观念，检查语言错误包括拼写和语法错误，呈递报告后留意报告成效和阅读者反馈。

报告写作特点如下：

· 商务报告目的在于协助企业作出决策和解决问题；

· 建议书目的在于提出观点和说服读者接受该观点；

· 报告写作采用第三人称和间接引语；

· 用公正、不偏不倚的态度陈述事实和信息；

· 使用小标题对信息进行逻辑性分类；

· 在报告开头说明采取哪些步骤收集信息；

· 报告的结论建立在报告正文中的事实基础上；

· 根据要求提供建议。

商务报告无论目的和长短都需要写作者具备以下 3 种能力：清晰客观地记录事实的能力、理解信息作出结论的能力及提出建议改善状况的能力。

正式报告通常分为标题、事由、背景 / 调查流程、调查结果、结论、建议和结束几个部分，但在不同的写作要求和重点下，报告内容也会出现一些变化。如果报告是对某一事件的优劣进行的讨论并提出建议的类型，则主体内容可能包括事由、优势、劣势、结论、建议几个部分；如果报告属于分析客户反馈并提出建议的类型，则主体内容可能包括事由、服务标准、设施情况、就餐场所、结论、建议几个部分。报告常使用固定的格式，便于读者迅速定位至自己感兴趣的部分进行阅读，同时在使用该报告参与会议或讨论时，也容易快速找到相关要点。下面以完整的正式报告为例，介绍其中各部分的功能：

· 标题——公司名称及报告内容标题，通常以 Report on 开头；

· 事由——说明报告写作的原因、要求、阅读对象等；

· 调查流程——简要描述收集信息时采用的方法，如是否采用访谈、拜访、问卷等形式，可使用数字编号；

· 调查结果——报告中最长的部分，按照流程顺序进行详细阐述，可使用数字编号和小标题，在每个小标题后说明本阶段收集了哪些材料；

· 结论——此部分无须陈述新的事实，只需依据事实阐述其中的逻辑含义，从事实中得出结论；

·建议——根据在事实和结论中陈述的信息，提出行动建议，但报告作者并非决策者——她 / 他只能建议采取何种行动；

·结束——报告结尾处要签名，包括作者的姓名、职位及写作时间。

在课堂教学中，教师可以选择不同类型的教学活动来辅助报告写作技巧训练，以下推荐的 4 种活动不需要教师进行长时间的准备，却能达到较好的训练目的。

·填空训练——将一篇完整报告中的重要段落（如事由或总结）的小标题和关键词去掉，让学习者填空。难度较低的填空方式是教师提供打乱顺序的原文用词给学生选择，难度较高的方式是让学习者自己总结和联系上下文填空。

·总结训练——让学习者阅读一篇报告并写出一段 200 个词的概要。

·比较训练——从网上找来不同版本的报告，要求学习者对两者进行多方面的比较（如整体结构、事由及总结用词等）。训练结束前，让学习者选取十个自己认为可用于报告写作中的词组。

·由口述改写报告的训练——让一位学习者讲述自己亲历的某一事件（如事故、访问或新品推介等），其他同学一边提问一边做记录，然后根据这一事件写一个简短的报告。最后，学习小组成员相互比较报告，并合作完成一篇较高质量的小组报告。

（四）任务设计及材料

Rearrange a Report

Here are the terms of reference and procedure, for a report, together with cut-up sections of the rest of the report. Rewrite the report correctly for your files.You will need to compose appropriate headings, sub-headings and numbering.Sign the report as if you have written it, and decide on a suitable title. Don't forget to include an appropriate reference and date at the foot.

Terms of reference

To report on the unrest amongst factory workers and make recommendations, as requested by Mr Richard Fish, Works Manager, on 21 April 2014.

Procedure

1. The three supervisors were interviewed.
2. A meeting was held with all 25 factory workers to gather details of grievances.
3. 10 factory workers, selected at random, were interviewed personally.

(a) The human resource manager should hold a meeting of all factory staff and explain the findings of this report.

(b) Safety regulations were being ignored by some members of staff. Protective guards had been removed from many machines.

(c) A table showing rates of pay at this company and at other companies is attached.

续 表

(d) Rules laid down in the company handbook were being contravened, with some workers leaving machines dirty after use. (e) The company's rates of pay compare favorably with those paid to apprentices at other companies in this area. Grievances might stop if our staff were made aware of this. (f) Supervisors reported that many staff were generally un-cooperative and not working to their usual standards. (g) Supervisors should be reminded of the importance of ensuring that all staff comply with the company's rules and safely regulations. (h) A widespread unrest and resentment was noted in view of what is considered to be low rates of pay. (i) Removal of safety guards from machines is an offense against the Factories Act. (j) A training scheme should be compiled that will ensure balanced experience in all areas of the factory as well as adequate supervision. (k) Supervisors are not enforcing compliance with rules laid down in the company handbook.

这是一个综合技能排序训练。这一训练的难度在于训练节选了报告中的精华部分——调查结果、结论和建议作为主题，仅提供了背景和调查过程，在无标题、无其他提示的情况下，学习者需要从多达 11 个句子中找出逻辑和句子间细微的联系，然后重塑整个报告。这一训练可以放在报告写作学习的后期，在学生阅读了多篇报告，并有了一两次写作经验以后来进行。训练的目的在于逻辑性。由于句子间连接词的缺失，学习者需要自行补充小标题和连接词，才能形成完整的报告。任务的进行可以采取小组讨论与合作的形式，可能会出现不同的排序版本，但原则上，句子间的相关性、最终的报告与提示部分的契合度将作为主要的判断标准。

三、备忘录写作技巧教学

（一）备忘录的功能及特点

备忘录英文为 memo，是拉丁词语 memorandum 的缩写形式，属于企业内部的沟通形式之一，用于员工之间的信息交换，或者企业对员工通知新策或新流程等。备忘录可以打印出来张贴在公告板上供全体员工阅读，也可以通过公司内网进行电邮传播。从功能上细分，备忘录分为 4 种类型：通知新决策 / 新行动、提醒某人采取行动、提供某种形式的信息及要求作出决策 / 行为。备忘录用语较报告和信函而言显得非正式一些，常常以直接的语气传递信息，文中可出现 I'll，I'd 等缩写形式，格式上可以省略称谓和结尾敬语。在篇幅较长的情况下，可以使用小结和要点符号辅助组织信息。

（二）教学重难点

重难点一：备忘录中的标题

备忘录信头中的标题和正文中的小标题是阅读的航标，它们可以从多方面帮助读者：

· 标题是主题间转换的可视化提示，它们能帮助读者理解各部分之间的关联性；

· 信息度高的标题可以引起读者注意，也可以有助于读者快速找到自己感兴趣的段落；

· 标题向读者展示行文的逻辑，将相关信息关联到一起，并把各个事件组织成短小的段落。

重难点二：写作目的常用句式

We refer to your memo dated May 23，20××，regarding the organization's update. Attached，as requested，is an updated training record for our trainees. It has been noticed that some employees are still smoking m the mam office. All supervisors will meet June 3，20××，at 10：00 a.m.to work out the annual operating budgets for all departments.

重难点三：备忘录结尾的常用句式——要求对方作出配合行为

four feedback on the attached proposal by May 10 would be appreciated. Please contact me ii you require further information. Your cooperation if this regard is appreciated. I would appreciate your comments on this matter by March 20，20××. I look forward to receiving your approval on this matter.

重难点四：细节写作建议

下面是一些备忘录写作中容易忽视的细节，留意使用则可事半功倍。

· 写作前列一个大纲，将写作要点按逻辑顺序排列；

· 段落之间空行，可有助于读者理清行文思路；

· 使用不同的展示形式，如图形、列表等，以提升文本的可读性；

· 对不同事件标号以明确顺序，协助理解；

· 初学者可以在写作完成后找人试读，以确保信息不被误解；

· 写作保持非正式风格，类似交谈的语气。

在进行企业政策性通告写作时，要注意以下要点：

· 在写给员工的备忘录中点明收件者所受到的影响；

· 点明该政策开始实施的时间；

· 明确受影响者被影响的方面；

· 阐明对方需要采取的行动；

· 若担心备忘录中有些要点被误解，可指定相关行政人员或部门经理负责答疑。

备忘录中要点列表的功用（在要点较多时宜用数字列表，要点较少时用黑点即可）：

· 帮助作者组织思路和关键事件；

· 帮助读者关注重要事件；

· 帮助读者找到关键点；

· 有助于简化复杂的、有细节的话题；

· 有助于工作繁忙的读者进行快速浏览；

· 提升视觉效果。

（三）教学原则和教学内容

备忘录的写作以非正式、简洁和清晰为原则，因此，要避免唐突、过谦或者多余的表述。由于备忘录对结构要求较高，教师应引导学习者在动笔撰写之前，仔细思考篇幅长短、繁简程度、话题中心内容等问题，以便规划全文。尤其对于长篇备忘录而言，清晰的结构会在很大程度上提升收件人的阅读感受。在进行备忘录写作教学时，可以遵循 POSE 原则。

P 代表 positive，指的是备忘录尽量使用肯定语气写作，让人感到愉快的备忘录更容易得到对方的肯定。例如，用 Please do be on time 替代 Don't be late for the meeting。

O 代表 only，指的是一份备忘录最好只对应一个主题。将不同主题塞入同一备忘录是不明智之举，若确有多于一件事需要讨论，则宜另写其他备忘录。

S 代表 short，指的是备忘录写作常使用短句和短段落。参见下面两例：① We should take determined effort to respond positively to the need for introducing a practical and visible plan that can bring about absentee reduction and efficiency promotion. ② A firm action should be taken，so we can cut down absentee and be more efficient. 其中，例① 显得冗长、拖沓，词汇难度较大，不易于阅读；例② 则用简洁明了的语句将问题阐明。

E 代表 easy，指简单的词语是备忘录的不二选择。不要指望工作繁忙的收件人在读不懂 memo 的时候会去查字典，因此，简单用词能助力沟通，可用 chance 替代 opportunity，用 thorough 替代 exhaustive。

教学内容包括备忘录的格式、写作框架及写作风格。

备忘录格式：从基本格式上看，备忘录可以分为信头和正文两部分。其中，信头除了 MEMO 或 MEMORANDUM 的字样以外，还包括 4 个部分：To、From、Date 和 Subject。

企业通常有一个特殊的备忘录信头格式设定，该信头显示企业的信息较少，而部门的信息更多。见下边的两个例子：

MEMORANDUM Aurora
To Ref
From Date

Global Enterprises Kuala Lumpur
MEMORANDUM
To
From
Date
Subject

在写作中，这 4 个部分通常遵循以下规律：

To name，job title/department of the recipient

From name，job title/department of the writer

Subject，identify the topic of the memo

Date，day/month/year

在稍正式的备忘录写作中，To 部分包括收件人的称谓和全名，称谓中若有敬称和专业称谓两个可以选择时，宜使用专业称谓。在非正式写作中则可以使用收件者姓名甚至昵称；From 部分不需要使用称谓，可填写部门信息；Date 部分需要使用月份的全拼或标准缩写，不宜以数字代表月份；Subject 需要简洁而清晰，宜使用名词性词组或非完整句子，全部单词大写或首字母大写。

写作框架：备忘录的正文部分通常段落不多，常使用固定格式排列。若涉及内容有限，则可以用一个自然段完成。若内容较多，则可以使用数字或要点符号进行排列。备忘录中虽不含开头和结尾敬语，但常包括签名部分，根据各机构要求不同有全拼签名或缩写签名。行文一般分为以下 4 个阶段：开头阶段，主要介绍问题、背景情况、先前交流状况及写作原因；讨论阶段，按逻辑顺序呈现事实与数据，分段阐述各项事宜，将最重要的事件放在前面，必要时对事件进行列表；总结阶段，帮助读者了解关键点，可以提供采用方法或资料来源等参考信息；结尾阶段，点明需要对方采取的行动及截止期限及该行动对收件人的益处，说明自己将采取的行动。

写作风格：由于备忘录属于企业内部的交流文件，发件人与收件人互相了解，因此，通常采用非正式的写作风格。要求文体简洁而不失礼貌、清晰、准确。写作时主要留意发件方与收件方之间的关系及写作主题，并采用适当的表达语气。

（四）任务设计及材料

Memo Revising

Revise the following memo，making it brief and stick to the subject.

MEMO

To : Mr.Harrison

From : Tina

Sub : The transferring of the photocopy room

Date : 5 April，20× ×

Owing to the present furnishing project carried out in the complex，it is of necessity that the photocopy room be transferred before this Friday. The furnishing is to be finish in four weeks. Please be kind enough to let me know which premises you think to be the proper temporal location for the photocopy room by 8:30 tomorrow morning.

We also need some new curtains for the will-be-furnished offices.I' d like to ask you to get this job arranged—purchasing and installing. Don' t forget to send me a budget of it before next Wednesday as we can discuss about it at the meeting which is scheduled to be held every Wednesday.

此任务用以训练学习者在写作中进行自我修正的能力。由于备忘录篇幅较短，所以对行文有围绕标题、重点突出的隐性要求。本文中窗帘的购买和安装，与标题中文印室搬家通知无直接相关性，按照一份备忘录一个主题的原则，此事件宜单独成篇。此训练可以在学习者写作实践前后进行，均能起到一定的效果。

四、简历及求职信写作技巧教学

（一）简历及求职信的功能及特点

简历的英文为 resume 或 CV（Curriculum Vitae，拉丁语，原意为“个人生平”）。简历中主要涉及个人信息、教育经历、资格证书及工作经历。通常按类别在小标题下进行分栏写作，以便阅读。简历的写作方式不拘一格，可以采用提纲式、段落式或两者结合式。最常见的是提纲式，因为易于阅读，且展示的信息一目了然。

求职信是求职者用以突显个人才能，表明自身适合所应聘岗位，并将对招聘公司作出贡献的自我推荐性信函，通常在求职时和简历一起递送。求职信宜简洁、清晰，不需要个人的详细情况（可放入简历中）。求职信通常分为三类：有推荐人的求职信（经推荐人建议与某个特定人士联系以寻求工作机会）、回应招聘广告的求职信（对应某一岗位或通知的回复）、非特定前提求职信（在求职公司无熟人也不知是否有空缺岗位）。

（二）教学重难点

重难点一：求职信的常用句型

在写作中，常常避免使用 job，而用 vacancy、post、position、opening 等词代替。以下是几种实用求职信的开头方式：

有招聘广告求职：I would like to apply for the position of Programmer advertised in this month' s edition of computer Technics. I am writing to you concerning your advertisement on 12 May in The Guardian, for a bilingual secretary to work in your export department. I am answering your advertisement for the post of Bank Trainee which appeared in yesterday' s Times. I am replying to the advertisement of 18 June for a Sales Manager which you placed in The Export Journal.
无招聘广告求职：I am writing to ask if I might have a vacancy in your general office/sales/export/accounts department for a（n）clerical assistant/salesperson/export manager/accounts clerk. 有推荐人求职：I was recommended by... who is currently working in/who has had a long association with your firm/who is one of your suppliers/customers, to write to you/contact you concerning a possible post in your/the... department. 内附简历求职：Thank you for your letter of（date）and the application form for the post of（title）. I have now completed the details and am enclosing the form. I am enclosing my curriculum vitae for the position of... The enclosed C.V. is for the above post.

重难点二：求职信的经历介绍

学习经历：I am 23 years old, was educated at（secondary school）which I left in（date）having taken（leaving certificate）. I graduated from（college/university）in（date）with a（diploma/degree）in（subject and class, mentioning any special topic that would be relevant to the position）. You will see that I graduated from（college）/left（name of school）in（date）where I got（degree；diploma；certificate）. I then began work with（name of firm）as（job title）, where I was trained as（title）, and was involved with（brief description of duties）. 工作经历：While I was at（name of company）I took responsibility for（title）and this meant I（description）；within（period oi time）the firm/ department was able to（description of improvements）... At（name of firm）my duties included（description）.This gave me more experience in（description）which was very valuable when I moved to（name of next company）.

续 表

求职原因：I am particularly interested in the position you offer as I know my previous experience and academic background would be valuable in this area of（engineering；teaching；accountancy，etc.）. This position would require someone who has had extensive experience of（area of work）which I gained both academically and commercially at（college and companies）. 离职原因：I left（name of firm）in（date）as（new employer）offered me a chance to use my（skil or specialized knowledge，e.g.languages，knowledge of computers，etc.）... In 20×× I was offered a chance to join（name of company）where there was an opportunity for me to gain more experience in... I was offered promotion（a chance to advance）by（name of company）in（date）and therefore left（company）as this meant I could（explanation）... I joined（name of company）in（date）as they offered an opportunity for advancement，being a much larger concern.

重难点三：求职信的结尾

请求对方发送应聘表格的结尾：Please can you send me an application form and any other relevant details? Would it be possible for you to send me an application form and further details? I would be grateful it you could send me an application form，and if in the meantime you need any further details about me，I would be happy to supply them. 已附简历的结尾：I look forward to hearing from you. However，if there is any further information you require in the meantime，please contact me. Please let me know if there are any other details you need.Meanwhile，I look forward to hearing from you. I will be able to give you more detailed information at an interview，and I look forward to seeing you.

重难点四：简历写作中的简洁原则

·尽量使用标准、传统的表格。潜在的雇主每天要面对数十份简历，若简历内容复杂如迷宫，容易引起反感。

·不宜使用花哨的格式。建议用标准 A4 纸，适合装入标准信封或资料夹，便于存放及查阅，这才是专业的做法。保持文件界面整洁干净，少用斜体和粗体、特殊字体及彩色打印纸。视频简历很少被采纳，除非该公司主营表演行业。

·简历尽量直接、真实，有逻辑性。这样便于阅读者了解应聘者及其事业轨迹。

·简历要简短，尽量保持在一页纸上，最多不超过两页。若求职者缺乏工作经验，过长的简历并无法弥补。如果经历较多，突出重点是更吸引人的写法。具体的内容可以在求职信和面试中展现。

·在简历中常用的动词包括（用以描述个人已取得的成就）：created，

conducted，coordinated，improved，designed，assisted，provided，addressed，established，solved。

重难点五：简历中的必要和不必要

· 对于不同岗位的求职，有必要准备不同的简历；

· 潜在雇佣者会更感兴趣求职者近期的经历，有必要将工作经历按照倒叙的方式列出，并提供供职单位及时间跨度；

· 对于职业空窗期和已经倒闭的雇主信息，有必要据实写出，否则会留下不诚实的印象；

· 除非前雇主企业的规模世人皆知，否则有必要对其进行简要介绍，介绍个人责任和贡献时要诚实、不夸张；

· 对于刚毕业的学生而言，课外活动和打工经历有必要写在简历中；

· 以下个人信息不必写在简历中：年龄、性别、身高、体重、旅游经历、个人兴趣爱好、民族、信仰、照片等；

· 获得的奖励和荣誉不必放在简历中，除非对行业有很重要的作用；

· 薪水需求不必写，可以放在求职信中。

（三）教学方式和教学内容

教学方式：求职类文本的教学建议以学生自主学习为主，可以将课堂分组学习和课下个人自学相结合，教师可以在课堂上采用答疑或同伴互评的方式来改进简历及求职信的写作。对教学实践的建议如下：

· 分组后，让学习小组草拟出梦想职业文本，并向班上其他同学表述；

· 如果学生未确定向哪个公司求职，建议在进行求职系列文本教学前，留出一定时间让学生进行头脑风暴，讨论出希望为其工作的跨国企业，并上网找出这些企业的办公地址及相关信息；

· 教师可以将相关招聘及公司资料带入课堂让学生阅读并讨论一些问题，如不同国家的招聘和晋升制度区别、面试习惯及面试信息；

· 可以将本单位人力资源部招聘专员请进课堂，向学生介绍岗位空缺情况，或找到相关企业的人事部人员在课堂上介绍招聘过程及面试流程；

· 让学生进行模拟面试表演。

教学内容：简历不宜过长，一页纸最佳，包括说明应聘者适合该岗位的足够信息，并表明希望得到面试机会的愿望即可。在列举各类经历时要按时间倒叙排列，将最近的经历排在最前面。如果是跨行业求职，可以单列出与该岗位相关的经历和基础技能。语言上要保持商务性和专业性，不宜使用过于花哨的排版和变化的字体（应聘艺术类或创造性岗位除外），保持排版简明易读。

简历中包含的主要内容：联系方式、职业 / 工作目标、工作经历、教育培训及特殊知识技能。联系方式包括姓名、地址、电话及邮箱；职业/工作目标是对自己特定目标的表述，常使用短语或完整句子；工作经历中要阐明个人的职责及成就，若跨国求职，可以简单介绍前雇主的情况；教育培训中主要涉及与应聘岗位相关的教育及培训经历，可以注明某经历与某技能相关；特殊知识与技能中尤其要注明使用的语言种类及熟练程度。

求职信是对个人的自我推销。它不是对简历中内容的简单重复，而是用以凸显个人技能和价值的工具，展示了求职者希望加入目标公司的意愿。一封好的求职信是专业的、重点突出的，要将个人经历与岗位的相关性一一联系起来。

求职信的写作步骤：第一，了解自己所应聘公司负责接收求职信的职员的姓名及职位，若统一称呼对方为 Personnel Director 或 Manager of Accounting 会被认为懒于收集公司信息，而留下不佳印象；第二，了解该公司情况，如是否处于发展期，是否需要某种特定技能及岗位的员工，搜集信息，以成功求职；第三，反思个人资格能力，将符合公司需求的技能、经验及教育培训列出表格；第四，开始进行求职信撰写，写出收件人的称谓及时间，注意使用准确的职位及恰当的称呼语，正确拼写对方姓名；第五，开始正文写作时，可以利用第二步骤中收集的信息，开门见山地写出求职意向和信息来源，准确写出个人能力特点，并提供切实证据或据实描述，不夸张也不保留；第六，用语要商务化、有礼貌，但不可生硬而拒人于千里之外，写作时尽量保持本色，保持简洁；第七，在结尾时，明确自己将要采取的跟进方式（以电话跟进或写信询问），牢记作为求职者，要对应聘事宜采取主动的态度，积极联系目标公司；第八，仔细校对信函，确保使用了正确的语法及标点。

求职信宜保持一页纸的长度，使用标准商务信函格式，使用左对齐齐头式或齐头变体式，要包括收件人地址、日期、封内地址、称谓、正文、结尾敬语、签名等几个部分，尽量确定阅读者姓名并写在称谓处，可以通过电话或推荐人获得，若无法获得确切姓名，则宜使用敬称，如 Human Resources Manager 或 Personnel Director，尽量避免使用 To Whom It May Concern 这类非明确指向性称谓。另外，要使用同一类型的纸张和格式打印求职信和简历，使用黑色或蓝色钢笔进行亲笔签名。

正文部分通常分为开头、重点、行动及结尾四部分。写作时要保持积极及专业的态度。求职信作为第一次呈现给未来雇主的、展现个人写作水平的文本，应尽量使其完美。开头部分表明应聘意图并提供如何了解到岗位空缺消息的来源，若有人推荐，可以在开头时提出，若无相关资源，则宜使用一个吸引关注度的开头；重点部分说明为何自己适合该工作，自己将如何使公司受益，特别要展示自己不同于其他应聘者的能力；行动部分解释自己将会采取的行为，如希望获得面试机会等，并提供自己能参与面试的时间，或合适的话将会致电目标公司协商面试时间；结尾部分保持积极语气。

（四）任务设计及材料

Covering Letter Structure

A letter to a company that has not advertised a job should show that you have researched the company and considered how your particular skills could benefit their organization. Look at the example and match the functions 1–6 with the parts of the letter a–f.

1. Request an opportunity to follow up the contact by telephone

2. Address the letter to a named person within the company

3. Show how your skills have specific relevance to the company

4. Give evidence that you have a good knowledge of the company business activities

5. Enquire about an opening

6. Refer to your CV

A. Dear Ms Baccaro,   B. I was very interested to read in The Economist recently that Palmero Industries is expanding into the Asia market, in particular in South Korea.I am writing because I believe that my experience could be of assistance in this area.   C. I am aware that your company is considering rebranding some of its key product ranges prior to launching them in Asia.For the past eight years I have worked as a project manager in Seoul for a company which specializes in branding products.While in this position I have worked on international teams with organizations throughout the region.With this experience I believe that I am ideally placed to help your company in its new venture.   D. As you will see from my enclosed CV, I have excellent managerial, language and organizational skills and extensive experience in coordinating projects between European and Asia companies.   I have the highest regard for Palmero Industries and would be pleased to outline ways in which your rebranding operation could be achieved with maximum impact for your products.   E. I would also like to enquire whether there are any suitable positions available at this exciting time for the company.   F. I would be grateful if you would take a brief telepnone call from me next week to see if you are interested in discussing this further.   Yours sincerely,

KEYS：1–A；2–C；3–B；4–D；5–E；6–F.

此任务是对求职信结构的强化训练。根据前文介绍的开头、重点、行动、结尾4个部分，例文展示了各部分的典型写法及常用句型。强化训练将逻辑训练和结构意识结合在一起，让学习者在段落阅读过程中内化求职信结构。提升难度的方式有打乱顺序后让学习者重新排序并自行写出各部分功能、关键连接词填空并排序等。适用于学习完求职信结构之后作为辅助训练。在后两种提升难度的训练中，学习者可能会给出不同的排序答案，只要言之有理且逻辑顺畅即可接受。

五、会议议程及记录写作技巧教学

（一）会议议程及记录的功能及分类

会议议程是对会议中将要讨论的议题的列表，通常分为常规议题和特殊议题两部分。常规议题包括缺席者致歉、上次会议的记录、上次会后产生的事宜等；特殊议题根据会议目的的不同而各有不同。会议主席有责任保证会议的正常进行。为了有效主持会议，主席会有一份单独的会议议程，里面包括一些额外的细节，如每个环节的小提示、小细节及有意留出的右侧记录栏等。从目的上划分，会议议程可以分为以下几个类别：

· 讨论并作出关键决策；

· 回顾运营方式；

· 与各方面联系以告知或获取新信息；

· 讨论并策划企业掌舵人的成功更替；

· 确保全公司实施必要的流程、跨部门协作等。

会议记录是会议内容的笔头记录，一份精准的会议记录对与会者和缺席者而言都很有必要。会议记录有多种撰写形式，且各具特点，但其基础功能保持不变，即忠实地记录会议决策并总结后续行动：什么行动，由谁采取及何时采取。会议记录通常分为3种类型，且形式和内容各不相同。

· 内部会议记录：由公司人事部门参与，仅限于内部交流。记录方式不太正式，可以直接记录行动要点（只需记录由谁何时采取何种行动）。

· 与外部代理（客户或伙伴关系）的会议记录：也用于内部交流。记录中常用主观评价。

· 与外部代理（客户或伙伴关系）的会议记录：用于印刷分享。记录方式最为正式，此会议记录有可能成为谈判或合作的基础。

（二）教学重难点

会议记录常常用到有关“说、决策、结束”等动词，如果一味使用某一词汇就会显得词汇过于贫乏，因此，可以选用近义词替换，如替换 said 的词汇有“stated，discussed，proposed，reported，considered”等；替换 decided 的词汇有

“confirmed，approved，verified，resolved”等；替换 ended 的词汇有“concluded，terminated，finished”等。此外，同义词词典 thesaurus 也是一个很好的选词助手，但要注意，不可选用过于生涩的词汇，以免弄巧成拙。

（三）教学方式和教学内容

一份设计精良的会议议程将有助于会议的成功召开及目标的顺利达成。此部分内容可以与会议口语训练同时学习，便于学生掌握全部流程及相关技能。会议的成功与否在很大程度上取决于与会者的参与程度，如果与会者在会前就对会议目的进行充分了解，并对自身在会议上将要作出的发言和讨论有了充分准备，无疑将有效推动会议进程。在指导学习者进行会议议程设计时，教师可以用以下提示性语言进行分步指导。

·会议的目的是什么？

·设计的议程是否能实现该目的？

·议程是否足够简洁？

·议程结构如何？议题顺序安排是否合适？是否结合会议记录考虑过其他顺序？抑或以项目任务为中心设计议程？

·与会者是否需要提前阅读议程？议程中是否提及这一点？是否留有足够的时间以供阅读？

·是否已准备好相关阅读材料，并告知与会者最迟的阅读期限？与会者是否遵守要求？撰写者能否提供其他协助？

·议程及阅读材料是否能及时发送至与会者手中？

会议议程形式多样，通常包括以下要点：会议名称、会议目的、会议地点、开始及结束时间、茶歇、与会者细节（包括大会主席及会议记录员）、缺席者致歉、前次会议的记录、前次会后产生的事宜、本次议题（发言人姓名及时长）、准备参会的材料要求、其他项目及附录。

在设计撰写会议议程之前，最好与会议主席共同商议议题。写好后，尽量在开会前 2 ～ 3 天发送给与会者。撰写时要留意以下要点：

·针对会议及所需结果进行设计；

·帮助与会人员了解会议的必要性；

·设计最佳的议程顺序；

·力求内容清晰，格式一目了然；

·在会议开始前分发给与会者。

在进行会议记录写作教学前，教师要提示学习者，会议记录员的角色并不仅仅是记录会议内容而已，他们可以被认为是协同主持会议的人物。因为他们不仅可以在与会者表述不清时询问并确认记录内容，还可以在讨论跑题时提示与会者回归主要议题。在进行写作教学时，教师可以引导学习者遵循以下写作流程：

· 尽量在会议前规划好格式及语言风格；
· 会议时保持冷静、自信；
· 主要记录发言中的要点，而非将每个文字都记录下来；
· 避免旁人打扰；
· 在不确定时可以暂停会议进程，询问问题以明确思路，否则容易出错；
· 出现不确定的技术性词汇时可以提出问题，以便准确记录；
· 自己或通过会议主席询问发言人是否明了会议宗旨及是否有未解决的问题。

在这样的态度和行事方式的指引下，学习者会更快了解自己作为记录者在会议中的重要作用，从而更主动地参与会议进程。正式会议记录通常包括以下要点：与会者、缺席者致歉、前次会议的记录及总结、讨论小结、建议决策及投票细节记录、行动要点及责任、下次会议细节。由于会议记录主要是对之前发生事件的记录，撰写时应主要使用过去时态、第三人称及间接语气。

（四）任务设计及材料

Vocabulary Match

Match the words with the correct definition.

1. to brief	a.To send information to a number of people
2. item	b.The place where an event takes place
3. minutes	c.To give someone the information they need to do their work
4. agenda	d.A specified time during the meeting when a specific subject can be discussed
5. participant	e.One of the subjects to be discussed at a meeting
6. venue	f.An official written record of what is said at a meeting
7. circulate	g.Someone who takes part in a meeting or conference
8. slot	h.A list of the subjects to be discussed at a meeting

KEY : 1–c ; 2–e ; 3–f ; 4–h ; 5–g ; 6–b ; 7–a ; 8–d.

以上任务属于词汇认知类型，此任务将会议记录中常用的核心词汇及其含义打乱顺序，让学习者找回正确的对应关系。这种题型在前面的口语章节中也介绍过，而用于写作教学中的独特功能在于可以详细地解释为学习者营造出良好的语言学习环境，从而对习得写作技能及恰当的语言应用打下基础。对用语环境的营造，除了解释语以外，用图形、视频或者真实的会议资料可以取得更好的习得效果。教师可以以此为基础，为学生提供多样性的语言文字素材，并以小组合作、讨论、表演等形式重现会议场景，从而有效辅助写作知识的习得。

六、对学习者的评价与反馈

商务写作的写作方法：过程写作法（Process Writing）和结果/体裁写作法（Product/Genre Writing）。这两种写作方法各有特色。过程写作法从文章的主要观点出发，将目的、主题、体裁全部考量在内，着重考虑读者的感受及创作过程，采用协同创作，常常经过多次修改成篇；结果/体裁写作法主要采用模仿范文的形式，优先考虑文章的组织结构，然后考虑文章的论点，文体特色是否鲜明，有时限定使用该文体，以最终成品为导向，常常一稿成篇。在商务写作教学中，教师通常会将两种写作方法中的要件相互结合，一起融入教学设计中，学习者可以先了解文体特色，再进行自己的创作。

过程写作法更适用于语言水平较高的学生，因为他们已经有了一定的语言掌控能力。无论学习者的语言水平如何，教师都可以引导他们使用过程写作法，更重要的是提供反馈。反馈的形式包括处理过程写作中不同阶段的建议、语言的使用是否恰当及对最终作品的总体评价等。

在体裁写作法中，体裁的提供会给初学者一个具体的写作目标。不同于过程写作中给予写作者较大的创意空间，体裁写作让学习者根据固定模板进行有限的创造。由于学习者多将商务写作视为工具，即通过它达成某个既定目标或取得某种既定结果，因此，有限的创造过程对于学习者尤其是语言水平较低的学习者而言影响不大。即使对以英语为母语的人来说，也很少有在商务写作时完全不参考任何文献或文件的。

商务写作的评价标准可以参考商务口语的评价标准，因为准确性、流畅性和有效性一直是沟通成功的最主要的参考标准。写作中的这 3 个评价标准在细节上与口语略有区别。准确性指使用正确的语言形式，尤其在语法、用词和拼写方面；流畅性指写作者在行文中使用的技巧，尤其是指写作速度、写作效果和语言通畅度方面；有效性指已完成的文件对读者产生的效果，尤其是在行文布局、表述精简、通顺连贯、用语得体等方面。

BEC 剑桥商务英语中级写作评分标准：

5 级	全部完成答题要求： · 所有内容点都已包括在内并在答题要求允许的情况下加以发挥； · 语言规范、自然，错误最少，均属小错； · 多样化的语言结构和丰富的词汇量； · 组织效果好，注意前后呼应； · 语域和格式完全适当。 给读者印象极佳。

续 表

4 级	较好地完成答题要求： · 所有内容点都处理得不错； · 大体准确；运用复杂语言时有错误； · 结构合理，用词准确； · 大体上组织较好，注意逻辑关系； · 语域和格式总的来说适当。 给读者的印象良好。
3 级	尚未达到答题要求： · 所有主要内容点已包括进去，遗漏了一些次要的内容； · 出现一些错误，但不妨碍交流； · 结构和词汇掌握范围适度； · 组织和安排总体来说令人满意； · 语域和格式尚可，虽然并不完全成功。 给读者的印象较好。
2 级	不能完全达到答题要求： · 遗漏了一些主要内容点或处理不充分，可能有些不切题； · 有时错误影响清晰交流，错误较多，使读者感到迷惑，结构、词汇掌握范围有限； · 内容条理不清晰、不连贯，造成理解困难； · 语域和格式不适当。 给读者的印象不佳。
1 级	未能达到答题要求： · 显著的内容遗漏或大量内容不相关，可能由于对题目要求的误解； · 严重不规范，经常出现基本错误； · 题目要求的结构和词汇几乎没有提到； · 缺乏组织，造成交流失败； · 几乎没有使用适当的语域和格式。 给读者的印象很差。
0 级	什么要求也没达到，字数少于所需字数的 25%，或者是完全不能辨认，或者是完全不切题。

商务写作的评价形式：在一项写作任务完成之后，可以让学习者把作品交给教师评价，也可以让同伴之间相互评价，或者在黑板上组合多位学习者的好句子，形成一个最佳组合版本。下面来详细分析一下每种方式的具体应用。

第一，教师评价。教师可以对学生的作品进行逐一修改，对错误作出标记，并写出正确形式，也可以仅对文中错误的地方进行下划线提示，在页边写出错误类型，让学习者自行修改。最具挑战性的评价方式是不标注任何错误，仅在对应行边写出错误，如时态、介词、词序、词形态等。学习者可以在下次课上与同伴互助，改正错误。不要忘记在评价中表扬正确使用的语言——可以在页边给一个简单的评价，如“这个词用得好”，或者在结尾时进行总体评价“写得很好，进步很大”之类。

第二，同伴互评。学习者在修改其他同学写作练习时能学到更多，有助于养成写作中回看和编辑的好习惯。修改的过程也是一个相互学习的过程，其他同学的写作优点，如固定搭配、语法、立意、词汇、写作风格、不同的行文方式等，都是可以互相学习的。同伴互评还有利于活跃课堂气氛，将安静的、埋头写作的课堂气氛转化为活跃的、易于交流的气氛。当同学们互相合作完成了对文章的修改以后，教师可以留出一小段时间让学习者独立重写一遍，然后交上来，也可以在学生独立完成第一遍写作之后，把各人作品放在桌子上或贴在墙上 / 黑板上，然后让学生在教室内走动，阅读各篇文章的结构、行文、立意，并记下其他同学的好词好句。当他们回到座位后，可以对自己的文章作出修改。

第三，最佳组合。这一方式适用于较小的课堂，学生进度一致且他们的作品内容相近的情况。大家对作品逐句进行梳理，每句话开始前邀请 1 ～ 2 位同学给出建议句子，然后全班学生和教师一起对该句进行评价，可以重新成句或者在其基础上优化，然后在黑板上逐渐写出全班共同想出的作品。当然，最终用词可能会不同于同学们开始时建议的选择。

第四节　商务英语之翻译教学设计

商务英语翻译课程旨在培养学生未来工作领域中基础的翻译能力和翻译素养。商务英语口笔译是涉外文秘、外贸业务员、商务翻译等岗位的常规性工作。商务英语的笔译工作包括接受资料、了解内容、完成初稿、审校初稿、修正初稿、排版打印、定稿等，具体工作涵盖名片、标识、商标、组织机构、公司简介、产品说明、广告及往来信函及文稿等的翻译；商务英语口译工作涉及了解翻译对象与内容、准备相关资料、提供高质量的现场翻译、整理现场翻译文字资料、总结翻译质量等，具体涵盖迎来送往、招待晚宴、产品推介、商务谈判、商务合作、国际会展等商务情景的口译。

在本书第五章我们介绍了 PBL 教学法，下面我们就来以 PBL 教学为例，设计商务英语翻译教学。

我们将贯穿两个学期 140 个学时的课程进行项目化综合设计，共设计 6 个综合性大项目，项目难度循序渐进，口笔译兼顾，对所有内容进行整合，通过完成项目任务培养提高学生下列能力：良好的语用能力和跨文化交际能力，培养分析问题与解决问题的逻辑思维能力，自主学习能力及自我检查与评价的能力，严谨踏实的翻译职业素养和团队合作精神。

下面以外宾来访企业这一典型工作场景为背景，设计外商来访陪同翻译综合项目。综合项目由两个子项目组成：访前准备（书面笔译）和来访接待（陪同口译）。笔译项目包含3个任务：笔译商务名片、笔译公司介绍、笔译招待菜谱；口译子项目包括3个陪同口译任务：迎接外宾、参观公司、商务晚宴。教师统一布置项目背景：台州某涉外企业接待国外合作客商一行来访，要求商务助理兼翻译负责接待，来访前需要笔译双方相关人员名片、中外企业介绍、晚宴菜肴等有关资料；来访期间，负责陪同口译。通过本情境的学习，熟悉中英文名片、企业简介的结构和语言特点；掌握介绍企业的中英文常用词汇和表达方式；能够借用网络、辞典等工具，收集相关信息，为翻译做好前期的准备工作；能够运用基本的英汉互译方法与技巧（直译法和意译法、转译法、增译法和省译法等）进行英汉名片互译、企业介绍的书面翻译和简单的接待陪同口译。

我们将学生分成4人一组，以当地真实企业为背景，通过网络搜索，各小组自主设计、收集和整理自己公司的相关背景资料，分工合作，以任务模拟或角色扮演的方式，完成各项翻译工作。教师为商务经理，负责书面笔译任务与现场口译工作的选择、安排与考核；学生则根据项目进行分工——中方接待人员、外商、译员等。学生轮流担任商务助理兼翻译、办公室其他人员、外商一行等角色，共同完成书面笔译任务及现场陪同口译工作。

一、教学重点

第一，商务名片的语言特点及翻译技巧；
第二，公司简介的语言特点及其翻译方法；
第三，菜肴英译的翻译技巧。

二、教学难点

第一，独立设计富有创意、符合公司产品特征及持片人身份的名片；
第二，中西方公司简介的语言差异；
第三，难度适中的翻译语料；
第四，翻译软件的使用。

三、解决办法

第一，对比大量中英文名片、公司简介，体会不同的文化、不同的思维对名片构成要素和商务语言差异的影响；

第二，从企业网站、交易会宣传资料网站等获得公司的基本资料；

第三，通过团队分工合作，做中学、学中做，不断总结项目完成过程中需要注意的细节问题；

第四，以翻译过程为导向，关注翻译过程中的各个步骤，重视翻译过程中的错误分析，重视译文的不断修订与完善；

第五，共同讨论翻译时常碰到的问题，集思广益，在教师的引导下，解决各个疑难问题。

四、具体教学设计

步骤一：菜名口译热身赛——通过视频短片或图文呈现常见的江浙菜谱，学生即时口译菜名，师生共同比对评析各组译文。这个环节非常有趣，学生常常奇思妙想，也会笑料百出。比如“红烧狮子头”这道常见菜，学生的第一反应往往是按字面直译为“Braised Lion’s Head”，“蚂蚁上树”则译成“Ants Climbing Tree”，“虎皮青椒”译为“Tiger’s Skin Pepper”，“台州三鲜”译为“Taizhou Three Fresh”。

步骤二：笔译菜单组合赛——要求选取颇具浙江地方特色的菜肴名，各小组自主选择确定一份不少于 8 道菜肴的晚宴菜单进行翻译，并附包含酒店名称。先分组利用翻译软件和网络资源进行笔译，小组讨论后提交全班展示讨论，展示时要求学生说明以下几点：一是选择酒店和菜肴组合搭配的原因考量；二是翻译时使用的翻译方法和技巧；三是资料查找过程中对已有译法的菜名所做的鉴别或甄选；四是对小组所译成果的评价。

步骤三：菜肴英译评析。选取典型范例分析，引导学生总结菜肴英译的基本方法和规律，将一些类似公式的菜肴英译方法介绍给学生，使其能举一反三、触类旁通：第一，以主料开头的翻译方法可采用“主料 +with + 辅料”的方式来翻译，如“蛤蜊蒸蛋”可以译为“Steamed Egg with Clams”，或者以“主料 +in+ 汁味”的方法，如“鲍汁花菇”译为“Braised Mushrooms in Abalone”；第二，以烹饪方法开头的翻译方法采用“烹饪方法 + 主料”的方式，如“红烧海参蹄筋”译为“Braised Sea Cucumber and Pork Tendon”；第三，以人名或地名开头的菜肴多翻译为“人名或地名 + 主料”的形式，如名菜“东坡肉”译为“Dongpo Braised Pork”，“台州三鲜”这道看似简单却颇有地方特色的菜肴，学生们考证了菜肴的主要原料和烹饪方式，修正了原来的译文，认为这是一道台州本地季节性海鲜菜肴，将至少 3 种时令海味（如白虾、蛤蜊、蛏子）用清水烧开，味道极为鲜美，因此译为“Triple Taizhou Style”则更为妥当；第四，文化特色词汇多用变通翻译法，例如，四川传统菜肴“虎皮青椒”，以青椒作为主料，表面炒得略微焦煳，斑驳的焦煳点如同老虎的花纹一样，所以得了“虎皮青椒”的美名，宜翻译为“Deep Fried Green Pepper”，“狮子头”改译为“Braised Meatballs in Brown Sauce”，而“蚂蚁上树”中并没有蚂蚁，只是一种形象化的比喻，其主料是粉丝和肉末，故译成“Vermicelli with Spicy Minced Pork”更易于让外宾理解和接受。

步骤四：菜单译文润色定稿。在该步骤中，可以邀请外籍教师参与，模拟演练。教师引导学生共同归纳总结点评，带领全班一起分析各小组英译的优缺点，考查各小组所选择的酒店和菜肴组合搭配是否妥当，译名是否通顺达意，讨论总结菜肴英译通常采取的翻译策略和翻译原则，指出中餐菜名具有独特的文化特质。许多菜名采用写意式命名法，一个菜名中常常蕴含历史掌故和奇闻逸事，典型的如“佛跳墙”“叫花鸡”“东坡肉”，笔译时宜采取翻译主料的方法，直奔菜肴的主要作料内容和制作方法，口译时可以根据需要增加文化背景翻译，给外国客人简要介绍中餐菜名的典故由来或趣闻逸事。另外，提醒学生在翻译过程中要避免望文生义，要养成做好充分译前准备的习惯，学会熟练使用翻译辅助工具进行查询，同时要培养良好的跨文化交际意识，中式菜单中蕴含的饮食文化博大精深，译者对于东西方饮食偏好的差异要有所了解，翻译时要巧妙避开西方的文化禁忌，如大多数西方人对动物内脏避而远之，就不宜将其作为宴请菜肴，或者可以做一些变通翻译。

五、教学评价设计

传统的翻译课堂多是教师布置翻译任务，学生独立翻译，教师提供标准译文，课堂上对比评价。这种标准译文导向式的教学与评价方法过于单一。倘若教师不能及时引导、鼓励学生大胆尝试，学生往往会因为误译过多，害怕犯错而畏难不前，被动地、消极地等待教师提供标准译文，这样的教学方式时间一长，会桎梏学生对于翻译的自信心和想象力，机械地记忆一些标准译文以应付考试，翻译能力很难得到真正提高。在我们的项目化翻译教学设计中，其核心落脚点不在于翻译知识和技巧的教授，而是引导学生思考翻译过程，思考形成译文的影响因素，鼓励学生质疑和创造，启发学生的译者自我意识。在项目化翻译课堂教学中，翻译任务是开放性的，教师很多时候无法提供标准译文，故而这样的课堂更像是翻译工作室，教学设计给予学生充分的选择自由度和决定权，通过展示译文，阐述译文产生经过等环节引导学生回顾翻译思维过程，体悟翻译技巧与策略的灵活运用以创造出较好的译文。师生之间、生生之间交流互动频繁，通过翻译项目任务，互相启发思维，激发灵感，在共同合作完成任务的过程中提升翻译能力。

总而言之，翻译项目化教学更注重过程评价，评价有学生自评、学生互评和教师评价 3 个部分组成，注重翻译工作任务完成过程中学生所展现的进步，关注善于质疑和创新精神及团队合作精神。课程考核成绩由期末理论考核（占 30%）、过程考核（占 40%）及成果考核（占 30%）3 个部分构成。过程考核成绩由敬业精神、团队合作精神、理解能力、现场应变能力、语言表达能力 5 个部分构成；成果考核以项目单元为单位，主要考核学生的译文质量或现场口译表现，以教师评分为主。

以上教学设计围绕商务助理兼翻译的岗位职责展开，以学生未来就业岗位上的典型翻译工作任务为基点，构建仿真的工作情境，融合翻译策略技巧和相关人文知识与商务知识，充分发挥学生的主体作用，让学生思考分析影响翻译效果的各种因素，逐步获得发现问题、思考问题、应用恰当的翻译策略和技巧解决问题的能力。

第九章 SIOP 模式下商务英语创新教学

第一节 SIOP 模式及其对我国外语教学的影响

SIOP 模式全称是庇护式教学观察协议（Sheltered Instruction Observation Protocol），该模式的设计目的在于将语言发展与课程内容教学相结合，为教师提供一个设计和实施教学的范式。目前，SIOP 模式已经广泛应用于美国境内双语、英语作为第二语言及双向浸入式课堂中。

一、SIOP 模式产生的背景

自 20 世纪末起，随着世界各国移民的人量涌入，在美国的很多学校，母语非英语的学生越来越多，而外国的这些学生的学业水平不如本地学生。造成这一现象的原因是多数学校在教学上没有满足学生需求的多样性。

虽然美国在 2001 年颁布了《不让一个孩子掉队》的法案，要求核心学科教师具有很高的素质，但法律并不要求学科教师把英语作为第二语言的教学方法，教学方法和教师的教学理念都无法适应时代的变化。SIOP 模式是在这一背景下脱颖而出的，之后在美国推广和逐步完善。

（一）SIOP 模式的形成过程

SIOP 模型的形成包括以下 3 个阶段：

第一个阶段始于 20 世纪 90 年代初，研究的目标是在“保护式教学”的基础上开发出一套“观察规则”，以明确教师是否在教学中运用了为学生提供“保护”的技巧。该“观察规则”是通过实验、教师反馈、课堂观察，并结合文献研究等开发出来的。

第二阶段从 1996 年开始，研究目标是开发明确的 SIOP 教学模式。在这个教学模式里，可以提高教师的教学水平。经过大量的实验研究证明，这种方法对学生的语言技能提高有一定的效果。

第三阶段是1999年至2002年，这个阶段的目标是验证这种教育模式的有效性和它的可操作性。在这一阶段，教师和研究人员组成的团队建议SIOP模式不仅是一套课堂观察规则，还应成为备课和授课的体系。他们还研究了其他的教学方法，将知识教学与学生主动观察相结合，并对整个过程进行评价。

（二）SIOP模式应用的范围

SIOP模式可以用在英语为母语和非母语的学生组成的混合班级里。教师可以是第二语言的教师，也可是接受过SIOP模式培训的学科教师，如数学、科学、英语、社会科学等学科的教师。

二、SIOP模式的理论基础

SIOP模式的主要理论基础是维果斯基的社会文化理论，该理论强调文化在"如何学"和"学什么"两个方面所起的重要作用。第一，社会文化理论学者认为，人们学习新概念、语言和技巧是建立在自己的语言背景和文化理解基础上的。第二，新知识的理解与掌握、新技能的形成是通过和别人的交流互动来实现的。对话是学习的主要工具，如果合理加以运用，则有助于学生达成新的理解。上述两种理论都把重点放在学科内容和学科语言上，重视运用语言学习策略，并强调亲身体验活动。

此外，该模式还吸收了情感需求、文化背景、学习风格和多元智能领域的研究成果。

三、SIOP模式的具体内容

SIOP模式主要包括前期的教学准备、教学实施、复习和结论评价3个阶段。在这3个阶段中又包括很多方面和很多细则。其中包括教学准备、构建背景、可理解输入、策略、互动、实践与运用、授课、复习与评价8个方面。分别阐述为：第一，在课堂的准备阶段，要选择合适的辅助性材料，根据学生的英语水平改编教学内容，明确教学目标；第二，构建背景主要是指要对学生的知识背景和学习经历进行调研，要让学生根据已有的知识学习新知识；第三，理解性输入是使用适合学生语言层次的教学语言，让学生明白学习目标和学习任务是什么；第四，学习策略，要采用多种方法进行教学，可以现场答辩或者小组讨论，给学生提供使用学习策略的机会；第五，交互就是课堂互动。在课堂互动中，为学生提供讨论的机会，这样的机会能促使学生之间进行语言交流，留出足够的时间让学生发表意见，提高他们的语言交流能力和解决问题的能力；第六，实践与应用主要是让学生将学习到的知识应用到实际问题中去。多采用模拟真实场景的形式让学生置身其中，用他们所学到的知识进行活动；第七，授课主要是教师进行授课，学生参与课堂学科活动及完成语言目标；第八，复习与评价，主要是让学生对所学的知识进行复习，对他们所学的最终结果进行评价，以评价结果来判断他们掌握知识的程度。另外，这8个方面包含30条细则（见表9-1）。

表9-1 SIOP模式的构成

要素	序号	规则
教学准备	1	明确、明示并和学生一起回顾内容目标
	2	明确、明示并和学生一起回顾语言目标
	3	教学内容适合学生的年龄和教育背景
	4	大量运用各种补充材料或资源，如实物、图片、多媒体、改编的课文和亲身体验的材料等
	5	使教学内容适合不同层次的学生
	6	设计能够融合课文内容和语言实践的有意义的活动
构建背景	7	把所学新内容和学生的背景经历明确地联系起来
	8	把学生过去所学内容和新内容明确地联系起来
	9	以多种形式加强关键词的学习
可理解输入	10	教师话语适合学生的语言水平
	11	清楚地解释学习任务
	12	运用各种技巧，使概念清晰明了
策略	13	为学生使用学习策略提供充足的机会
	14	始终运用支架式教学技巧帮助和支持学生理解
	15	设计多种问题或任务，提高学生的高级思维技巧
互动	16	经常为学生提供师生之间、生生之间交流和讨论的机会
	17	精心分组以促进语言目标和内容目标的实现
	18	坚持提供足够的等待时间，以便学生作出反应
	19	学生有足够的机会用自己的第一语言澄清关键概念

续 表

要 素	序 号	规 则
实践与运用	20	为学生提供练习运用新知识所需的亲身实践的材料和（或）可操作的实物
	21	提供学生运用内容知识和语言知识的机会
	22	提供学生操练和运用听、说、读、写四种语言技能的机会
授课	23	授课能明确地支持内容目标的实现
	24	授课能明确地支持语言目标的实现
	25	课堂上 90% ～ 100% 的时间内使学生投入
	26	教学的节奏要适合学生的能力水平
复习与评价	27	综合复习关键词
	28	综合复习关键概念
	29	就学生的输出给予定期反馈
	30	在整个上课过程中评价学生对所有教学目标的理解和学习

四、SIOP 模式对我国外语教学的影响

美国 SIOP 模式是用英语作为教学语言对英语学习者进行学科教学的一种教学模式。在我国，外语教学指的是部分或全部使用外语，作为学校教学语言来教授非语言学内容，如数学、物理、化学、地理等学科。因此，SIOP 模式和我国外语教学有很多共性，对我国的外语教学具有重要的启示意义。

（一）我国的外语教学应该以理论为指导、以学生为主体、以实践为导向

SIOP 模式取得成功的主要原因是以科学的理论为指导。该模式主要是对学习者的学习背景进行调研，在教学过程中重视教师与学生、学生与学生之间的互动关系。SIOP 模式起源于美国，并且经过了长期的科学实验，优秀的教师和研究人员进行合作，收集、分析了大量的数据，在理论指导和实践的基础上形成的教学策略，其可行性比较高，可操作性、针对性比较强。SIOP 模式的形成过程对我国外语课堂教学的理论与实践研究具有重要的借鉴意义。

SIOP 模式在形成、推广和研究过程中，一直以课堂教学为聚焦点。其 30 条细则都是围绕课堂教学。基于 SIOP 模式的启示，我国的外语教学应当形成科学的、符合国情的课堂教学模式。如果不对外语教学进行研究，或者改变传统的教

学模式，就没办法达到良好的教学效果。

SIOP 模式主张教学过程中要以学生为主体。教师在教学过程中要对学生的学习背景进行调研和了解，以学生原有的知识基础为前提进行教学内容的改编。重视通过各种手段进行教学，重视学生能够在充分的时间里对所学知识进行理解和应用。主张通过各种各样的方法给学生提供交流的机会。SIOP 模式的成功经验表明，我国的外语教学必须改变传统的教学模式，要运用现代科技采取多种方法，以学生为中心，让他们参与进来，提高自主学习能力，能够独立解决问题。

（二）外语教学应兼顾内容目标和语言目标

教学目标是学科教学的出发点和归宿，是选择教学内容、实施教学过程和进行教学评估的前提和依托。如果教学目标不明确，就会导致教学过程盲目、混乱，达不到理想的教学效果。

长期以来，对外语教学的目标一直有以下几种看法：有人认为，外语教学的目标就是让学生掌握一种语言，能运用这种语言进行沟通；有人认为，外语教学的主要目标是习得外语，培养外语能力，即外语教学的目标应兼顾母语和外语能力的培养；还有人认为，外语教学应兼顾外语语言目标和学科内容目标。SIOP 模式强调，商务英语学科教学目标应兼顾内容目标和语言目标，而且教师在每次授课时应当以书面和口头两种形式向学生明示具体的内容目标和语言目标，教师在课堂教学的整个过程中应专注于这两大目标，并通过采用有效的教学策略确保目标的实现。

根据“二语习得”理论，二语和外语的习得只能建立在可理解的语言输入的基础上，这在客观上要求外语教师应确保学科教学内容被学生所理解，然后学生才可能习得目标语。因此，我国的外语教学应当兼顾语言目标和内容目标。脱离学科内容目标而片面强调语言目标不仅会牺牲学科内容的学习，而且语言目标也难以达到。就目前我国外语教学来说，目标语的习得建立在可理解的学科内容输入的基础上，这是习得语言的必要前提和保证。

（三）我国外语教学需要有一种很高信度和效度的评价工具

SIOP 模式既是一种有效的教学模式，又是一种有效的、可行的课堂教学评价工具。该评价工具是在理论的指导下和长期的教学实践与研究中提炼出来的，因而具有很高的信度和效度。其 30 条细则清晰明了，每条细则都是具体的、可观察的、可操作的、可量化的，都是为了实现两大教学目标服务的，突出了对英语学习者进行学科教学的特性。例如，该评价工具强调了关键词和关键概念的学习，强调了问题或任务的设计，还强调了学生听、说、读、写四种语言技能的培养。该评价工具另一个突出的特点是具有多种功能，可以作为教师备课核对表和自我评价工具，也可以作为教师或教学管理人员的课堂观察工具，还可以作为实习教师的指导观察工具。该评价工具的运用可以帮助教师更科学、更有效地进行课堂教学，更好地反思自己的教学，因而有助于教师的专业发展。

从总体上看，我国目前缺乏来自理论研究和实证实验的、具有广泛影响和体现外语课堂教学特征的评价工具。现有的外语教学评价工具缺乏语言教学理论的指导，没有充分体现出与实现语言教学目标相关的特征，也未能充分体现出学科教学的特征。而且现有的评价工具的侧重点是对教学结果的评价，而未能像 SIOP 评价工具那样对课堂教学整个过程给予充分的关注。此外，评价的细则不细，过于笼统宽泛，缺乏针对性和可操作性。事实上，外语教学评价工具应当像 SIOP 评价工具那样侧重形成性评价与诊断性评价，应注重教的行为与学的行为的统一、教学过程与教学效果的统一、内容目标和语言目标的统一。当前，我国外语教学的快速发展客观上迫切需要开发出聚焦课堂教学的、具有很高信度和效度的课堂教学评价工具，从而使外语教师在备课、授课、观课、评课、课后反思等方面具有可靠的工具，消除外语教师课堂教学凭经验或感觉的弊端，进而提高外语课堂教学的规范性和有效性。科学的评价工具有利于促进外语教学质量的全面提升。

SIOP 模式对我国外语教学目标的制定、外语教学的实践、外语教师教学能力的培养和外语课堂教学评价工具的研制都具有重大的借鉴意义，对推动我国外语教学的进一步发展具有重要作用。

第二节　语言经济学视角下商务英语的 SIOP 模式思考

近年来，我国的对外开放程度不断扩大，国际商务活动迅速增长，对外语人才的需求呈现多元化趋势，过去单一外语专业人才已经不能适应社会经济发展需要。当今社会对既具有扎实商务英语语言技能又掌握商务专业知识的复合型、应用型商务英语人才的需求增大。随着商务英语人才市场需求的扩大，2012 年教育部把商务英语列入本科专业目录。语言学家和经济学家就语言与经济活动的联系开展了很多研究。索绪尔指出，语言是一个纯粹的价值系统，揭示了语言与经济学的联系。亚当·斯密（Adam Smith）在《国富论》中就研究过语言对经济活动的影响。语言经济学（Economics of language）是一个跨语言学、经济学、教育学等学科的新兴交叉学科。美国经济学家马尔沙克（Marschak）最先提出语言经济学的概念，认为语言具有价值、费用、效用和收益四个基本经济属性。加拿大经济学教授瓦尔兰科特（Vaillancourt）概述了语言经济学的基本理论，标志着该学科的形成。瑞士经济学教授格林（Grin）提出用经济学的研究方法和手段来研究语言变量。近几年来，我国学者也逐渐开始重视语言经济学视角下商务英语教育的研究，主要进行的是宏观层面的研究，而微观层面上的商务英语教学改革研究并不多见。作为商务英语学科的理论基础之一，语言经济学的主要理论观点包括：第一，语言是一种人力资本；第二，语言被看作是一种公共产品；第三，语言是一种制度。庇护式教学与观察模式（Sheltered Instruction Observation Protocol），简称 SIOP 模式，是美国教育部历时 7 年开发的专门针对英语非母语学习者的教学与观察模式。

一、语言经济学视角下商务英语的特点

语言的学习被看作是一种人力资本的投资，语言的使用也体现了其本质的经济价值，其效用的发挥取决于多种因素。为了获得语言的使用能力，就需要进行教育投资，如购买书籍、教学课程等。语言能力形成后又会给学习者带来回报，如满足个人的兴趣欲望、带来额外的收入和就业机会等。此外，当选择获得一种语言能力的时候，也就意味着放弃了选择学习另一种语言的可能性，这也是机会成本。商务英语作为一种通用语言，语言学习者要权衡获得这种语言能力的成本和收益。在语言学习直接投入和机会成本相似的前提下，学习者要追求商务英语语言使用能力能够获得的直接和间接利益。然而，商务英语的课程设置中与商务英语专业相关的课程并不是很多，也缺乏一些必要的商务实践课程、实训设备和基地等。因为商务英语不是一般的英语教学，它需要帮助学习者从事商务活动，追求语言交际效用的最大化，因此，实训实践环节显得尤为重要。

随着社会信息化的发展，人们对商务信息的整体认知度提高了很多，原本属于专业术语的一些商务英语词汇正在转化为公共产品。例如，商务英语词汇大量出现在新闻报道、影视作品中，IPO（Initial Public Offerings，首次公开募集股票）、FDI（Foreigner Direct Investment，外商直接投资）等专业词汇逐渐为人所知。商务英语的流行度越高，其公共产品的效应就越强，从而降低了社会的交流成本，通过语言加深了理解，达成了共识，促进了经济发展和贸易往来。但是，这也给商务英语学习带来了更多的挑战，随着大众对专业词汇的了解和运用，商务英语的学习必须在广度和深度上有所突破，来提高自身的含金量。此外，世界经济贸易发展变化非常快，新词新概念层出不穷，因此，高等院校的教材也要及时进行更新。

索绪尔认为，语言不仅是一种制度，还是一种“社会制度”，人们的思维和表达方式都受到这种制度的影响。商务英语作为一种制度，要体现权力和利益的再分配关系，要尽量提高使用效率。例如，在国际商务活动中使用英语信函进行交流，为了使商务英语的使用效率提高，要以较低的语言成本来传达较大的信息量。商务英语之所以可以作为一种新兴事物出现在市场中，其在国际商务活动中

效率的优先性肯定是突出的。然而，这种效率优先性是隐含在商务英语的各种表现形式之中的，需要商务英语学习者在实际案例中去体会和认识什么是有效率的语言制度安排。

二、语言经济学视角下商务英语教学面临的挑战

为了持续吸引更多的人学习商务英语，商务英语教学面临着新的要求和挑战。

首先，商务英语的人力资本属性揭示了商务英语热的深层次原因和语言学习者追求收益最大化和成本最小化的出发点。为了保持商务英语的持续热度和帮助商务英语学习者在学习过程中获取最大的收益，教师需要不断地提高教学水平和丰富教学模式，引导学习者充分发挥主观能动性。同时，商务英语的人力资本属性，决定了高校对既具有扎实英语语言技能又具有丰富商务知识和实践经验的“双师型”教师人才的迫切需求。

其次，随着商务英语作为公共产品的效应的增强，在一定程度上给商务英语教学在广度和深度上带来了更多的挑战。随着经济活动越来越多地渗透到人们的日常生活中，大众对商务英语专业词汇的了解和运用不断增多，再加上越来越多的新词语和新概念被创造，这就要求教师在教学实践中就某一个知识点深入讲解，同时不断地补充最新的教学资料来满足学生的商务英语学习需求。

最后，商务英语的制度属性揭示了商务英语要追求使用效率的最大化。因此，在商务英语教学实践中，教师要运用丰富多彩的商务实例，让学生具体认识到如何在商务英语信函、商务英语谈判中使用最低的语言成本来进行最有效的交际和沟通。

三、引入 SIOP 教学与观察模式应对挑战

首先，商务英语专业课教师可以有效地利用 SIOP 模式来帮助学生提高学术英语能力和商务知识认知能力；其次，SIOP 模式有利于帮助学生把母语中已经获得的学术认知能力（如已掌握的商务专业基础知识和技能）转移到新课程的学习中去；再次，SIOP 模式能帮助教师在课堂上提供尽可能多的可理解性语言输入，从而促进学生学习语言；最后，SIOP 教学模式有利于帮助教师实现真正的以学生为中心的课堂教学，从而使学生从被动学习转变为主动学习；第五，SIOP 教学模式是为教师提高教学水平提供依据而研发的模式。

以下分别阐述基于 SIOP 模式的 8 个部分对商务英语教学的指导意义。

第一，从“课程准备”阶段开始，教师就要向学生明确学科目标和语言目标。首先，学科目标要简洁明了，以要点式呈现。其次，语言目标要包括核心词汇、语法和句型、语言学习策略等。此外，教师还需要考虑教学材料是否符合学生的

语言水平、文化及年龄层次。同时，教师要准备大量的教学辅助补充材料，如实物教具、动手操作工具、图片、多媒体等。为了弥补商务英语专业教材的滞后性，教师可以通过教学辅助补充材料来提升教学内容的广度和深度。

教师可以在备课阶段通过电子邮件或网上学习平台的方式把学科目标和语言目标发送给学生，使他们在正式上课之前就明确该堂课的学习目标，有利于学生进行课前准备，也可以激发学生的学习兴趣。

第二，SIOP 模式的“建立背景知识”阶段，教师可以有效地指导学生把过去已经获得的知识转移到新课程的学习中去，使学生对语言技能和学科知识的学习更有效率。教师可以通过让学生观看一个与所学内容相关的小视频，让学生联想到学过的知识或者让学生通过分组阅读讨论的方式来回顾已学知识。然后，教师可以通过语言引导或者组织图形等方式来引导学生将已学知识与即将学习的新知识联系起来。商务英语学习者大多数具有基本的经济常识和一定的专业基础知识，通过有效知识的转移，不仅能提高学习效率，也可以加深对已学知识的理解和记忆。

第三，SIOP 模式的“提供可理解性语言输入”阶段有利于教师在课堂上提供尽可能多的可理解性语言输入。由于商务英语学习者的英语水平有限，教师要使用符合他们现阶段语言水平的语言授课，并且通过调整语速、词汇和句法让他们获得更多的可理解性语言输入，此外，还可以通过肢体语言、实物教具、多媒体等帮助他们增加可理解性输入。商务英语学习者不会因为语言水平的限制而影响学科知识的获得，反而可以通过不断增加的可理解性语言输入来提高语言技能水平。

第四，SIOP 模式的“指导学习策略”阶段要求教师提供给学生相应的学习策略，帮助其理解所学内容。其中有两种有效的支架手段，一种是口头支架：运用提问、描述等方法来促进学生语言水平的提高，提升其理解能力及思维能力；另一种是程序支架：采用示范、小组实践的方式帮助语言水平较低的学生。

第五，SIOP 教学模式的“互动”阶段，通过分组讨论的方式，让每一位学生充分参与进来。例如，在商务谈判的教学中，教师可以通过结对阅读、案例讨论、角色扮演等策略让学生有效地参与到课堂互动中，打造真正以学生为中心的课堂。商务英语专业的学生可以在“互动”阶段获得语言实际运用能力的提升和学科知识的巩固。

第六，SIOP 模式的“应用与实践”阶段，让学生运用新学的语言知识进行实践训练。例如，指导学生通过讨论出具口头或书面报告的形式来操练语言知识的运用。也包括运用新获得的学科知识进行实践训练，如国际贸易单证实操。

第七，SIOP 模式的“授课”要求使用明确的目标语言，清晰有条理地阐述学科目标和语言目标，如采用板书、幻灯片等方式。该模式提供的授课指导提纲可以有效协助教师开展授课活动，提高授课效率。

第八，SIOP 模式的“复习与评价”阶段，要求教师观察学生的课堂参与度、回答问题的情况，了解学生对课堂内容的掌握情况，并且及时把相关的信息反馈给学生。具体方法包括：充分复习关键的学科概念，同时对学生的输出提供反馈信息，如重述或概述学生的回答。学生可以通过教师反馈，及时纠正错误和弥补不足，从而强化学习效果。

语言和经济活动的密切联系引起了学术界的不断关注。商务英语教学在深度和广度上的突破是时代发展的需求。在商务英语教学中引入 SIOP 模式，从微观层面可以协助教师指导学生提高英语技能和商务专业知识的认知能力，也能帮助教师反思教学，进而提高教学水平。

第三节　基于 SIOP 模式的商务英语教学活动设计

不断练习使用语言对维持学生的二语水平至关重要，因此，SIOP 模式强调让学生积极参与围绕学科内容的课堂互动活动，这样做有助于学习者深入理解课文，有助于锻炼口语，激发他们的学习兴趣，给予他们更长的反应时间，有利于他们集中注意力等。SIOP 要素特征包括以下两点。

第一，通过高频率的师生互动及讨论鼓励学生对学科概念进行拓展性反思。SIOP 模式认为，教师应当合理搭建教学框架，鼓励学生参与讨论，并尽力保证师生交流中双方话轮数量的平衡；鼓励学生对课文中的概念进行拓展性反思；使用支架式语言技巧引导学生作出更精确的回答；使用停顿为学生提供更长的思考及作答时间。在商务英语课堂上，教师可以搭配使用师生互动和生生互动的方式，其中师生互动适用于教学中全班讨论、课文理解及拓展性反思训练环节，而生生互动适用于课前热身、课后复习、概念梳理训练环节。

第二，设置小组活动辅助语言及学科知识学习。SIOP 模式认为，将教师讲授与学生小组输出活动相结合能提升学习者的学习兴趣。小组活动宜根据教学要求灵活控制各小组人数，宜鼓励学生对学习材料进行批判性讨论，宜控制小组活动时间以提升学习效率。在商务英语课堂上，小组活动宜动态化而非固定化，可以根据话题的不同要求学生独立完成或进行分组讨论，还可以进行全班讨论。教师作为小组活动的组织者和监督者，要确保各种活动在指定的时间内达到其预期目的。

根据以上特点，在商务英语教学设计中宜引入多种类的互动活动，以巩固知识，提升兴趣，锻炼口语。本节以生生互动活动为主，设计了 10 个课堂热身及提神活动（Warmers and Fillers），以及10个训练复习活动（Practice and Recycle），以帮助学习者逐步了解知识体系并实现自主学习。前者用于课堂开头或者课程进行中以活跃气氛，并且可以随机为学生分组，这类活动不仅可以提升学生的参与度和积极性，而且形式多样，富于变化；后者可以作为阶段性复习回顾的辅助，部分活动侧重于训练单项语言技能，如词汇、听力等。所有活动都适合小组协作或者结伴协作来完成。

一、热身及提神活动

（一）按序排队（Alphabetical order line up）——from Carole Trosch

语言层次：初级至高级。

所需材料：无。

时间长度：5～10分钟。

人数要求：10人以上。

活动要点：询问姓名。

适用范围：本活动适用于课程开头，以便学生相互了解对方的英文名。

活动步骤：

第一，让学生以10人为单位排成一个长队，若人数达到15人以上则排成两排，若人数达到30人以上则排成四排，依此类推。

第二，在每一个队伍中，让学生以英文名首字母为顺序从左至右进行排列，在此阶段中，学生需要相互询问英文名以确定排队顺序。

第三，队伍排好后，请每位学生出列报出自己的英文名，为提升难度，除自报英文名以外，加报左右两位同学的英文名，位于队首及队末的两位学生需要互报对方的英文名。

第四，在每位学生都报完三个英文名之后，活动结束。

可变环节：

第一，除了按学生英文名首字母顺序排队以外，还可以用如下方式排队（但以下方式适用于同学们已经相互熟悉之后）：各人最喜欢的歌手姓氏首字母；各人最喜欢的小说家姓氏首字母；各人最喜欢的电影名首字母；各人最喜欢的歌曲名首字母；各人最讨厌的食物首字母。

第二，在第一轮报完三个姓名之后交换不同队伍的部分队员，则游戏难度提升，而学生能认识更多的伙伴。

拓展环节：

排队和报名字环节结束后，教师可以指定队伍中相邻的几人结成小组或者结对完成当天的课程。每次课程开始时以不同方式排队，则学生有机会与不同伙伴合作。

（二）热座（Hot seat）——from Carole Trosch

语言层次：中级至高级。

所需材料：板书所学单词。

时间长度：10 ～ 15 分钟。

人数要求：6 人以上。

活动要点：单词记忆，单词定义。

适用范围：本活动适用于课程中间，在学习了部分单词之后可以用于热身。

活动步骤：

第一，请活动的参与者坐在热座上，背朝黑板。

第二，教师将词组或单词书写在黑板上，然后示意游戏开始。

第三，其他学生轮流解释该词汇的英文定义，以协助热座者猜出词汇，解释中不能出现该词汇内的单词，否则视为犯规，自动换至下一个单词；每个词汇只能有一个解释者，解释成功后换人，超过一分钟未能解释成功则换下一个词重新解释。

第四，每个热座者完成指定数量的词汇视为成功。

可变环节：

第一，在学生人数多的情况下，可以将学生每 6 人分一组，将此活动作为小组竞赛环节，根据完成指定数量的词汇用时长短确定每个小组的名次。

第二，在学生人数少的情况下，可以让每个学生轮流坐上热座，则人人都可以体验解释词汇和猜词汇的过程。

第三，教师可以有意加入一些可以用肢体语言表现的词汇，让解释者以非口语的方式进行解释，此举会增加活动的趣味性，并在一定程度上降低游戏难度。

拓展环节：

在游戏环节结束后，教师可以将未能成功解释的词汇列举出来，由全体学生抢答给出解释，抢答成功者可以为其小组赢得额外加分。

（三）卷纸传递（Toilet paper icebreaker）——from Businessballs.com

语言层次：初级至高级。

所需材料：卷筒纸。

时间长度：10 ～ 15 分钟。

人数要求：5 ～ 12 人，人数多则可分组进行。

活动要点：自我介绍，与人交流。

适用范围：本活动适用于课程开始阶段，用以活跃气氛或热身。

活动步骤：

第一，让每组学生站成一圈，若教室面积有限，也可以让学生围坐在桌子旁，给每组一个卷纸。

第二，让全组学生一起重复“one，two，three；one，two，three”，每次重复间隔 2 秒。

第三，学生一边重复数数，一边顺时针传递卷筒纸，每位学生必须在一次“one，two，three”说完之前从卷筒纸上撕掉任意节数的纸，并将卷筒纸传递给下一个学生。

第四，当所有参与者都取得纸张之后，让学生停止数数，每位学生报一下自己取了多少节纸。

第五，学生轮流向全组介绍自己，取了多少节纸就介绍关于自己的几件事，每件事必须是不为小组其他成员所知的“新鲜事”，描述每件事时语句要简短。

可变环节：

第一，为了让游戏更具成效性，可以限定自我介绍的范围，如必须与个人优缺点、志向、梦想、兴趣、技能、未来规划等有关，不得包括宠物、家庭、交通工具等内容。

第二，可以规定自我介绍用肢体语言表现出来，由小组其他成员竞猜，猜对者获得加分。

拓展环节：

在游戏环节结束后，可由各组或全体成员投票选出自我介绍中最具表现力、最具戏剧性、最具启发性等奖项。

（四）快速分组（Two groups）——from Carole Trosch

语言层次：初级至高级。

所需材料：无。

时间长度：5 分钟。

人数要求：10 人以上。

活动要点：口头表达。

适用范围：本活动适用于课程开始，用以分组或活跃气氛。

活动步骤：

第一，在 20 人以下的小班教学情况下，以个人兴趣爱好快速分组，如喜欢喝牛奶的为一组，喜欢喝果汁的为另一组。

第二，在 30 人以上的教学班中，可以将分组的项目列出 3 ～ 4 项，也可以变换爱好内容，比如，喜爱不同的体育运动、喜爱不同的学科、喜爱不同的音乐类型、喜爱不同的影视剧类型。

可变环节：

第一，如果分组的人数出入比较大，后期可以微调。

第二，分组结束之后，可以让学生用一句口语分享一下喜欢该事物的原因，增进师生 / 生生之间的交流。

拓展环节：

在游戏环节结束后，教师可为各小组布置相应的竞争性项目，来进行后面的课程。由于用此方法分组的形式不拘泥于一种，可以让学生有机会和不同的组员合作完成任务，给每堂课带来新鲜感，从而促使学生积极参与。

（五）我排你猜（Two groups stand up in order of something）

语言层次：初级至高级。

所需材料：无。

时间长度：10 ～ 15 分钟。

人数要求：10 人以上。

活动要点：逻辑问答，口语表达。

适用范围：本活动适用于课程进行中间。

活动步骤：

第一，在快速分组活动中将学生分为两组。然后让每一组学生根据某一顺序排成一排，如 A 组学生根据各人煮面的时间长短排序，B 组学生根据寝室到教学楼的距离长短排序。每组排序的根据不可以让另一组学生知道。

第二，顺序排定后，两个组交换提问竞猜对方的排序根据，一次只能提一个问题。问题只能是一般疑问句，回答只能是“是”或者“否”。

第三，若某一组的提问者提出选择性疑问句或者特殊疑问句，则用掉一个提问且该提问无效，提问权转移至另一组。

第四，通常以 20 个提问为限，率先在 20 个提问内寻找到对方的排序依据的一组获胜；如果两组在 20 个提问内都未能找到正确答案，则该轮游戏失败。揭晓答案后，可以重新设置排序根据，继续游戏。

可变环节：

第一，如果感觉提问难度过大，可以给定排序依据的范围，如和食物有关、和学习有关等，这样可以使游戏更顺利地进行。

第二，为避免提问环节出现多位参与者同时提问的情况，可以要求学生按照排队顺序提问，务必保证每位参与者都获得提问机会。

拓展环节：

提问的过程实际是限制答案范围的过程，教师可以从旁观察记录那些大幅度缩小答案范围的提问，在游戏结束后分析回顾。

（六）硬币抢夺（Grab that coin）——from Carole Trosch

语言层次：初级至高级。

所需材料：硬币数枚。

时间长度：5～10分钟。

人数要求：10人以上，偶数为佳。

活动要点：口语表达，肢体语言，反应速度。

适用范围：本活动适用于课程进行中间，用以活跃气氛，锻炼口才。

活动步骤：

第一，让学生两两结对，面对面站好。

第二，每对学生获得一枚硬币，要求持有硬币的学生单手手心向上，手掌平摊不可握拳，将硬币放置于手上。

第三，另一位学生可以用语言、肢体语言或者行为分散持有者的注意力，来抢夺硬币。

第四，每位学生的双脚不能移动，抢夺者只能接触硬币，不可触碰持有者身体。

第五，游戏持续时间内，一旦抢夺成功，则攻防双方互换角色继续游戏。

可变环节：

第一，如果想把游戏重点放到学生口语的锻炼上，则可以规定只能用口语的方式分散持有者的注意力，肢体语言无效。

第二，为了增加游戏的趣味性，可以让三人一组轮流参与游戏，剩下一人计时；游戏结束后可以选出最长时间持有者和最迅速的抢夺者。

拓展环节：

在游戏之前或者游戏之后，可以带领学生一起进行头脑风暴，回顾总结有哪些方式可以有效分散持有者的注意力，如何才能保持注意力较长时间集中。

（七）手机游戏（Mobile phone/Cell phone game）——from Businessballs.com

语言层次：初级至高级。

所需材料：手机。

时间长度：5～10分钟。

人数要求：无要求。

活动要点：自我控制能力。

适用范围：本活动适用于课程进行中间或开始时，用作热身或者课堂管理。

活动步骤：

第一，教师要求全体学生将手机开机，告诉他们本游戏用于揭示由于科技对人类的控制而造成的负面的及破坏性的影响。

第二，要求全体学生选择一个最嘈杂的铃音设置为当前提示音。

第三，要求每位学生发一条信息给 1 ～ 3 个朋友，这些朋友必须是会立刻回短信的类型。

第四，继续正常教学环节，等待课堂进程被一阵阵嘈杂的提示音打断。

第五，这一混乱情况正是一个最佳证明，用以提醒那些无法有效管理自己的人，他们会对周围产生负面影响。

第六，观点表明后，可以让全体学生关闭手机。

拓展环节：

以下理论和调查数据可以与学生分享以强化训练效果。

查邮件强迫症和持续回复信息等冲动行为在部分专家看来类似于赌徒的冲动，因为他们都遵循着同一原则，即偶然性奖励的不可预知性。

多项调查发现，在工作中处理邮件或被邮件打扰，浪费了大量时间。据不完全统计，一个工作者若每 5 分钟检查或回复一次邮件，将每次被邮件打扰后的恢复期计算在内，则一周会浪费 8.5 个小时。

过度使用邮件会降低人们用电话沟通和解决问题的能力。

过度使用电话或短信会降低人们面对面沟通和解决问题的能力。

（八）并向圈对（Dyadic circle）

语言层次：初级至中级。

所需材料：无。

时间长度：10 ～ 15 分钟。

人数要求：10 人以上，偶数为佳。

活动要点：口语表达。

适用范围：本活动适用于课程进行中间，即在讲授简单沟通技巧和用语之后。

活动步骤：

第一，将学生排成内外两个圆圈，人数为偶数的情况下，两圈人数均等；奇数情况下，外圈可多一人。

第二，教师指定对话主题，如打电话、招待客户、机场接人等，从初始位置开始两两进行对话练习。

第三，每个对话进行 2 ～ 3 分钟之后，内圈学生按逆时针方向移步，外圈学生按顺时针方向移步，找到下一位对话伙伴后继续对话。

第四，当外圈学生与每一位内圈学生都进行了对话以后，则游戏结束。

可变环节：

第一，此活动的目的是让参与者获得与不同个性、语言习惯、口音的对手操练的机会。在语言水平较高的班级里，可以尝试给每对新搭档新的交流话题，从而避免重复操练的枯燥。

第二，可以给每位学生设定身份标签，如销售员、人事专员、会计人员等，让他们从自己的身份出发，对某一有争议性的话题（如公司迁址）进行专项讨论，可能会出现意想不到的效果。

拓展环节：

在游戏开始前或结束后，教师可以带领学生预习或回顾在对话中适用的句型和词汇，以帮助学生巩固知识。在初级语言水平的班级里，教师可能需要预先作出示范，以助游戏顺利进行。

（九）分类讨论（Go to your corner）

语言层次：初级至中级。

所需材料：讨论话题。

时间长度：15 分钟。

人数要求：10 ～ 20 人，分组进行。

活动要点：口语表达。

适用范围：本活动适用于课程进行中间，在讲授部分阅读内容之后，以此活动锻炼学生的分类能力及表达能力。

活动步骤：

第一，教师选择课文中的一个关键话题，此话题有 4 个以上的解答方向可供讨论，在上课前将解答重点贴在教室的不同角落，若能辅以图像提示更佳。

第二，将学生分成相应数量的小组，或者让学生自由选择，分别到对应地点进行讨论。

第三，学生可结对讨论自己对此话题的看法，互相补充，然后整个小组内部进行集体讨论，总结出论据。

第四，讨论结束后，各小组代表发言，向全班解释本组观点。

可变环节：

此活动的目的是让参与者深入了解课文中各个概念的含义，能对概念进行归类，并用自己的语言予以解释。为了增强趣味性，教师可以发给每位学生不同的词汇或图像，每个词汇或图像分别对应某一解答重点，学生根据自己的理解进入不同的角落就词汇或图像含义进行交流。一旦某学生在讨论时发现自己误入了其他组，可以在其他学生的帮助下回到正确的小组，而其对概念的理解也会加深。

拓展环节：

此活动可以后续跟进，教师可以要求学生就讨论过程撰写一篇报告，或汇总各组小结形成一个综合性图表，加深对课文的理解。

（十）化整为零（Piece of pizza）——from MaryEllen Vogt

语言层次：初级至中级。

所需材料：将圆形纸张裁成数个扇形。

时间长度：15 分钟。

人数要求：全班学，分组进行。

活动要点：阅读理解。

适用范围：本活动适用于阅读课程开始阶段。

活动步骤：

第一，教师将学生分成数组，每一组负责课文中一个或几个段落的学习。

第二，将裁好的扇形交给各组，要求组员以文字或图像的方式填写扇形。

第三，完成后将整个圆形重组起来，每组轮流向全班讲述各部分内容。

拓展环节：

活动结束后，教师可以要求学生对自己感兴趣的部分写出更为详细的描述性文稿或演讲文稿。

二、训练及复习活动

（一）冲向黑板（Board rush）——from Carole Trosch

语言层次：中级至高级。

所需材料：所学词汇 / 词汇卡片。

时间长度：5 ～ 10 分钟。

人数要求：10 人以上。

活动要点：词汇记忆，小组合作。

适用范围：本活动适用于课程进行中间，在讲授课程词汇之后；也可以置于课前预习环节。

活动步骤：

第一，将学生分成 2 ～ 3 组，每组人数相等，每组面对黑板纵向排成一排。

第二，教师根据该课时教学内容，读出词汇的定义，发出“GO”的指令之后，各组快速上前将对应词汇写在黑板上。

第三，最先完成的组得一分，但若拼写有误，则下一正确完成者得一分。

第四，一轮结束后，每组换下一位学生重新进行比赛，每位学生都轮到后游戏结束，积分最多组获胜。

可变环节：

第一，此活动考量学生对词汇定义的记忆和反应能力，既可以作为课中复习训练，也可以作为课头预习活动。两种情况下游戏形式稍有不同。课中复习训练时，由学生凭借记忆上前书写，游戏难度较高，对词汇复习的效果更好；课头预习活动时，教师可以准备好数张词汇卡片分发给各组（卡片数量可略多于所报词汇数量），让学生根据听到的定义，从卡片中选择正确的单词书写在黑板上，也能达到不错的词汇预习效果。

第二，为避免学生上下讲台造成混乱，每组可以指定一位书写正确率高且速度快的同学为代表完成比赛，其他同学负责选词或给出提示。

拓展环节：

可以在游戏设置时有意加入近义词，若有学生组书写失误，可以在游戏后点评，使其加深印象。

（二）井字游戏（Tic tac toe）——from Carole Trosch

语言层次：中级至高级。

所需材料：准备与教学内容相关的问题。

时间长度：5 ～ 10 分钟。

人数要求：10 人以上，分组活动。

活动要点：课程内容复习，小组合作。

适用范围：本活动适用于课程进行中间或结束前，用作课程内容复习回顾。

活动步骤：

第一，教师在黑板上画出一个井字格，共三横行三纵列，并在每个格子中填出一个问题关键词。

第二，每个问题关键词对应一个与前面课程内容相关的问题，这些问题可以和词汇有关，和阅读内容有关，和背景知识有关，或者和历史事件有关。教师觉得有必要复习回顾的知识，都可以用设计关键词提问的方式来进行。

第三，将学生随机分成 2 组，各组轮流选择空格答题，答对则获得一个格子，为了容易区分，一组用“O”表示，另一组用“×”表示。如果某一小组选择的问题无法正确作答，则答题权转移至对方小组。

第四，率先将井格连成横向、纵向或者斜向一条线的小组获胜。

可变环节：

第一，游戏的目的是让学生迅速回顾以往知识，因此，时间控制是关键。教师要在开始前讲明问题回答时限，并严格计时，超出时间未能给出正确答案则答题权也会转移。

第二，若两组都占据四个，却都无法连线成功，而图上仅剩最后一格，则最后一题进行抢答，答对方胜出。

拓展环节：

可以在游戏结束时引导学生复习双方均没有答出的题目，以巩固复习的效果。

（三）宾果游戏（Bingo）

语言层次：初级至中级。

所需材料：单词。

时间长度：5 分钟。

人数要求：无要求。

活动要点：单词复习，单词听力。

适用范围：本活动适用于课程进行中间或结束前，用作单词复习回顾。

活动步骤：

第一，教师在黑板上画出一个井字格，共三横行三纵列。

第二，让每位学生准备一张白纸，按照黑板上的图样将纸分成九格。

第三，教师报出九个单词或词组，让学生按照任意顺序填写在井字格中。

第四，教师打乱顺序逐个念出刚才报出的词汇，学生边听边在听到的词汇上画圈。

第五，当画的圈在横行、竖行或者对角线上成一条直线时，学生可以喊“Bingo”。

第六，教师检查词汇拼写，并宣布最先喊“Bingo”并拼写准确的学生获胜。

可变环节：

第一，可以让 3 ～ 4 位学生到黑板前进行 Bingo 游戏，在拼写检查环节，让他们的 Partner 上来检查并订正错误。

第二，若需要听写的词汇较多，可以将井字格扩大为 4×4 或者 5×5，不过形成 Bingo 的难度更大，适用于人数较多的班级；也可以进行 2 ～ 3 轮 3×3 的宾果游戏，获胜概率高更能激发学生的参与兴趣。

第三，为了增加拼写难度，教师可以采用报中文写英文、报单词定义写单词、报同音不同义单词等方式进行听写。

拓展环节：

可以在游戏结束时引导学生复习容易拼错的单词，以巩固复习的效果。

（四）说停就停（Stop）——from Carole Trosch

语言层次：中级至高级。

所需材料：无。

时间长度：5 ～ 10 分钟。

人数要求：10 人以上，分组活动。

活动要点：词汇量，小组合作。

适用范围：本活动适用于课程进行中间或结束前，用作商务常识复习。

活动步骤：

第一，根据学生人数多少，将全体学生分成数个小组，每组人数以 5 ～ 6 人为佳。

第二，教师在黑板上画出一个表格，该表格的横排列出 5 个词汇类型，如品牌、国家、人名、水果、颜色等，纵排列出所有参与的小组名称。

第三，教师随机选择一位学生，让其在心里默念字母表，教师在合适的时机喊"Stop"，则停止时所在的字母为本轮游戏的首字母。

第四，在接下来的 30 秒时间内，各组用选定的首字母，按照黑板上的词汇类型填满 5 个空。提前完成 5 个空的组可以喊"Stop"，则其他组也要停止填空。

第五，评分标准如下：填写在空中的单词与其他组重复，每空 5 分；填写在空中的单词没有重复，每空 10 分。将每个空所获分数叠加，分数最高组获胜。

可变环节：

第一，本游戏的竞赛重点是考查学生的词汇量，游戏中他们不仅需要速度，更需要使用不常用的词汇来获得更高的分数以赢得比赛，但也需注意填空完整性和词汇稀缺性之间的平衡，为使用非常规词汇而在同一个空上使用过多的时间也许会输掉比赛。

第二，在班级人数过多的情况之下，教师可以设置数轮比赛，用初赛、复赛、决赛难度升级的方式让全体学生参与进来，同时提升游戏的刺激性和趣味性。

拓展环节：

可以在游戏结束时补充不同类别的词汇，尤其是非常规词汇，以拓展学生的知识面。

（五）我画你猜（Pictionary）

语言层次：初级至高级。

所需材料：所学单词。

时间长度：10 ～ 15 分钟。

人数要求：两两分组。

活动要点：单词复习，单词描画。

适用范围：本活动适用于课程进行中间或结束前，用作单词复习回顾。

活动步骤：

第一，本游戏名由 picture 和 dictionary 两个单词组合而成，因此，参与者分为两人一组。

第二，两人中一人猜，一人画。画图者每次会拿到一个单词，然后需要用图画把这个词表达出来，由竞猜者猜出该单词。游戏要限定每个单词猜词的时间，通常以 2 分钟以内一个单词为限。

第三，在规定时间内猜出正确单词的两人游戏成功，获得积分，未能猜出则不得分。可为每对选手提供同样数量的词汇，积分高的组胜出。

可变环节：

第一，在人数较多的班级中，可以将游戏设置为小组竞赛的模式，每组人数相当，均为偶数，每对学生轮流上场，最后以积分高低排定各组胜负名次。

第二，负责猜词的学生可以用语言与画图的学生沟通，提示并引导其更快地画出图形，则此游戏也可以用来训练口语。

拓展环节：

在游戏结束时，可评选最有才画师、最机智竞猜者、最创意图形、最默契搭档等。

（六）座位谈判（Negotiate the only spare seat on a bus）

语言层次：中级至高级。

所需材料：无。

时间长度：5 ～ 10 分钟。

人数要求：10 人以上。

活动要点：谈判技巧，口语表达。

适用范围：本活动适用于课程进行中间，在讲授简单谈判技巧和用语之后。

活动步骤：

第一，让学生两两结对，面对面站好。

第二，教师描述虚拟场景：公共汽车上只剩下唯一的空座位，两位仍然站着的乘车者要谈判协商座位的归属。

第三，协商的过程中，为了说服对方，各人均可虚拟出情景和道具。

第四，一旦协商出座位归属，则游戏结束。

可变环节：

第一，这类口语训练性质的游戏目的在于让参与者有更多机会开口谈判，但因为游戏有胜负之分，可能会出现双方互不让步、无法达成协议的情况。为了避免这类情况的发生，在规定好游戏时限之后，可以为每对参与者指定一位观察者，在游戏时间已到而双方仍相持不下时，由观察者根据谈判表现判定座位归属。

第二，谈判的内容可以推而广之，除了座位归属以外，可以是教室内任意可移动物品的归属，文具、服装、教辅器材等均可作为谈判话题。

第三，也可以转换形式，将谈判主题由归属变为转让，即以规定价格（过高）转让上述物品，在双方明知价格偏高的情况下要努力让谈判成功，这样难度更高。

拓展环节：

在游戏结束之后，由观察者对每对谈判双方的表现进行点评。

（七）游历展览馆（Gallery walk）——from MaryEllen Vogt

语言层次：中级至高级。

所需材料：6 张左右带问题的大纸。

时间长度：15 ～ 20 分钟。

人数要求：全班同学。

活动要点：书面表达，口语表达。

适用范围：本活动适用于教学后期阶段，在讲授完主体内容后进行简单复习回顾。

活动步骤：

第一，将与课文内容相关的问题写在纸张顶部，并将纸张贴在教室各处。

第二，将学生分成 4 ～ 5 人一组，以某一个问题为出发点，进行问题讨论。

第三，每组学生手持不同颜色的马克笔在纸张上写下 2 ～ 3 条回答要点。

第四，每组在每张纸前的停留时间不得超过 4 分钟，答完后走到下一张纸面前阅读其他组的答案，可以选择进行回复，或提出质疑。

第五，所有问题回复或质疑完毕后，每组回到自己出发的问题前，对纸张上的全部留言进行口头总结，阐述己方观点，回答其他方质疑。

可变环节：

此活动结合书面总结、口头讨论、口语总结等技能，特别适用于对某一主题或某一阶段内所学内容进行回顾。为了使全班学生都能参与进来，教师可以要求每组由不同的学生来进行口头总结、书面总结及回答质疑。

拓展环节：

在活动结束之后，教师可以引导全班学生对争议较大的问题进行集体讨论。

（八）现场采访（You are there）——from MaryEllen Vogt

语言层次：中级至高级。

所需材料：学生准备采访大纲。

时间长度：15 分钟。

人数要求：全班学生，分组采访。

活动要点：口语表达。

适用范围：本活动适用于教学后期阶段，在讲授完主体内容后进行复习。

活动步骤：

第一，将一个阶段内所涉及的真实商务案例分配给不同学生组，由学生组内部分工对事件详情进行深入研究。

第二，学生选取该事件中某一关键人物，编写采访稿和回答稿，其中应涉及该人物参与的事件及其影响的细节。

第三，各小组用尽量还原事实的方式在课堂上进行表演。

可变环节：

此活动要求学生对整个事件的脉络有清晰的把握，且对人物性格和用语有一定的把握，是一个难度较高的口语任务。教师可以在学期初将所要涉及的各个事件列举出来，由学生自发分组选取心仪采访 / 扮演对象，并提前有所准备。

拓展环节：

作为观众的其他学生可以对被采访对象进行现场提问，这也要求其他学生对事件的始末有全面的了解，才能进行充分地互动。

（九）画图说理（Go graphic）——from MaryEllen Vogt

语言层次：中级至高级。

所需材料：不同图表类型。

时间长度：15 分钟。

人数要求：全班同学，分组进行。

活动要点：书面表达。

适用范围：本活动适用于教学进行阶段，一边讲授课文内容一边对其进行逻辑顺序整理。

活动步骤：

第一，本任务通过使用不同形式的逻辑图表 / 流程图，帮助学生理解篇章中的上下文关系。

第二，在任务开始前，逻辑图表类型可以分为解说型（主旨及细节）、因果型、对比与比较型、先后顺序型、问题及解决型、描述型等，教师可以针对不同类型，设计出较容易理解的逻辑图展示给学生，并向学生说明不同类型的逻辑图表的使用方式，举例说明其对应的文本形式。

第三，逐个介绍完后，让学生以结对或分组的形式选择一个恰当的逻辑图表对课文内容进行重组。

第四，完成重组后，要求学生根据图表对课文内容进行总结。

可变环节：

此活动用于锻炼和培养学生的分析归纳能力，分析的对象不限于阅读材料，也可以组织学生对一些口语素材（如演讲、报告、谈判等）进行听力记录并分析结构。

（十）大辩论（Great debate）

语言层次：中级至高级。

所需材料：无。

时间长度：15 ～ 20 分钟。

人数要求：全班学生，分组辩论。

活动要点：口语表达。

适用范围：本活动适用于教学后期阶段，在讲授完主体内容后进行深入讨论。

活动步骤：

第一，将一个阶段内所涉及的持不同经营、管理或经济学观点的代表人物分配给不同学生，每个学生对所选择对象的观点、态度及理念进行深入研究。

第二，在黑板上列出 3 ～ 4 个讨论题目，将代表不同人物的学生分到一个辩论组（可以在教室中划定多个辩论组区域），每个学生以各自代表人物的身份进行辩论。

第三，教师可以观察各个组的表现，也可以作为其中某一人物参与辩论。

可变环节：

此活动要求学生对所扮演的人的主张有清晰的把握，并能在辩论时坚持以该人物的口吻发言，是一个难度较高的口语任务。教师可以简化任务，将学生两两结对进行研究和辩论，以相互补充观点和论据。

拓展环节：

辩论结束后，可以要求学生将观点用自己的语言简略地总结出来，并相互交流。

第四节　SIOP 模式在高校商务英语教学中的应用

商务英语作为商业用途英语中的一个分支，其用语的严谨性和标准性给非英语母语的学生带来了较大的挑战。只有对商务英语教学方式进行有针对性地调整，才能适应英语熟练程度不够高的中国学生的需求。调整后的商务英语教学方法宜着重于在教学内容中融入对专业性语言的传授，从而达到提升学生语言熟练度的目的，将美国庇护式教学模式 SIOP 应用于中国高校的商务英语教学中，可以探索出一套全新的商务英语教学模式。

一、SIOP 模式应用于商务英语教学的理论基础

（一）社会文化理论

以俄罗斯心理学家维果斯基为代表的社会文化理论提供了有力的理论支持：第一，社会文化理论认为人们学习新概念、新语言和新技能的基础是其语言学背景知识和对文化的理解。因此，应在严谨的课程设置中涵盖高阶思维，提高解决问题的能力，注重个体发展，并提供直接的显性的教学技巧支持。第二，社会文化理论还认为对新知的理解来自与他人的互动。

（二）情感过滤假说

美国语言教育家克拉申提出的第二语言习得理论中的情感过滤假说也提供了有力的理论支持：第一，该假说认为学生的情感因素 / 变量会影响第二语言习得过程；如果学生学习动机强烈，有自信心或焦虑感较少，就容易得到更多的语言输入，学习效果会更好，反之则会影响习得的效果。第二，情感过滤假说还认为学生的学习效果会受到其情感过滤器的影响，因为实现语言习得需要向人脑输入“开放”，使之顺利达到人脑习得语言的部位——“语言习得机制”。当人们处于放松、自信的积极精神状态时，可理解性输入以便顺利到达语言习得机制，从而习得新语言。

二、SIOP 模式在商务英语教学及评价中的应用

如何更有效地传递商务英语中的学科内容与语言内容，这一问题逐渐受到人们的关注，经过实践发现，SIOP 模式的组成部分及其要素特征适用于我国高校商务英语课堂，并能满足学习者获得商务英语语言及学科两方面的知识需求。下面将从教学设计、词汇学习、课堂互动及复习评价 4 个方面介绍 SIOP 模式在商务英语教学中的功用。

（一）教学设计阶段

教师应帮助学生将已有的知识与新知识相关联，提供练习机会以锻炼学生对新知的应用，测试学生的掌握情况，进而确定下一步教学内容。在围绕学科知识进行教学设计时，教师要选取与学生学习过程相当并能激发学习兴趣，与实际应用相关联的教学内容和活动。考虑到高校学生的英语语言水平较高，但商务知识和经验不足，不同专业对商务知识及技能的要求不同等因素，教师可以将商务话题进行纵向（根据用语的难易及严谨程度划分）与横向（根据不同的商务领域划分）的模块化设置。教师可以在教学活动开始阶段对学生进行需求调查，了解学生的语言水平及所需商务知识，并结合模块化商务话题进行教学。有效的教学需要有众多补充性材料，这些材料可以作为学习核心课程及核心教学内容的支撑。补充性材料可以多样化，如会计报表、数据及图表、企业宣传或新闻媒体视频、教师示范材料、报纸杂志相关报道等。也可以根据学生的需求，对补充性素材进行定制，综合使用教材素材、学生提供的素材和其他真实素材。将课堂上学到的知识与现实生活中的问题关联起来，并应用这些知识解决问题会给学习者带来极大的成就感。以案例分析为例，可以以原版音视频作为案例导入，使用阅读材料对细节进行补充，要求学生根据听力及阅读中所获取的信息讨论问题解决方案并进行课堂陈述，提交书面案例报告等。此外，也可以采用产品发布会、慈善义卖、企业经理人采访、财富论坛等形式进行综合技能训练。

（二）注重学习关键词汇

经过学术界对阅读的研究发现，学生的词汇知识与其阅读理解能力呈正相关。有研究表明，学生只有在认识一篇文章中 90% 及以上的词汇时才能独立理解该文章的意思。因此，教师应在教学中设置大量活动机会以帮助英语学生发展商务学科英语词汇。商务英语教学中词汇的发展与英语学生的学科知识紧密关联。教师应精心选择包含关键性词汇的材料并使用多种方式帮助学生拓展其核心词汇库。教师可在每堂课设置并列出 10 ～ 15 个关键词汇，然后围绕这些词汇开展多样化词汇学习活动。

下面以营销主题为例，将学生分成若干小组，每个小组合作阅读一篇包含销售技巧关键词汇的短文，每句话中使用两个以上的关键词汇。可以按以下 3 种形式进行活动：第一，将每个词汇分成前后两部分，学生分两队各持一半寻找另一半；第二，将关键词汇替换为近义词，学生找到被替换的词汇；第三，将关键词汇融入问答题中进行口语训练。

（三）进行高频率课堂互动

SIOP 模式强调让学生积极参与围绕学科内容的课堂互动活动，提倡教师合理搭建教学框架以鼓励学生参与讨论，并尽力保证师生交流中双方对话次数的平衡；鼓励学生对课文中的概念进行拓展性反思；使用支架式语言技巧引导学生作出更精确的回答等。教师应创设条件让学生多运用关键词汇与同伴交流。将教师讲授与学生小组输出活动相结合，根据教学要求灵活控制各小组人数，鼓励学生对学习材料进行批判性讨论，并控制小组活动时间以提升学习效率。商务英语课堂因其较强的理论联系实际的特性，很适合同伴进行交流互动。下面仍以营销为例展示互动的方式：选择一个营销话题，并将与话题关联的 4 个论点张贴在教室 4 个角落；将学生分为 4 组去对应的角落讨论本论点的论据；学生小组内部进行讨论，将主要论据写在论点张贴上，尽可能多使用关键词汇；各小组代表发言向全班解释本组论据，并进行自由辩论；学生就讨论过程撰写一篇报告以加深对营销概念及词汇的理解。

（四）课后复习及评价

形成性评价能让教师随时了解学生的学习状态，从而协助教师对其教学方式作出相应调整。在 SIOP 模式中，教师会根据课程进度融入复习及评估环节，以了解学生对课文中语言、内容及概念的掌握程度。教师可以在课程开始前进行学习需求调查和非正式的词汇和阅读测试，了解学生的商务知识及语言词汇基础。在教学中，教师应强调并让学生复习核心信息及词汇，明示学习要点以帮助学生了解课程重点，还可以采用多种方式帮助学生复习学科核心词汇，如类比法、一词多义、同义词 / 反义词、语境法、重复法等，复习的形式也可以采用口语问答、阅读填空、小作文、小组竞赛等多样化方式。在课程结束阶段，教师可以再次使用非正式的小测试，了解学习效果。

通过关联学生的学习背景及经验、使用补充性材料、强调关键词汇、创设生生互动机会、采用形成性评价，SIOP 模式可以帮助高校商务英语专业学生提升其学科英语熟练程度，并在一定程度上实现自主学习。

第十章　新时代背景下商务英语的人才培养途径

第一节　“互联网+”背景下商务英语人才培养模式

一、互联网成为撬动外贸业转型升级的新引擎

近年来，随着互联网与各行各业日益融合、渗透，传统的产业模式发生了颠覆性的变化。互联网与外贸相结合，催生了跨境电子商务。跨境电子商务通过互联网、智能移动及其他相关信息平台，以B2C、C2C等模式帮助企业或自然人与终端消费者之间达成交易，完成支付结算，并通过跨境物流送达商品。与传统的外贸模式相比，跨境电子商务有效地绕过贸易壁垒，直面海外消费者，中间环节少，交易虚拟化，贸易全天化，为制造商和终端消费者构筑了双赢局面。

近年来，随着互联网、物流等基础设施加快和移动互联网、大数据、云计算信息网络技术的发展，跨境电子商务呈现出蓬勃发展的势头。据商务部不完全统计，中国境内电商平台企业已超过5000家，通过阿里巴巴、敦煌网、亚马逊等第三方平台开展跨境电子商务的外贸企业已超过20万家。2012年，我国跨境电子商务交易额达2万亿元，同比增长25%，同期我国外贸增长仅为6.2%。2016年，我国跨境电子商务交易规模突破6.5万亿元，年均增速接近30%。随着跨境电子商务在对外贸易中越来越大的比重，外贸公司对跨境电子商务人才的要求和需求量都大幅提升。与此同时，专业应用型人才缺口巨大、产业岗位脱节也已经成为制约跨境电子商务顺利发展的瓶颈。

二、跨境电子商务对人才需求的特征分析

与传统的外贸业相比，跨境电子商务对从业人员有着更高的要求。

（一）商务技能

跨境电子商务从业人员必须具备以下商务技能：熟知外贸业务流程，能够独

立处理国外订单；掌握国际物流相关规则，会跟进国际物流；能处理国际保险、国际结算、报关报检。除此之外，还要了解相关的国际商务法律法规，能妥善处理跨境业务纠纷。

（二）英语技能

由于跨境电子商务客户的特殊性，从业人员必须具备较高的英语沟通技能。除了书面的表达能力之外，口语能力也有较高的要求，从业人员要能够用英语流利地介绍产品，跟客户进行在线谈判，妥善处理售后纠纷等。

（三）电子技能

跨境电子商务从业人员需要通晓企业电子商务建设、运营和管理，能从事电子商务系统设计、方案策划，特别是要熟悉网络客户的开发，能够利用网络平台进行产品发布和推广。与传统外贸产品相比，跨境电子商务方式下的产品品种更多，更新速度更快，企业可以通过在线调查获得产品的销售情况和消费者的喜好倾向，从而及时调整销售策略，优化产品种类，这些都需要从业人员具备相应的计算机操作能力和电子信息管理能力。

三、当前高职商务英语专业人才培养模式中存在的问题

全国高校为涉外企业培养了大量的涉外人才。但是，由于互联网对外贸业的推动，单一基础技能型毕业生已经无法满足经济转型和产业升级的需求，企业对人才规格提出了更高的要求，甚至有的企业出现了用人荒的局面，很难招聘到熟练掌握语言技能，流畅应用商务知识，并具有一定跨文化交际能力的复合型商务英语人才。与此同时，由于竞争力的原因，部分高校商务专业毕业生出现了转行的现象。这种人才需求与供给的反差，让我们不得不重新审视现有的人才培养模式。

（一）人才培养方案趋同，缺乏服务区域经济特色

高等教育人才培养主要是面向地方区域经济，培养高技能应用型人才的院校必然根植于特定的区域之中，将人才培养方案与地方经济发展相对应。但是，在高等教育大众化进程中，不少商务英语专业人才培养模式依旧按照学科性教育进行，重理论、轻实践。课程设置也基本相似，都是采用能力模块的培养方式，包括基本能力素质模块（教育部所规定的大学生必修课程）、职业基础能力模块（围绕着以英语为本位的听、说、读、写、译五项技能展开的课程）、职业核心能力模块（英语 + 商务知识类课程）、职业综合能力模块（综合的实训类课程）。这样的人才培养方案，基本上是将英语知识技能和商务知识技能简单地叠加、糅合在一起，缺少与地方经济发展需求的对接，培养出来的人才趋于雷同，竞争力不足，造成了高职教育与地方企业需求脱轨的现象。这也是我国高校毕业生就业率偏低的原因之一。

（二）培养手段单一，缺乏实践教学

高校商务英语专业的教学分为理论教学和实践教学。一般来说，基本上是在完成了全部的理论教学之后，才安排一定的实践环节。在进行理论学习的时候，由于缺乏实际的操作训练，纯理论的学习显得枯燥无味。再加上高校商务英语教师大多数由研究生英语专业转向而来，本身缺乏实际的企业工作经验，理论的讲解往往缺乏岗位实操的支撑，学生理解起来空洞而晦涩。理论知识的不过关，又直接导致了学生在后续的实践中由于缺乏理论的指导，而无法熟练地将理论知识应用到实践工作中去。因此，很多企业招聘到刚毕业的学生后，还必须对他们进行一段时间的培训，才能正式上岗，这造成了企业人力、物力的浪费。

（三）课程内容陈旧，难以体现市场变化要求

全国高校商务英语专业的课程设置，基本上是以传统的对外贸易为轴心进行英语技能和贸易技能的学习。事实上，在互联网的推动下，传统的贸易方式正发生着快速的变化。B2B 到 B2C 外贸模式的转变，全程无纸化电子通关，外贸 APP 技术的开发与应用，都是对传统外贸技能的挑战。但这些变化并没有及时地在高职院校的课堂中反映出来。因此，培养出来的学生在专业核心能力和职业核心能力方面相形见绌。另外，灵活的市场除了对从业人员的专业知识有要求外，对他们的个人素质和修养也有更严格的要求，这些方面的训练和培养，往往是目前很多高校容易忽略的方面。

四、“互联网 +”教育模式之于高校商务英语人才培养

教材内容的陈旧、教学方式的单一，是传统高校商务英语人才培养模式存在的弊端。互联网具有实时性和多样性的特点，如果能把握互联网的这些特征，并将其有效地应用在教学中，必将有力地推动商务英语人才的培养。

（一）“互联网 +”课程

传统的商务英语教学活动主要围绕特定的教材展开。教材的选取，直接关系到这门课程是否具有先进性，是否与社会经济发展接轨。一本教材，从材料的搜集到内容的编写，再到印刷出版，往往要花上一年半载甚至是更长的时间。但是，现代社会已经进入了高速发展和知识爆破的时代，知识量增长迅速，知识内容更新换代，导致有时一本教材刚刚出版，就面临着被淘汰的尴尬局面。“互联网 +”课程恰恰可以改善这一局面。通过互联网，能够实时地跟进特定区域外贸行业的发展趋势和变化动态，使前沿知识及时地进入课堂，并根据地方外贸行业发展的实际需求调整教学内容，形成与地方行业发展相适应的职业教育，实现课堂教学、人才培养和行业需求的“零对接”。

在“互联网 +”时代下，可以通过互联网手段和学校所在地方的外贸企业相

连接，将企业分享出来的实践工作资源进行教学课程加工，整合成校企合作教材、工作情景视频，使学生了解商务英语的使用目的和环境及使用技巧。除此之外，还可以将企业的成功案例和项目汇编成资料，创设为更加真实的企业情景，让学生通过对情景的讨论和体验，提高对真实工作场景的理解和认识。总的来说，通过网络手段，将一线的外贸工作实景和操作技能转化为课程内容，有益于教学内容现代化、立体化、实际化，也有益于人才综合技能培养的提高。

（二）"互联网 +"教学

目前，高职商务英语教学主要由课堂教学和社会实践组成，而课堂理论学习和课后实践操作需要依托特定的时间和空间，以致学生的学习欠自主化和灵活化。通过"互联网 +"教学，完全突破了课堂教学的时空限制，催生了很多新的教学和学习模式，如把弹幕引入到课堂，学生可以通过互联网，用手机发表疑问、提出看法及发表评论，这些内容会即时地显示在课件上，授课教师可以根据学生的实时反馈，灵活地调整授课内容和方式，并有针对性地引发学生进行思考和讨论。"微课""慕课"的兴起，翻转了传统的教学方式，也翻转了学生的学习观念。通过互联网，他们可以灵活地根据自己的需求，选择相应的知识点进行自主学习和探索，学习的主观能动性也得以强化。教学中的师生互动主体由教师变成了学生。教师不再是笼统地、无差别地进行知识的灌输，更多的是提供资源的链接，激发学生的兴趣，引领学生的思维。教学微信公众号，可以对学生普遍存在疑惑的知识点进行答疑，对重要的知识点进行归纳、总结，也可以展示企业成功的案例和学生优秀的成果。互联网让教学模式越来越多样化，课堂教学变得更加自如，手段也更加丰富。

（三）"互联网 +"考核

将互联网技术引入课程考核中，可以把抽象的卷面问题具体化。课程的考核，不是为了简单地抽查学生对卷面问题的回答，而是为了考核学生对这门课程的掌握程度，以及最终是否能够将理论转化为技术，运用到实际工作中。

通过计算机的应用，将外贸工作流程中的某一环节情景化，并根据具体的情景设置相应的任务，让学生通过操作仿真软件完成这一任务，从而考查学生解决实际问题的能力。这样的考核结果不只是一个形成性的分数，它能够更加客观地反映学生对该门课程掌握的熟练程度，让学生在考核过程中更加真实地体验外贸英语岗位的职业要求，并根据自己在考核过程中表现出来的问题进行查漏补缺，不断提高自身业务水平和操作能力。外贸行业的转型升级，对外贸从业人员的要求越来越高。高校要想培养出具有竞争力的商务英语人才，就不能忽视互联网的影响。只有通过互联网的先进技术和手段，构筑新的教学模式和教学途径，才能培养出符合企业需求的应用型商务英语人才。

第二节 “校企合作”背景下商务英语应用型人才培养

在建设创新型国家的进程中，高校作为培养人才的重要基地，担负着为国家、社会提供创新人才的重任。目前，如何培养出合格的、适应社会主义市场经济需要的创新型人才，已经成为摆在高校面前急需解决的重要问题。

《国家中长期教育改革和发展规划纲要 2010 ～ 2020》指出：实行工学结合、校企合作、顶岗实习的人才培养模式；调动行业企业的积极性；建立健全政府主导、行业指导、企业参与的办学机制，制定促进校企合作的办学法规，推进校企合作制度化。

2014 年 5 月，国务院颁布了《关于加快发展现代职业教育的决定》，全面部署加快发展现代职业教育。其指导思想为：“以服务发展为宗旨，以促进就业为导向，适应技术进步和生产方式变革及社会公共服务的需要”“加快现代职业教育体系建设，深化产教融合、校企合作，培养数以亿计的高素质劳动者和技术技能人才。”

在当今世界经济全球化和中国商贸国际化的背景下，要求高校英语、商务英语专业培养出既精通英语又有着较丰富商务基础知识的复合型商务英语人才。根据我国经济建设和人才市场的需要，采用校企合作的模式培养商务英语人才，是新世纪人才培养的重要路径。

但不少高校的商务英语专业目前还没有走上产学研合作发展道路，校企合作方面仍是薄弱环节，存在诸多问题。

一、商务英语专业校企合作的现状和问题

目前，开设商务英语专业的高校虽然较多，但在实施校企合作人才培养方面的实践尚不够成熟，校企合作教育处于探索阶段，仍存在诸多不足。

（一）缺乏互利基础，合作模式单一

互利是合作得以长期存在和发展的前提，合作各方如果不能从合作中获得利益，合作关系便不可能长久维持。开设商务英语专业的高校希望企业在人才培养方面给予大力支持，并提供见习与实习的便利条件。然而，无论是“订单式”培养，还是“工学交替式”的校企合作，双方都缺乏互利基础。调查发现，高校除了能为企业提供大量缺乏实践经验的学生进入企业实习外，教师能给企业提供的服务主要是一些咨询或培训，双方缺少互利合作基础。

当前，商务英语专业校企合作的内容比较单一，合作的基本形式为项目合作，

特点是简单而短暂。单一的合作项目无法使学生的应用操作技能得到系统提升，校企合作基本停留在表面浅层合作，缺少深度和内涵。目前，商务英语专业在校企合作教育方面虽然取得了一些经验，但这些经验大多是基于个案总结，未能形成有参考价值的模式，校企合作尚未走上常规化的道路。在合作内容上，一般是高校到企业寻找实习地点，企业则从高校获得廉价的人力资源帮助，这种合作模式较为表层，内容单一，难以深入发展。

（二）缺乏信息互动平台，双方信息沟通不顺畅

目前，商务英语专业校企合作涉及的主要对象是高校及与之建立合作关系的企业。政府、高校、企业三者之间的沟通和互动较少。然而，商务英语专业校企合作只靠学校和企业是不够的，长期的合作需要政府提供信息沟通平台，并从中推动双方开展合作。政府应将高校的优势资源及高素质人才培养与当地产业结合起来，在政策上进行鼓励和引导，从整体上推动双方深入开展合作。在校企合作过程中，政府应充分发挥桥梁保障作用，促进高校与企业之间相互了解和信任，不断拓宽合作内容。

高校对企业和市场的了解不够深入，企业很少主动联系高校，双方信息沟通不顺畅。由于缺乏信息互动平台，高校、企业和政府之间不能实时了解对方，信息沟通滞后，导致商务英语专业产、学、研合作教育难以得到实质性发展。校企沟通本来就不多，深层合作更加难以实现。因此，政府应主动参与校企合作规划建设，采用多种形式进行宣传，增强企业与高校之间的了解和沟通。通过政府、高校和企业信息互动平台的搭建，充分发挥政府、高校、企业在校企合作中的主动性和积极性，促进校企合作不断深入发展。

（三）缺乏长效合作机制，合作关系维持不久

目前高校还没有建立起一个长效的机制来鼓励企业参与商务英语专业人才培养合作办学，双方一般从自身短期利益出发寻求合作关系。在合作过程中，对于需要履行的义务，双方“主动性不高”。这种建立在短期利益基础上的合作关系往往维持时间短。不少高校商务英语专业学生的实习往往选择学校周边的一些中小型外资企业或者民营企业，而这些企业的外贸业务不多，能为学生提供专业对口的训练机会较少。当学校需要安排学生到企业实习时，他们通常利用教师的人缘关系去联系企业，寻找实习地点，因此，学生的实习场所经常变化。

由于商务英语专业校企合作没有长期有效的合作机制，合作多基于个人行为，没有法律保障，企业对合作前景缺乏动力，从而制约了校企合作教育的发展。因此，高校应考虑双方合作的利益结合点，制定相关的规章制度，出台长效合作机制，维持长久、稳定的校企合作关系。

二、应用型人才培养视阈下校企合作是商务英语人才培养的必由之路

应用型人才是善于把专业知识和技能应用到实际生产和生活中，是熟练掌握社会生产基本知识和技能，主要从事一线生产的专业人才。应用型人才的主要特点是具有较强的动手操作能力，善于解决社会生活中的实际问题。作为应用技术型高校的一个重要专业，商务英语专业必须走校企合作发展道路，这是应用技术型大学转型发展的必然要求，也是商务英语专业人才培养的必由之路。

（一）校企合作教育是应用技术型高校转型发展的必然要求

在现代经济社会快速发展的背景下，企业对高校毕业生的技能要求越来越高，毕业生面临的就业竞争日益激烈，应用型人才培养必须接受更加严峻的挑战。为了适应当前社会经济发展的需要，教育部、发改委、财政部等六部委于 2014 年 6 月发布了《现代职业教育体系建设规划（2014 ～ 2020 年）》，指出发展应用技术型高校，培养本科层次高素质人才是现代职业教育的发展方向。国家支持定位于服务地方经济和社会发展的本科院校向应用技术型高校转型发展，培养学生的动手操作能力。

应用技术性高校必须与企业密切合作，在企业内部建立起有关商务英语的实习实训基地，通过引企入校、引校入企、共同开发合作项目等多种方式，实现校企融合，这是当前应用技术型高校转型发展的必然要求。

（二）全球化背景下，校企合作是商务英语专业人才培养的必由之路

在经济全球化背景下，企业对商务英语专业人才培养提出了更高要求，他们希望商务英语专业毕业生不仅具有较强的英语语言交际能力，还要有“扎实的外贸业务实践技能”。然而，由于多种因素的制约，不少院校的商务英语专业缺乏校内外实习实训基地，缺乏与企业合作的实训项目。显然，高校对商务英语专业学生实践操作能力的培养存在不足，导致不少高校商务英语专业人才培养目标与企业对人才需求相脱节。

应用技术型高校在商务英语专业人才培养转型中走校企合作发展道路是解决高校人才培养与企业需求间矛盾的必由之路。与企业通力合作，共同培养高素质技能型人才是高校人才培养的一项重要举措，对于培育具有扎实专业知识和较强实践能力的商务英语应用型人才具有重要作用。

三、商务英语专业人才培养校企合作的实施途径

商务英语专业校企合作是应用技术型高校在转型发展过程中实现人才培养与用人单位对人才需求实现接轨的一项重要举措。高校应与企业联合制订人才培养方案，开发校企合作项目，建立互惠共赢的合作机制。通过与企业进行多层次合

作，让商务英语专业的学生把课堂所学的专业知识与企业实践操作技能有机结合起来，实现校企优势互补，提高人才培养的实用性，实现学术型人才培养向应用技术型人才培养转型。具体来说，可以通过以下途径实现校企合作。

（一）引企入校，实现校企融合

应用技术型高校应设法将企业引入校园，让企业把生产及各种相关职能部门建在高校，将理论学习和实践操作相结合，提高学生的实践技能。

把企业引入校园是商务英语专业校企合作最直接、最有效的途径，这种模式可以实现高校人才培养与企业对人才需求的无缝对接，在提高学校知名度的同时，为企业注入科技和创新活力。学生在校就可以参加企业实战训练，了解企业的工作流程，为缩短就业适应期积累经验。企业进校发展，还可以建立企业文化，培训职工，并可以从毕业生中挑选优秀人才，为企业发展注入活力。

（二）引校入企，实行工学交替

引进高校的先进科技和管理方法是企业获得长足发展的有效途径。对于高校来说，让学生走出校门、走进企业生产第一线，对提高学生的实践操作技能，促进其就业有重要帮助。高校商务英语专业走进企业可以共享企业资源优势，解决校内实训设备短缺问题。同时，企业可以从高校获得人力资源的帮助，解决企业在运行过程中的用工难问题。

在引校入企环节中，高校应主动联系企业，在企业内部建立起实习实训基地。实习实训基地是学生在校外得到实践训练的重要场所，一般应建在运营良好的企业。学生在企业实践过程中可以接触到企业真实的业务流程，但是这种合作模式需要校企双方的密切配合。

（三）入企挂职，实行师徒一体化

高素质的“双师型”教师队伍建设是应用技术型高校高质量完成教学任务的根本保证。为了提高商务英语专业人才培养的质量，高校可以通过引进、培养及聘请企业高管等多种渠道完善“双师型”教师队伍建设。一方面，高校要引进既有企业工作背景又有高深理论知识的高素质人才来充实教师队伍，使师资结构合理化。另一方面，高校可以选派优秀教师到企业挂职锻炼，让其熟悉企业的运行流程，获取最新的市场信息，提高教师的实践教学能力，从而培育“双师型”教师队伍。

对于入企挂职的教师而言，在课堂上，他们是学生的老师，给学生讲授专业知识课，而在企业挂职过程中，他们需要从学徒做起，跟企业老员工学习，当掌握了企业的关键技术和流程后，他们又可以成为师父，指导学生在企业中的实习与实训，从而实现师徒一体化。总之，选派专业教师下企业挂职锻炼，能提高教师的实践教学能力，是应用技术型高校培养“双师型”教师的有效途径。

（四）加强项目合作，发挥商务英语特色

高校应加强商务英语专业校企合作项目的规划与建设工作。作为合作项目的主要推动者，高校应认真做好合作企业的选择与合作项目的规划工作，为学生创建能够将课堂知识应用于实际操作的合作项目，以在实训中培养学生的操作技能。需要注意的是，合作是一种“双向互动的活动”，企业也应加强与高校的联系，利用自身的优越条件为学生提供更多的实训机会，在项目合作过程中充分利用高校的人力资源和商务英语的优势，使合作更有成效。

校企合作是高等院校深化教学改革，促进应用技术型人才培养的重要途径，是实现商务英语专业人才培养目标的基本保证。进入企业，与企业通力合作，把企业引入校园，共同建设高效的校内生产基地与实训基地，培养具有扎实专业知识和较强实践操作技能的商务英语应用型人才是高校商务英语专业人才培养的未来取向，也是应用技术型高校转型发展的必然要求。

参考文献

[1] 包秋圆．高校商务英语教学模式研究 [J]. 文理导航 , 2016 (4X) .

[2] 卜时红，袁泽礼．论商务英语在普通高校大学英语教学中的必要性和基本措施 [J]. 考试周刊 , 2013 (77).

[3] 陈婉颖．信息化视野下商务英语专业教学范式的创新与策略研究 [J]. 长春大学学报 , 2018, 28(08): 82–86.

[4] 崔莹．浅谈“一带一路”背景下商务英语专业人才培养 [J]. 佳木斯职业学院学报 , 2019(06): 152–153.

[5] 古培红．新时期大学英语教学改革的研究 [J]. 湖北开放职业学院学报 , 2019, 32(11): 169–170.

[6] 金慧，南美兰．高校商务英语教学模式探讨 [J]. 经贸实践 , 2015 (15) .

[7] 李慧．应用型本科商务英语专业学生创新创业培养模式研究——基于校企深度融合的视角 [J]. 辽宁科技学院学报 , 2019, 21(03): 31–33.

[8] 李茂华．几种参与性教学方法在商务英语教学中的应用 [J]. 黑龙江教育学院学报 , 2017, 36 (1).

[9] 李茜．应用型高校商务英语师资队伍建设问题研究 [J]. 开封教育学院学报 , 2018, 38(06): 77–78.

[10] 李秀芝. 一带一路人才需求与商务英语教学创新实践[J]. 校园英语, 2017 (8).

[11] 李燕. 互联网背景下高校商务英语教学途径[J]. 校园英语, 2016 (7) .

[12] 李月.项目课程模式下商务英语翻译教学改革实践探讨[J].英语教师, 2019, 19(09): 139–141.

[13] 刘军根. “一带一路”背景下商务英语人才培养模式改革方案研究[J].教育现代化, 2019, 6(43): 21–22.

[14] 龙亮. 商务英语教学的现状及发展趋势[J]. 校园英语, 2017 (5).

[15] 卢连伟. 试论商务英语语言特点及教学策略[J]. 高教学刊, 2017 (6).

[16] 罗蓓蓓.高校商务英语专业教学改革研究[J].教育理论与实践, 2018, 38(30): 48–50.
[17] 孟文华. 高校商务英语课程设置与教学模式研究[J]. 神州, 2016 (12).
[18] 彭禹, 曹丽英.商务英语专业开展项目化教学的问题及对策[J].当代教育理论与实践, 2018, 10(06): 110–114.
[19] 商伟. 高校商务英语立体化教学模式探讨[J]. 海外英语, 2016 (8).
[20] 孙睿. 校企合作“商务英语”课程项目化教学设计探索[J]. 海外英语(上), 2017 (1) .
[21] 孙欣, 朱桂梅, 康海波. 转型背景下商务英语“双师型”师资队伍发展策略[J]. 白城师范学院学报, 2016 (12) .
[22] Sylvie Donna . 商务英语教学[M]. 北京：清华大学出版社, 2016.
[23] 唐永辉.教育现代化转型视域下《商务英语翻译》教学中项目式教学模式构建[J].海外英语, 2018(21): 21–22.
[24] 田雪静. 商务英语口语教学浅析[J]. 佳木斯职业学院学报, 2017 (3) .
[25] 王慧晶. 大学商务英语及写作课教学模式研究[J]. 内蒙古师范大学学报: 教育科学版, 2017, 30 (3) .
[26] 王立慧. 我国高校继续教育转型研究[D].东北大学, 2014.
[27] 王丽. 论商务英语的教学特点[J]. 教育, 2017 (2).
[28] 王淼.高校继续教育转型面临的问题及变革策略分析[J].吉林广播电视大学学报, 2017(09): 23–24.
[29] 翁凤翔, 翁静乐.论商务英语学科的研究对象——“首届全国商务英语学科建设专题研讨会”综述[J].外语界, 2018(04): 94–96.
[30] 夏璐.基于SIOP模式的商务英语课程设计实证研究[J].北京第二外国语学院学报, 2017, 39(03): 105–116+140.
[31] 谢锦, 欧阳纯烈. 任务型教学法在商务英语专业课程教学设计的应用策略[J]. 绵阳师范学院学报, 2017, 36 (4) .
[32] 熊萌. 高校英语专业商务英语教学内容界定[J]. 教育科学: 全文版, 2016 (7).
[33] 徐飞. 论高校商务英语教学中教材与师资队伍的建设[J]. 华章, 2012 (34) .
[34] 徐力群. 新形势下创新高校商务英语教学策略探究[J]. 时代教育, 2017 (5).
[35] 许晓慧.多重视角论基础上对商务英语学科建设的探索[J].海外英语, 2018(24): 176–177.

[36] 张传枝.商务英语专业课程设置与特色研究[J].湖北师范大学学报(哲学社会科学版), 2018, 38(04): 81–85.
[37] 张大鹏."互联网+"时代商务英语专业人才培养模式创新[J].林区教学, 2019(06): 74–75.
[38] 张靖, 张铁军. 高校商务英语专业人才培养模式研究[J]. 金融理论与教学, 2016 (2).
[39] 章凤花. 国内商务英语写作教学研究现状分析[J]. 开封教育学院学报, 2017, 37 (1).
[40] 赵凤玉. 高校商务英语核心课程资源整合路径研究[J]. 通化师范学院学报, 2015, 36 (12).
[41] 赵红玉. 论高校商务英语教学[J]. 大家, 2012 (7).
[42] 郑玉双. 普通高校继续教育转型发展研究[D].江西师范大学, 2015.
[43] 周祁林, 程跃珍. "情景模拟教学法"在高校商务英语口语教学中的应用[J]. 教师, 2016(23).
[44] 朱海霞. 试论高校商务英语与新时代经贸发展的适应问题——基于经济学需求分析理论[J]. 经济研究导刊, 2013 (27).
[45] 朱雅莉.地方高校商务英语教师团队建设分析[J].现代交际, 2019(09): 12–13.
[46] 左菊.经济转型及高校转型发展背景下商务英语应用型人才培养研究——基于企业实践的反思[J].荆楚理工学院学报, 2016, 31(05): 31–36.
[47] 姜伟杰. 商务英语教学理论研究[M].长春: 吉林大学出版社, 2016.
[48] 李园园. 商务英语教学与人才培养研究[M]. 北京: 世界图书出版公司, 2018.
[49] 郝晶晶. 商务英语教学理论与改革实践研究[M]. 成都: 电子科技大学出版社, 2017.
[50] 蒋大山, 张宗宁. 教育转型发展与高校商务英语的创新教学研究[M]. 长春: 东北师范大学出版社, 2018.
[51] 王天舒. 大学英语：教学模式改革的问题与对策初探[M]. 北京: 民族出版社, 2014.
[52] 潘旭东, 吴汉荣, 张飞霞, 金伟民. 教学转型的学科实践[M]. 杭州: 浙江大学出版社, 2015.